샤크 신동만과 함께하는
빅게임 낚시

샤크 신동만과 함께하는
빅게임 낚시

초판 1쇄 발행 2016년 1월 30일

지은이 | 신동만

펴낸곳 | 보랏빛소
펴낸이 | 김철원 · 심경아

기획 · 편집 | 김이슬
마케팅 · 홍보 | 김철원
디자인 | 박영정

출판신고 | 2014년 11월 26일 제2014-000095호
주소 | 서울특별시 마포구 월드컵북로6길 53, 402호(연남동)
대표전화 · 팩시밀리 | 070-8668-8802 (F)070-7500-0555
이메일 | boracow8800@gmail.com

ISBN | 979-11-86325-60-5 (13690)

이 책의 판권은 저자와 보랏빛소에 있습니다. 저작권법에 의해 보호 받는 저작물이므로 무단전재와 복제를 금합니다.
책값은 뒤표지에 있습니다. 잘못된 책은 구입한 곳에서 바꾸어 드립니다.

지은이 신동만

보랏비소
Borabit Cow

SHARK

프롤로그

내가 빅게임 낚시를 접하고 즐겨온 지도 벌써 15년이 훌쩍 넘었다. 그동안 빅게임 낚시를 즐길 수 있는 곳이라면 어디든지 다녔다. 숱하게 비행기에 오른 것은 물론이고 비행기로 갈 수 없는 곳이라면 배를 타고, 배를 타고서도 갈 수 없는 곳이라면 발로 찾아서 갔다. 흔히 말하는 오지라는 곳들도 망설일 이유가 없었다. 덕분에 낚시인들의 드림피시라 불리는 어종들 대부분을 품에 안아보는 호사를 누릴 수 있었다.

그러나 그 과정이 처음부터 순탄했던 것은 결코 아니다. 내가 빅게임 낚시에 입문할 당시 국내에서는 이 장르에 대한 인식이 희박했기 때문에 필요한 모든 정보를 스스로 찾아내거나 체득해야 했고 로드 등의 장비부터 라인이나 후크 등의 소품 하나까지 직접 마련해야 했다. 수도 없는 시행착오와 우여곡절을 겪은 것은 물론이다. 그럼에도 불구하고 포기하지 않고 이 장르를 개척해온 이유는 단순하다. 재미가 있기 때문이다. 즐겁기 때문이다. 무엇과도 비교할 수 없는 짜릿함과 흥분을 느낄 수 있기 때문이다.

바다를 무대로 나는 언제나 보다 더 거대한 모험을 꿈꾼다. 낚시의 손맛을 아는 누군들 그렇지 않으랴. 빅게임은 바로 그 모험의 최대치라고 할 수 있다. 하지만 도전하고 싶은 마음은 있지만 엄두를 내지 못하거나 시작하는 방법을 잘 모르는 낚시인들이 많다. 빅게임은 생각보다 그렇게 도전하기 어려운 장르가 아니다. 이미 발을 디딘 곳에서 한 발만 더 내디디면 시작이다. 나는 바로 그 한 발을 어디로 내디딜 것인지 방향을 제시하고, 발을 떼놓을 수 있는 용기를 주는 역할을 하고 싶다. 원래 좋은 것은 나눠야 더 좋은 법이기 때문이다.

부디 그동안 내가 쌓아온 지식과 노하우가 나와 같은 꿈을 꾸는 낚시인들에게 좋은 길잡이가 되어 주길 바란다. 그것이 내가 이 책을 펴낼 결심을 한 이유다. 이 책으로 인해 빅게임의 짜릿한 흥분과 즐거움을 아는 낚시인들이 보다 늘어나길 기대해 본다.

우리 모두 빅원을 위하여.

프롤로그 005

PART 1 빅게임 낚시의 세계로 오라

1. 빅게임 낚시에 대하여 … 024

2. 샤크의 빅게임 낚시 기록들 … 026

PART 2 빅게임 낚시의 기본장비

1. 릴 … 030

- 릴 구조와 명칭 031

- 릴의 종류 033
  - 베이트릴
  - 스피닝릴

• 릴 선택 시 확인 사항 039
  - 기어비
  - 드랙 성능
  - 단조 기어

• 추천 릴제품 소개 044
  - 버티컬지깅용 베이트릴
  - 라운드 타입 중소형 라이트지깅용 릴
  - 중대형 지깅전용 스피닝릴
  - 대형 스피닝릴

2. 로드 … 050

• 빅게임용 로드의 히스토리 052

• 로드의 구성 055

• 주요 구조 057
  - 강도
  - 휨새(테이퍼)
  - 짐벌
  - 트리거
  - 로드의 스펙 표기

• 지깅용 로드의 종류 063
  - 베이트로드
  - 스피닝로드

• 로드 선택 시 확인사항 065
  - 지그 무게와 로드 휨새의 조화
  - 대상어종에 맞는 로드 선택

• 추천 로드 제품 소개 067
  - 심해 버티컬과 슬로우피치 겸용으로 무난한 로드
  - 참돔, 우럭, 광어, 능성어 라이트지깅용 로드
  - 부시리, 방어 포핑용 롱저커 로드
  - 대삼치, 만새기, 중소형 부시리, 방어 캐스팅용 로드
  - 참치, 부시리, 방어 포핑용 로드

3. 라인 … 072

• 원줄 074

• 쇼크리더(보강 목줄) 078

• 어시스트훅 목줄 081

4. 훅(Hook) … 082

- 트레블훅 083

- 어시스트훅 084
  - 어시스트훅의 활용

5. 채비 … 089

- 헤비 버티컬지깅 090

- 부시리/방어 지깅 낚시 091

- 라이트지깅 092

- 캐스팅 게임 093

- 라이트 게임 094

6. 빅게임 낚시 보조 장비와 안전 장비 … 096

- 보조 장비 097
  - 볼베어링 도래
  - 스풀릿링

- 솔리드링

- 플라이어

- PE코트

- 뜰채

- 가프

- 랜딩 그립

• 안전 장비 105

- 모자

- 두건(반대나)

- 편광안경

- 구명동의

- 장갑

- 로드벨트

- 하네스

- 데크슈즈, 미끄럼 방지용 신발, 장화

- 헤드랜턴

- 파이팅 벨트

7. 장비 구입과 사후 관리 … 114

• 예산별 장비 구입 노하우 116

• 낚시 전후 장비 관리법 118

- 릴

- 로드
- 라인
- 훅

PART 3 빅게임 지깅 낚시

1. 빅게임 지깅 낚시란 … 126

- 메탈지그 … 128
  - 대칭형 메탈지그
  - 비대칭형 메탈지그
  - 홀로그램 색과 무늬로 본 메탈지그
  - 지그 컬러별 공략 수심층
  - 지그 제품 소개

2. 지깅의 장르 … 154

- 버티컬지깅 156

- 라이트지깅 158
  - 라이트지깅 채비
  - 라이트지깅용 릴
  - 라이트지깅용 전동릴

- 라이트지깅 원줄
- 쇼크리더
- 라이트지깅용 훅
- 바늘 목줄
- 도래와 링
- 라이트지깅 액션

• 슬로우지깅 172
- 슬로우지깅 채비

• 리얼지깅 180
- 리얼지깅용 지그
- 단거리 캐스팅
- 사선 공략
- 버티컬 어택
- 캐스팅 & 드래깅

PART 4 빅게임 캐스팅 낚시

1. 빅게임 캐스팅 낚시 ⋯ 192

- 루어 194
  - 포퍼
  - 펜슬베이트

- 기본장비 198
  - 릴
  - 로드
  - 라인

2. 캐스팅의 장르 … 200

- 포핑 낚시 202
  - 부시리 포핑 낚시 캐스팅(포핑)용 쇼크리더
  - 부시리 포핑 낚시 해역별 시즌
  - 포핑 낚시 원줄과 리더의 굵기
  - 포핑 낚시 액션

- 쇼어게임 210
  - 갯바위 쇼어지깅
  - 쇼어게임과 캐스팅 액션

- 추자도 갯바위 쇼어게임 214
  - 남서해권 최고의 어장, 추자도
  - 추자도의 부시리와 방어 낚시
  - 가을철 부시리와 방어의 미끼

- 부시리-갯바위 쇼어게임 VS 선상 낚시

- 효과적인 루어 선택

- 원줄과 쇼크리더

PART 5 빅게임 낚시의 기술

1. 매듭법 ··· 220

• 훅 묶음법 222
  - 어시스트훅 현장매듭 1
  - 어시스트훅 현장매듭 2
  - 지깅바늘 묶음법

• 쇼크리더 묶음법 232
  - 비미니 트위스트
  - 더블라인 합치기
  - 기차 매듭(전차 매듭)
  - 루프 클린치
  - 스프레드 스플라이스
  - 개량 피셔맨즈 노트
  - FG노트

- PR노트

• 도래 묶음법 247
  - 프리노트
  - 행맨즈노트
  - 오프쇼어 스위벨노트
  - 잰식 스위벨노트
  - 바나나리그(튜빙노트)
  - TN노트
  - 알루미늄 미니 슬리브 압착

• 릴 스풀 원줄 연결법 256
  - 안돌리기 묶음법
  - 클린치노트

2. 파지법 ⋯ 258

• 액션에 유리한 지깅릴 파지법 259
  - 지깅용 베이트 캐스팅릴 대형 T형 핸들 파지법
  - 베이트 캐스팅릴 타원형 노브 타입 핸들 파지법
  - 레벨와인더가 없는 지깅 전용 릴 라인 회수 레벨링 방법
  - 중대형 베이트 지깅릴 저킹 동작시 파지법
  - 스피디한 핸들링을 위한 포핑(캐스팅)용 스피닝릴의 파지법

3. 캐스팅 … 264

- 오버헤드 캐스팅 265

- 언더핸드 캐스팅 273

4. 드랙 … 274

- 드랙의 개념과 중요성 274

- 드랙의 활용법 275
    - 드랙은 약하게
    - 드랙이 강하면 대상어 반발력이 두 배
    - 드랙의 능동적 활용
    - 드랙워셔 소재별 장단점

5. 액션 … 282

- 지깅 준비 자세 284
    - 그립을 겨드랑이에 낀 자세
    - 파이팅벨트를 활용하는 자세

- 지깅 액션 286
    - 폴링

- 커브폴링
- 프리폴링
- 저킹
- 숏저크
- 롱저크
- 하이피치 숏저크
- 페달저크
- 원피치원 저크
- 베벨저크
- 요요잉
- 리프트 앤 폴
- 저크 앤 저크
- 고속 페달릴링

• 포핑 액션 298
- 포핑
- 워킹 더 독
- 고속 릴링

• 랜딩 액션 301
- 훅업
- 파이팅
- 랜딩
- 뜰채 사용법

6. 인증과 손질법 ··· 308

- 인증 309

- 손질 310
  - 피 빼기
  - 내장 제거하기

7. 빅게임 노하우 ··· 312

- 물때 314
  - 물때 관련 용어
  - 물때의 의미와 중요성
  - 물때표 읽는 법
  - 낚시를 하기 가장 좋은 물때

- 날씨와 계절 321
  - 날씨
  - 바람
  - 계절

- 국내 해안별 특성 325
  - 서해안
  - 동해안
  - 남해안

PART 6 빅게임 낚시 국내 어종별 공략

1. 방어, 부시리, 잿방어 … 330

- 습성 331
- 채비 332
- 포인트 334
- 액션 335

책속 부록
부시리, 방어 낚시의 포인트, 시즌, 장비의 기준 … 336

- 지역별 피크 시즌
- 부시리, 방어 지깅, 캐스팅 낚시의 포인트
- 부시리, 방어 낚시에 사용되는 장비
- 원줄과 목줄(쇼크리더)

2. 다랑어, 줄삼치(줄참치) … 344

- 습성 345
- 채비 346
- 포인트 347
- 액션 347

3. 대구 … 348

- 습성 349
- 채비 350

- 포인트 351
- 액션 352
- 팁 353

4. 삼치 … 354

- 습성 355
- 채비 356
- 포인트 357
- 액션 357

5. 갈치 … 358

- 습성 359
- 채비 360
- 포인트 361
- 액션 361
- 팁 362

PART 1
빅게임 낚시의 세계로 오라

빅게임 낚시에 대하여

'말 타면 견마 잡히고 싶다'는 속담이 있다. 빅게임 낚시의 매력을 이야기하기에 이보다 더 적당한 말이 있을까 싶다.

낚시는 해 본 사람들만 아는 손맛이 있다. 그래서 한 마리만 잡고 쉬어야지 하다가도 막상 한 번 손맛을 보고 나면 끼니도 거르고 낚싯대를 드리우게 되는 것이다. 사람의 욕심은 끝이 없어서 피라미라도 한 마리 잡아 손맛을 보고 나면 고등어 같은 놈도 잡아보고 싶어지고, 막상 고등어를 잡고 나면 더 큰 고기에 대한 욕심이 생기는 것이 인지상정이다. 빅게임 낚시는 바로 그 욕심의 궁극에 닿아 있다고 할 수 있는 장르이니 낚시인으로서 도전해 보고 싶은 욕구가 생기지 않는다면 그것이 오히려 더 이상할 것이다.

그러나 빅게임 낚시의 매력은 단순히 로드 하나로 예전에는 감히 상상도 할 수 없었던 거대한 녀석들을 낚아낸다는 재미 그 이상이다. 대상어의 특성과 조류, 날씨 등을 고려하여 섬세하게 구사하는 액션, 인내와 끈기가 요구되는 장시간의 파이팅 등 빅게임 낚시는 거대한 바다와 대상어, 그리고 자기 자신을 향하여 승부를 펼치는 일종의 스포츠라고 할 수 있기 때문이다.

따라서 상당한 수준의 체력과 운동 능력, 지구력, 인내력 등이 요구되지만 진정한 낚시인이라면 승부욕을 강하게 자극하고 어디에서도 맛 볼 수 없는 성취감을 마음껏 만끽할 수 있는 빅게임 낚시의 유혹을 감히 거부할 수 없을 것이다.

그러나 마음이 동한다고 하여 무작정 덤비기가 쉽지 않은 것도 사실이다. 큰 대상어를 목표로 하는 장르인 만큼 거창한 장비가 필요할 것이라는 선입견도 있고, 아직 국내에 크게 활성화되지 않은 장르라 정확한 관련 지식을 얻기도 힘들기 때문이다.

이에 필자는 국내에 빅게임 장르 낚시를 처음 소개한 장본인으로서 본인이 직접 체득한 경험과 지식, 정보들을 아낌없이 풀어놓으려 한다. 빅게임 낚시에 도전하는 데 반드시 거창한 장비가 필요한 것은 아니다. 적절한 지식과 정보를 바탕으로 얼마든지 본인의 상황에 맞게 즐길 수 있다.

그러니 대물의 유혹에 목마른 낚시인들이여, 망설이지 말고 빅게임 낚시의 세계로 오라!!

2 샤크의 빅게임 낚시 기록들

골리앗 그루퍼(2010년 미국 플로리다 네이플 100kg)

자이언트 트레발리(2003년 인도네시아 코모도 아일랜드 5

개이빨 다랑어(2004년 북마리아나 93kg)

참다랑어(2008년 미국 보스톤 케이프코트 150kg)

참다랑어-세계 2위기록(2010년 캐나다 프린스에드워드 아일랜드 550kg)

루스터 피쉬(Rooster Fish 2008년 파나마 서부 45kg)

잿방어(AmberJack 2008년 미국 노스캐롤라이나 65kg)

와후(Wahoo 2010년 버뮤다 65kg)

블랙 마린(2008년 파나마 서부 200kg)

블루핀 튜나(2015년 캐나다 350kg)

자이언트 트레발리(2004년 북마리아나 52kg)

PART 2
빅게임 낚시의 기본장비

1 릴

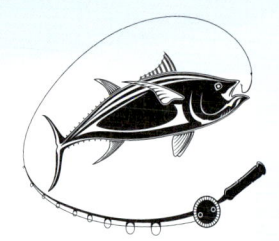

빅게임 낚시를 하면서 대상어종과 극적인 파이팅을 벌이다 보면 예상치 못한 난관에 부딪히는 순간이 종종 온다. 그 순간을 함께 헤쳐나가야 할 무기가 릴이라는 사실을 생각하면 릴의 중요성은 아무리 강조해도 지나치지 않다. 릴을 구매할 때는 구조와 크기, 권사량, 기어비 등의 외적인 조건도 꼼꼼하게 따져보아야 하지만 염분에 대응하는 내식성과 충격에 대한 내구성 등도 함께 고려해야 한다.

국내에서 지깅 낚시를 즐길 때는 일반적으로 릴의 권사량이 PE라인 3호 기준으로는 400~500m 정도, PE라인 4호 기준으로는 300~400m 정도 되는 것이 적당하다. 릴의 기어비는 4.2:1, 5:1, 6:1 정도가 지깅 낚시에 알맞다.

버티컬지깅을 즐기고 싶다면 수심 100m 이하의 깊은 곳까지 메탈지그를 내려야 하므로 권사량이 PE라인 5호를 기준으로 최고 300m에 이르는 대형 릴을 준비하는 것이 좋다.

기어비

릴의 핸들을 한 바퀴 돌렸을 때 스풀이 몇 바퀴 회전하는가를 나타낸 비율

권사량

릴에 감기는 라인의 총 길이

많은 낚시인들이 스피닝릴과 베이트릴 중 어떤 릴을 먼저 구입하는 게 좋을까 고민하는데 지깅 혹은 포핑 낚시를 겸할 거라면 스피닝릴을 선택해야 한다.

릴 구조와 명칭

스피닝릴

몸체
릴의 몸통에 해당하는 부분이다. 각종 기어 등 부속으로 이루어져 있다. 경금속 합금 혹은 수지로 제작되며 고급 제품일수록 가볍고 튼튼하다.

릴다리
낚싯대에 부착해서 직접 손에 쥐는 부분으로, 스템(Stem)이라고 부른다. 최근에는 그립감과 편의성을 위해 굵기와 형태가 인체공학적으로 제작되기도 한다.

로터(Rotor)
핸들을 돌릴 때 함께 회전하면서 스풀에 줄이 감기도록 하는 부분이다.

스풀(Spool)
낚싯줄이 감기는 부분으로, 몸체와 분리할 수도 있다. 드랙이 작동되면 자체적으로 회전하기도 한다.

베일(Bail)
열거나 닫을 수도 있다. 열면 줄이 풀리고, 닫으면 스풀에서 풀리는 낚싯줄을 잡아 라인롤러로 이동시키는 역할을 하는 부분으로 픽업 베일이라고도 부른다.

핸들노브 및 핸들
릴을 감을 때 손으로 붙잡고 돌리는 부분으로, 미끄러지지 않도록 고무·목재 등으로 만들어져 있다.

라인롤러(Line roller)
낚싯줄이 스풀에 감길때 거치는 부분으로, 낚싯줄과의 마찰을 줄이기 위해 롤러가 회전한다. 내부에 볼베어링이 장착된 경우도 있다.

드랙노브(Drag knob)
드랙이 강약을 조질하는 다이얼로, 스풀을 고정시키는 역할도 한다. 드랙노브를 완전히 풀어버리면 스풀이 몸체에서 분리된다.

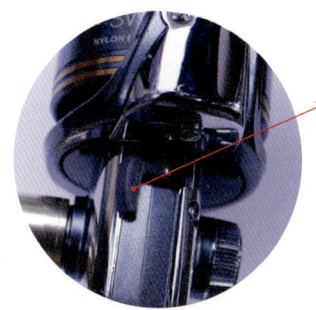

역회전 ON/OFF 레버
로터와 핸들의 역회전을 방지하는 스위치로, ON 위치에 두면 역회전을 하지 않는다. 뒷부분에 달려 있기도 하고 몸체의 아랫부분에 달려 있는 경우도 있다. 역회전이 되지 않는 릴은 아예 이 레버가 없는 릴도 있다.

베이트릴

클러치 레버(Clutch lever)
스풀을 기어와 연결하는 부분으로, 레버를 누르면 클러치가 끊어지고 스풀이 프리(Free) 상태가 되어 캐스팅을 할 수 있게 된다. 핸들을 돌리면 클러치는 자동으로 연결된다.

브레이크(원심, 마그네틱) 조절다이얼
캐스팅을 할 때 계속해서 회전하는 스풀의 관성을 제어하는 브레이크의 강도를 조절해준다. 너무 약하면 낚싯줄이 엉키는 백래시가 일어날 수 있고, 너무 강하면 스풀 회전이 잘 되지 않아 루어가 멀리 날아가지 않으므로 적당한 조절이 필요하다. 겉으로 보이지 않고 사이드 커버 안에 설치되어 있는 경우도 있다.

드랙노브(Drag knob)
드랙의 강략을 조절하는 다이얼 중 별 모양을 하고 있는 것은 '스타드랙(Star Drag)'이라고 부르기도 한다.

스풀(Spool)
낚싯줄이 감기는 부분으로, 몸체와 분리할 수도 있다. 드랙이 작동되면 자체적으로 회전하기도 한다.

레벨와인더(Level winder)
고리처럼 생긴 부품으로 핸들을 돌리면 좌우로 왕복운동을 한다. 스풀에 낚싯줄이 감길 때 어느 한쪽으로 치우침 없이 평평하게 고루 감기도록 해준다.

릴다리
낚싯대에 부착해서 직접 손에 쥐는 부분으로, 스템(Stem)이라고 부른다. 최근에는 그립감과 편의성을 위해 굵기와 형태가 인체공학적으로 제작되기도 한다.

핸들 및 핸들노브
릴을 감을 때 손으로 붙잡고 돌리는 부분으로, 미끄러지지 않도록 고무·목재 등으로 만들어져 있다.

릴의 종류

빅게임 낚시에 사용되는 릴은 베이트릴(Bait Reel)과 스피닝릴(Spinning Reel) 두 가지가 있다.

베이트릴

베이트릴은 생긴 모양이 장구통과 흡사하여 흔히 장구통 릴이라고도 불린다. 지깅에 쓰이는 베이트릴은 배스 낚시에 쓰이는 일반적인 릴과 달리 레벨와인더가 없는 것이 특징이다.

이는 대형어종을 상대하는 빅게임 낚시의 파이팅에서는 원줄이 버터내야 하는 중량이 상당하기 때문이다. 지그의 무게만도 500g이 넘는 경우가 종종 있는데 여기에 물의 저항계수와 대상어의 힘까지 고려하면 원줄이 감당해야 하는 무게는 상상을 초월한다. 그래서 레벨와인더의 기어가 버티지 못하고 쉽게 부러지는 경향이 있다.

또 라인이 1차적으로 레벨와인더를 거치게 되면 그 저항이 더해져 그렇지 않아도 무게 때문에 힘든 릴의 핸들링이 더욱 어려워지게 된다. 이런 이유로 지깅용 베이트릴에는 대부분 레벨와인더가 없다.

그러나 3호 미만의 PE라인을 사용하여 우럭이나 광어, 참돔, 갈치 등을 낚는 라이트지깅의 경우에는 레벨와인더가 달려 있는 릴을 주로 사용하기도 한다.

베이트릴

빅게임용 베이트릴은 주로 지깅용으로 쓰인다. 혹시 모를 백러시 등의 문제점과 베이트릴의 특성상 지깅용으로 편리하기 때문이다.

레벨와인더가 없는 대신 빅게임용 릴은 스풀의 폭을 좁혀서 원줄이 불규칙하게 감기는 일을 최소화한다. 라인이 한쪽으로 쏠리면서 감길 경우 엄지를 스풀에 대고 좌우로 움직이면서 라인이 평평하게 잘 감기도록 유도해주는 요령이 필요하다. 단, 이때 원줄이 엄지에 휘감기면서 손가락에 치명적인 부상을 입히는 경우가 있으니 항상 지깅용 장갑을 낀 상태로 작업을 해야 한다.

릴의 기어비는 스풀 폭이 좁고 직경이 큰 타입인 경우 4.4:1 정도가 적절하며 일반적인 타입의 릴인 경우에는 5:1~5.3:1 정도가 좋다. 릴의 기어비가 너무 높으면 대물과의 파이팅 시 대상어의 저항력이 낚시인에게 강하게 전달되는 단점이 있고, 반대로 기어비가 4:1 미만으로 지나치게 낮을 경우 낚시인의 에너지가 많이 소모되는 경향이 있으므로 항상 기어비를 적절하게 선택하는 것

베이트릴

이 좋다.

릴 제조사에서 특수한 목적으로 만든 릴을 제외한 일반적인 지깅용 베이트릴의 기어비는 4.8:1~6.3:1 정도를 권장한다.

지깅용 베이트릴의 적합 기어비와 라인(원줄) 표준 권사량

릴 타입	기어비	권사량
심해 버티컬지깅용	4.4:1~5.3:1	PE 5호 기준 300m
슬로우지깅용	5:1~6.3:1	PE 3호 기준 300m
라이트지깅용	4.8:1~6.3:1	PE 2호 기준 200m

지깅용 릴의 드랙은 최소 4kg 정도의 견인력만 갖추고 있다면 부시리, 방어 등을 대상어종으로 하는 국내 지깅 낚시를 즐기는 데 전혀 무리가 없다. 드랙의 견인력이 4kg보다 약간 부족해도 상관없다. 엄지로 스풀을 눌러주는 요령만 있어도 드랙이 최고 5kg 이상의 억제력을 발휘할 수 있기 때문이다.

드랙의 견인력은 크다고 무조건 좋은 것은 아니다. 100kg 이상의 참치와 파이팅을 벌일 때 사용하는 드랙의 견인력도 약 15kg 정도밖에 되지 않는다. 중요한 것은 드랙의 파워가 아니라 낚시인의 적절한 대응이라는 것을 알 수 있는 대목이다. 오히려 대상어종에 비해 지나치게 과도한 견인력의 드랙을 사용할 경우 조과의 실패의 원인이 되기도 한다.

심해 버티컬지깅

참치, 부시리, 방어 등을 대상어로 하는 빅게임을 위한 지깅이다.

슬로우지깅

부시리, 방어 등을 노리는 빅게임은 물론 바닥층에 서식하는 능성어, 참돔, 방어, 우럭, 쏨뱅이 등도 함께 노려볼 수 있다.

라이트지깅

참돔과 60~80cm 급의 부시리, 방어, 농어, 광어 등의 낚시 등에 적합하다.

드랙

물고기가 걸렸을 때 릴의 드랙 조절 레버나 손잡이를 잠그거나 풀어서 순간적인 대상어의 반발력을 부드럽게 억제시키는 것으로, 자동차의 브레이크 기능과 흡사한 기능을 의미한다.

스피닝릴

스피닝릴

스피닝릴은 드랙의 위치에 따라 두 가지로 구분된다. 드랙이 몸체 앞쪽에 위치한 것을 프론트 드랙릴이라 부르고 뒤쪽에 위치한 릴을 리어 드랙릴이라 부른다.

베이트볼

베이트피시가 볼 형식으로 군집되어 있는 형태이다.

스피닝릴은 스풀이 고정되어 있는 대신 로터가 돌면서 라인을 스풀에 감아주는 방식의 릴이다. 드랙의 위치에 따라 프론트 드랙릴과 리어 드랙릴로 구분되는데, 빅게임 낚시에서 주로 사용하는 것은 프론트 드랙릴이다.

트롤링 낚시를 즐긴다면 들어야 할 릴은 두말할 것 없이 베이트릴이다. 그러나 빅게임 낚시의 경우 스피닝릴과 베이트릴 중 어느 것이 우선한다고 단정지을 수 없다. 낚시인 개인의 취향에 따라 두 릴의 사용 빈도가 달라지기 때문이다.

하지만 되도록이면 두 종류의 릴을 다 구비해 두는 것이 좋다. 베이트릴로 버티컬지깅을 즐기고 있는 중이라고 하더라도 가까운 곳에 대상어종의 먹이 활동이 보이는 베이트 볼이 형성되었다면 이를 그냥 두고만 볼 낚시인은 없기 때문이다. 이럴 때 지체 없이 베이트릴 대신 스피닝릴을 챙겨들고 캐스팅 낚시를 하기 위해 둘 모두 장만할 것을 권하는 것이다.

그러나 둘을 함께 장만하는 것이 힘들다면 스피닝릴을 먼저 마련할 것을 권한다. 스피닝 장비는 대체로 버티컬지깅과 캐스팅 낚시 모두에 유용하기 때문이다. 그러나 스피닝 장비로 둘 모두를 즐기고 싶다면 로드는 반드시 캐스팅과 지깅을 겸할 수 있는 것으로 마련해야 한다.

지깅과 캐스팅을 모두 즐길 수 있는 스피닝릴의 크기는 S사 제품을 기준으로 6,000~10,000번 사이의 사이즈가 적당하다. 해외 원정을 고려한다면 10,000~18,000번 사이의 중대형 릴을 준비해야겠지만 국내용으로는 6,000번과 8,000번 정도면 충분하다. 보통 지깅용 릴은 기어비가 느린 PG를, 캐스팅(포핑)용 릴은 기어비가 빠른 HG를 구분해서 쓰지만 6,000~8,000번 대의 릴은 스풀의 직경이 작으므로 HG를 사용하는 것이 무난하다.

국내 지깅의 경우 PE라인은 3~5호 정도가 적절하며 캐스팅(포핑) 게임을 대비한다면 5~6호가 적당하다. 원줄과 쇼크리더를 필요 이상으로 굵은 것으로 사용하면 캐스팅 비거리가 떨어지는 것은 물론이고 포퍼의 무게와 비교해 라인의 중량이 상대적으로 높아지면서 캐스팅 시 여러 가지 문제를 발생시킬 수 있다.

스피닝릴은 베이트릴과 달리 로드릴 시트 아래 장착되므로 상대적으로 초보자가 사용하기에 편리한 장점이 있고, 버티컬지깅과 포핑에 두루 사용할 수 있어 활용 범위가 넓은 편이다. 단 초대형급 참치와 같이 장시간의 파이팅이 예상되는 대상어를 노릴 경우에는 스피닝릴보다는 베이트릴이 유리하다. 파이팅이 길어지면 로드를 뱃전에 올려놓거나 하네스와 같은 보조 장비를 활용해야 하기 때문이다.

하네스
로드를 고정시킬 때 사용하는 도구이다.

스피닝릴

지깅과 캐스팅 게임에 적합한 릴의 크기와 원줄 (표준 권장 라인)

	국내	해외	쇼크리더의 길이
지깅릴	6000~8000번(HG)	10,000~18,000번(PG)	8~10m
원줄	3~5호	4~6호	
포핑릴	8,000~10,000번(HG)	10,000~18,000번(HG)	2~2.5m
원줄	5~6호	8~12호	

※ S사의 스피닝릴 기준
※ 지깅용릴로 S사 기준 10,000(PG)번대가 좋지만 6,000~8,000번의 HG를 지깅과 포핑 겸용으로 많이 사용한다. 여력이 된다면 PG를 지깅용으로 HG를 포핑용으로 구분해 구입하여 사용하는게 좋다.

릴 선택 시 확인 사항

빅게임용 릴을 선택할 때는 기어비(HG, PG), 드랙 성능, 단조 기어 여부 등을 확인해야 한다.

기어비

버티컬지깅용 릴의 기어비는 4:1~5:1 미만이 적절하다. 쇼어지깅을 즐길 때는 기어비를 5:1 이상으로 높게 맞추기도 한다. 먼 거리로 캐스팅되어 늘어진 원줄을 빠르게 회수할 수 있으므로 랜딩 시 원줄이 물에 쓸리거나 대상어가 원줄 회수 중에 물속으로 처박히는 사태를 최소화하는 데 유리한 면이 있기 때문이다. 그러나 높은 기어비로 수심 100m 이상의 깊은 곳을 공략하게 되면 랜딩 시 낚시인의 에너지 소모가 커져 핸들을 조작하는 팔에 엘보를 일으킬 수 있다.

릴의 기어비를 결정할 때는 함께 사용할 메탈지그의 무게도 고려해야 한다. 무거운 지그를 사용하는데 기어비까지 높다면 빠른 저킹이 어려울 뿐만 아니라 어깨와 팔꿈치 등에 무리가 올 수도 있기 때문이다. 반대로 지그도 가벼운데 기어비마저 낮다면 지깅 시 지나치게 가볍고 헐렁한 느낌이 문제가 될 것이다. 파워 지킹을 한다면 상관없겠지만 지그의 움직임을 리드미컬하게 연출하기 위한 섬세한 액션에는 도움이 되지 않기 때문이다.

따라서 지그의 중량이 250~300g일 경우는 4:1(PG), 정도의 기어비가 적당하고 지그의 중량이 이보다 가벼운 100~200g 사이일 경우는 5:1이나 6:1(HG) 정도의 기어비가 무난하다.

지깅용(PG)

지깅용 릴로는 기어비가 4:1~5:1 미만의 비교적 감기가 쉬운 기어비를 선택한다.

포핑용(HG)

먼 거리로 캐스팅되어 늘어진 원줄을 빠르게 회수할 수 있도록 5:1 이상의 하이기어를 선택한다.

기어비의 차이를 가볍게 여겨서는 안 된다. 수심 150m에서 400g짜리 메탈지그를 표층까지 감아올린다고 예상을 해보면 기어비를 6:1로 했을 경우 감아올리는 속도는 빠를지 모르나 그만큼 낚시인의 피로도도 증가하는 면이 있다. 반면 4:1의 기어비를 택했을 경우 회수 속도는 다소 느릴지라도 몸으로 느껴지는 피로는 훨씬 덜하다는 장점이 있다. 따라서 대형어종을 여유있게 랜딩하고자 한다면 릴의 기어비를 낮출 필요가 있다.

릴의 기어비를 선택하는 문제는 자칫 사소한 일처럼 여겨질 수도 있으나 적절하지 못한 기어비는 뜻하지 않은 곳에서 여러 가지 문제들을 일으킬 수도 있으므로 신중해야 한다.

기어비 비교

드랙 성능

릴에 있어서 기어비 못지 않게 중요한 것이 조력, 즉 드랙의 성능이다. 지깅용 릴의 드랙은 최소 5kg에서 최대 14kg 정도의 조력을 갖추고 있는 것이 바람직하다. 많은 낚시인들이 드랙의 성능을 정확하게 가늠하기 힘들어하는데 이는 실제 지깅 낚시에서 사용되는 체감 조력이 예상보다 낮은 경우가 많기 때문이다.

스타드랙(Star Drag)과 레버드랙(Lever Drag)은 베이트 릴에 사용되는 드랙의 종류인데, 이 중 스타드랙은 일반적으로 카본 워셔와 메탈 소재에 합성 섬유 소재를 원형으로 결합한 구조로 되어 있다. 반면 레버드랙은 브레이크 드럼 혹은 코르크 소재의 원형판으로 제작되어 상대적으로 스타드랙보다 브레이크 성능이 뛰어나다. 따라서 빅게임 낚시에 있어서는 스타드랙보다 레버드랙이 더 적합하다고 할 수 있다. 자동차의 브레이크 드럼과 패들의 원리를 생각하면 이해가 쉬울 것이다.

스피닝릴의 드랙 비교

조력
릴이 끌어올릴 수 있는 힘을 kg으로 나타낸 것이다.

조력은 대상어종과 PE라인의 굵기, 쇼크리더 이 세 가지의 조건을 감안하여 조정해야 한다. 쇼크리더의 인장 강도와 길이는 대상에 따라 다르게 조절해야 하기 때문이다. 지깅 낚시를 할 때는 쇼크리더가 최소 8m 이상은 되어야 인장 길이가 충분이 확보되어 원줄 또는 쇼크리더가 끊어지는 사태를 미연에 방지할 수 있다. 이 상관 관계를 아래 도표를 통해 살펴보자.

구분 대상어종	PE라인(원줄)	쇼크리더(목줄)	조력 (실제 사용 드랙)
부시리, 방어(지깅)	3~5호	50~80lb(10m)	3~10kg
대구(지깅)	2~4호	30~60lb(2m)	3
부시리, 방어(포핑)	4~8호	70~130lb(2.5m)	3~12kg
참치류(지깅)	5~6호	90~200lb(15m)	15kg

레버드랙

스타드랙

단조 기어

지깅은 일반 낚시와 달리 처음부터 끝까지 끊임없는 저킹을 해야 하므로 그 파워를 견딜 수 있도록 마모에 강한 튼튼한 릴이 필요하다. 대형어가 순간적으로 치고 나가는 속도와 힘은 가히 상상을 초월하기 때문에 순간적으로 발생하는 마찰열을 견딜 수 있는 내열성도 필수다.

따라서 합금이나 알루미늄 기어를 사용한 저가의 장비는 지깅 낚시에 부적합하며, 반드시 단조(Forging) 기어로 제작된 릴을 사용해야 한다. 최근 출시되는 지깅용 릴들은 세련된 디자인으로 눈을 끄는 경향이 있지만 릴의 선택 기준은 어디까지나 화려한 겉모양보다 각 부위의 성능과 힘이어야 한다는 것을 잊지 말아야 한다.

국내에서 부시리, 방어 등을 대상어종으로 한 지깅 낚시를 즐길 용도라면 10만 원대 중후반의 6000~8000번 스피닝릴을 사용해도 무난하다.

단조[Forging]
고체인 금속재료를 해머 등으로 두들기거나 가압하는 기계적 방법에 의해서 소정의 모양으로 만드는 조작. 형틀에 쇳물을 부어 만드는 주조에 비해 훨씬 튼튼하다.

저자 추천 중저가형 릴

시마노 스페로스 6000HG

시마노 스페로스 8000PG

추천 릴제품 소개

릴은 지깅 낚시에 있어서 가장 핵심적인 장비 중 하나이므로 수심 깊은 곳에서 다양한 무게의 메탈지그를 운용할 능력이 충분한지에 대한 검증이 반드시 필요하다. 이때 검증 기준이 되는 것이 기어비, 핸들의 길이, 장시간의 핸들링에 적합한 노브, 대상어종과의 파이팅에서 제 기능을 발휘해 줄 드랙의 내구성, 드랙 워셔의 균일한 미끌림(Sliding Friction) 능력 등이다.

초보 낚시인들은 이러한 것들을 감안할 때 다소 고가의 릴을 장만해야 하는 것이 아니냐는 질문을 자주 한다. 적어도 50만원 대의 제품은 구입해야 비교적 오래 쓰고 A/S도 잘 받을 수 있지 않겠냐는 것이다. 틀린 말은 아니나 그보다 저렴한 제품들도 쓸 만한 것들이 제법 있다. 초보들은 대개 하나의 릴로 슬로우 타입의 메탈지그도 활용해 보고 싶어 하고 딥지깅도 즐겨 보고 싶어 하니 30~60만 원대의 중저가 릴을 선택한다면 당분간은 다른 릴이 필요하지 않을 것이다.

버티컬지깅용 베이트릴

● 오세아지거 1500HG

바다에서의 버티컬지깅을 위해 개발된 S사의 베이트릴이다. 6.3:1의 하이기어(HG)비를 채택하고 있어 슬로우 피치와 하이피치저킹에 모두 적합한 기어비를 갖추고 있다고 할 수 있다.

원줄의 권사량은 PE라인 3호 기준 320m로 표시되어 있는데 PE

라인을 약 300m가량 감고 쇼크리더를 50lb 가량 감으면 적당하다. 드랙의 최고 파워는 약 7kg으로 부시리, 방어 등 미터급 이상의 대상어를 가뿐히 제압할 수 있고, 안정감 있는 슬라이딩 프릭션(Sliding Friction, 미끄럼 마찰) 능력이 탁월하다.

스타드랙 시스템을 채용한 전형적인 모델로, 랜딩 중 드랙 파워 가감의 순발력을 높이기 위해 별 모양의 드랙 노브를 장착했다. 또한 장시간의 핸들링에도 손이 편안할 수 있도록 그립 포지션을 배려하였고, 스피디한 액션에 방해가 되지 않도록 적절한 크기의 타원형 노브를 갖추었다.

릴 하우징의 크기는 170cm 이상의 신장이면 누구나 손 안에 안정감 있게 들 수 있는 부담없는 사이즈다. 거기에 핸들암(Handle Arm)의 길이 또한 슬로우저킹과 하이피치저킹 액션을 연출하기에 부족함이 없이 적절하다.

이 모델은 30kg 급 참치까지 무난하게 랜딩할 수 있는 수준의 릴이며, 실제로 필자는 이 1500HG 모델로 국내에서는 물론이고 해외에서도 참치, 잿방어 등을 대상어로 한 지깅을 무리없이 즐기고 있다.

● 오세아지거 2000NR HG

오세아지거 2000NR HG 지깅릴은 작지도 크지도 않은 중간크기로 보면 된다. 2000 숫자 뒤의 NR은 'NaRrow'의 영문 약자로 '스풀의 폭이 좁다'라는 뜻을 의미한다. 다시 말하면 버티컬지깅릴은 라인을 스풀에 고르게 감게 도와주는 레벨와인더가 없는 릴을 주로 사용하기 때문에 메탈지그를 상하로 고패질과 릴링을 반복적으로 하다보면 자칫 원줄이 한쪽으로 몰려 감길 수 있기 때문에 릴의 스풀의 폭이 넓은 타입을 그대로 사용하다가 변화를 주기 시작한 시점인 2006

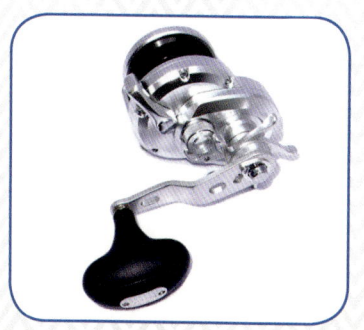

드랙의 슬라이딩 프릭션

합금소재의 드럼 역할을 하는 메탈 워셔, 압착 카본 소재의 브레이크 디스크, 실리콘 PE 성분의 압출 완충 워셔 등의 소재로, 겹겹이 조합하여 자동차의 브레이크 드럼 패드의 역할과 같은 성능을 발휘하는 기능을 말한다.

노브

릴의 손잡이를 의미하며 T 형태와 둥근 달걀 모양이 보편적이다. 지깅과 포핑 낚시용으로는 동그란 모양의 회전이 잘되는 고급 베어링을 사용한 튜닝 손잡이를 사용하기도 한다.

릴 하우징

릴 몸체를 말한다.

릴 라운드

스풀의 원경을 말함

넌경부터 NeRrow타입의 지깅전용 베이트릴이 출시되기 시작했다. 그러한 시대적 변화와 낚시현장에서 가장 필요한 핵심요소를 잘 적용시킨 지깅베이트릴이 바로 오세아지거 2000NR HG 모델이다.

릴의 라운드는 좀 큰 듯하지만 스풀의 폭이 좁게 설계되었으며 레버 클러치 방식을 채택하여 기어의 손상이나 백업핀의 손상이 없다는 장점이 있다. 지깅 낚시에 첫 입문하시는 분들께 권해드려도 추후 부족함이 없는 릴이라고 생각한다.

라운드 타입 중소형 라이트지깅용 릴

라인을 스풀에 고르게 감을 수 있도록 레벨와인더가 장착되어 있고 핸들이 빅게임용처럼 튜닝되어 있다. 내식성 베어링을 사용해 바닷물의 염분에 의한 부식을 최대한 예방할 수 있다.

● 오세아 캘커타 콘퀘스트 (300J HG)

참돔, 능성어, 광어, 우럭, 쏨뱅이 등을 대상으로 하는 라이트지깅에 적합한 릴. 그러나 사용자의 테크닉에 따라서 미터급에 육박하는 부시리나 방어도 충분히 제압이 가능하다.

● **캘커다 800F**

PE라인 3호 기준으로 약 200m를 감을 수 있는 소형 베이트릴이며 부시리나 방어, 참돔 지깅을 두루 겸할 수 있어 라이트지깅에 어울린다. 레벨와인더가 장착되어 있어 미터급 이상의 부시리나 방어를 랜딩할 때 드랙을 무리하게 사용하거나 힘으로만 제압하려 들면 자칫 기어에 손상을 입힐 수 있다. 따라서 사용자의 능동적인 테크닉이 요구되며, 테크닉이 뒷받침된다면 다용도로 사용할 수도 있다.

중대형 지깅 전용 스피닝릴

PE라인 4호 기준 약 300m, 5호 기준 약 250m 정도의 권사량을 갖추고 있어야 중대형 지깅 전용 스피닝릴이라고 할 수 있다. 일반적인 릴 표기법으로 말하자면 10,000번 사이즈 정도와 비슷하다.

● **스페로스 (6000 PG / 8000 HG)**

지깅(PG)과 포핑(HG)이 모두 가능한 중가대의 빅게임용 스피닝릴이다. 국내에서 부시리나 방어를 대상어로 할 때는 물론이고 해외에서 참치를 상대하기에도 무난한 파워를 갖추고 있다.

대형 스피닝릴

● 스텔라 (STELLA 18000HG)

대형어종 포핑 낚시에 적합한 HG타입으로 5:1~6.3:1 정도의 기어비를 주로 사용한다. 해외 포핑 낚시를 할 때는 원줄이 PE라인 8~12호, 혹은 그 이상을 사용하게 되므로 스풀의 권사량이 높은 것이 특징이다.

● 스텔라 (STELLA 20000PG)

지깅 낚시에 적합한 PG타입으로 4:1~5:1 사이의 기어비를 주로 사용한다.

로드

로드는 지그 100~350g 무게의 메탈지그를 매달 수 있는 것을 많이 사용하는데 대상어종에 맞추어 적합한 로드를 선택해야 한다.

2

지금은 인식이 많이 바뀌었지만 2000년 초반까지만 하더라도 대형어종을 낚기 위해서는 무조건 굵고 강한 로드를 사용해야 한다고 생각하는 사람들이 많았다.

그래서 1995년 이전에는 주로 글라스 소재의 블랭크를 채용한 로드가 대세였다. 따라서 당시의 로드는 블랭크의 직경이 매우 컸고 릴 시트 또한 합금 소재와 나무 등을 활용했기 때문에 무게도 만만치 않았다. 40lb 이상되는 트롤링용 중형급 로드는 릴을 장착하지 않은 상태에서도 그 자체의 무게만으로도 부담스러울 정도였다.

당시의 기술로 초대형 참치를 비롯한 대형어종을 노려보기 위해서는 무조건 로드의 블랭크 두께가 두껍고 무거울 수 밖에 없었다.

이후 카본 원단의 등장으로 가벼우면서도 내구성 강한 로드가 출시되기 시작했는데, 로드의 무게가 가벼워진 것은 물론이고 시각적으로도 훨씬 슬림해졌다. 하지만 하이카본 소재의 블랭크도 단점이 있었다. 가볍고 탄성도가 높을수록 사소한 충격에도 휨새가 극으로 치달아 서너 토막으로 부러지곤 했던 것이다.

그러나 2000년 이후 카본 원단의 단점을 보완한 가볍고 질긴 최첨단 소재가 개발되면서 로드의 제조 기술이 비약적으로 발전하였다. 직경이 불과 1cm밖에 되지 않는 로드로 100kg에 육박하는 대형 참치를 굴복시킬 수 있게 된 것이다. 바로 초경량 나노 카본 소재가 불러온 혁신이었다. 경량의 카본과 눅진하고 질긴 글라스가 조화를 이루자 스파인 구조의 단점이 최소화되는 결과를 낳았던 것이다. 현재의 로드는 가볍고 슬림하면서 극한의 뒤틀림과 휨새에서도 강한 힘을 발휘하는 형태로 진화를 거듭하고 있다.

필자는 이러한 기술들을 활용하여 지깅용과 포핑용 로드를 자체 개발하였으며 이는 실질적으로 국내 최초의 사례라고 할 수 있다. 이 개발 경험을 바탕으로 필자와 손잡은 국내 업체가 본격적으로 새로운 로드 생산에 돌입하였고, 그 제품들을 필두로 하여 국내 로드가 미국 등 해외 시장을 개척하기 시작하였다.

카본

탄소섬유 소재로 원래 이름은 카본 그래파이트다. 강도가 강하면서 유연하여 골프채에도 이용된다.

블랭크

낚싯대의 기본이 되는 둥근 형태의 파이프

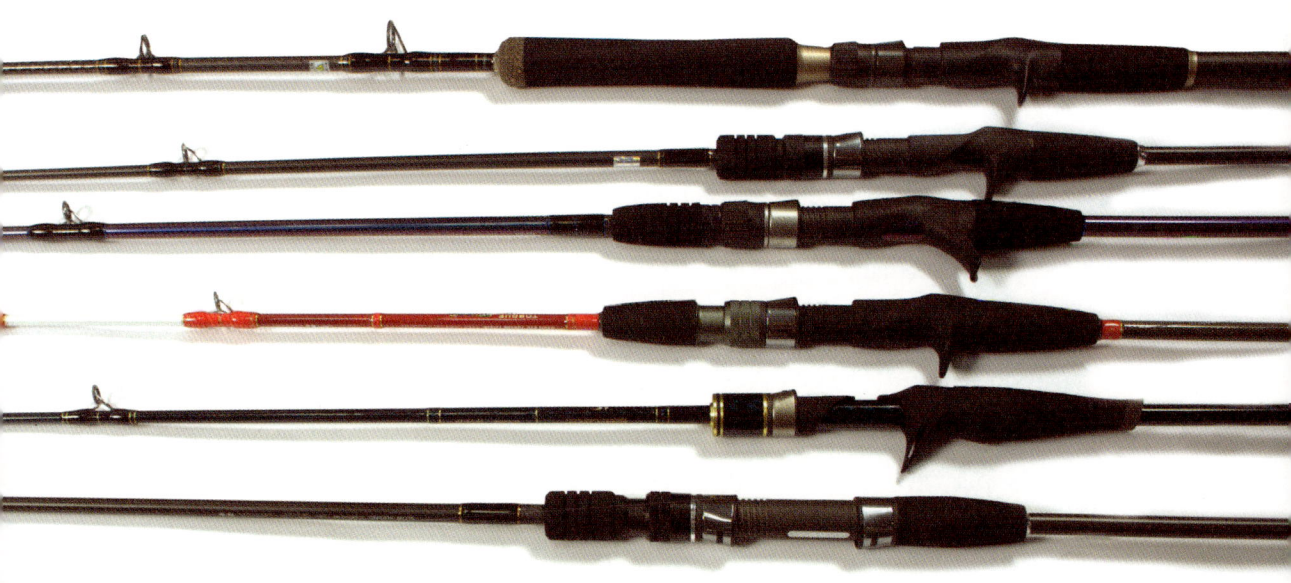

빅게임용 로드의 히스토리

국내에서 아직 지깅 낚시가 활성화되지 않았던 2000년대 초반에는 지깅용 로드의 선택폭이 넓지 않았다. 일본에서 소량 들어오는 수입 제품에 의지하다보니 주로 해외 원정용으로 쓰이는 헤비한 빅게임용 로드를 쓸 수밖에 없었다. 그래서 당시 지깅을 즐겨보고자 했던 낚시인들은 힘겨운 노동에 가까운 지깅을 해야 했다. 하지만 지금은 국내 업체인 N사와 필자가 함께 오랜 연구와 수많은 시행 착오를 거듭한 끝에 국내에서도 우수한 품질의 지깅용 로드를 생산할 수 있게 되었다.

물론 거기에서 멈추지 않고 지깅 로드의 성능은 지금도 계속 향상되고 있다. 굵기는 점점 가늘어지고 무게도 점점 가벼워지고 있지만 강도와 내구성은 더욱 강해지고 있다. 이러한 향상된 성능을 바탕으로 지금은 100kg이 넘는 초대형 참치도 로드 하나로 거뜬히 낚아 올릴 수 있는 수준이 되었다. 가벼운 지깅 로드로도 빅게임이 가능한 시대가 열린 것이다.

현재는 지깅 낚시를 넘어서 캐스팅 낚시로 넘어가고 있는 추세이기는 하지만 지깅 낚시는 여전히 매력있는 장르다.

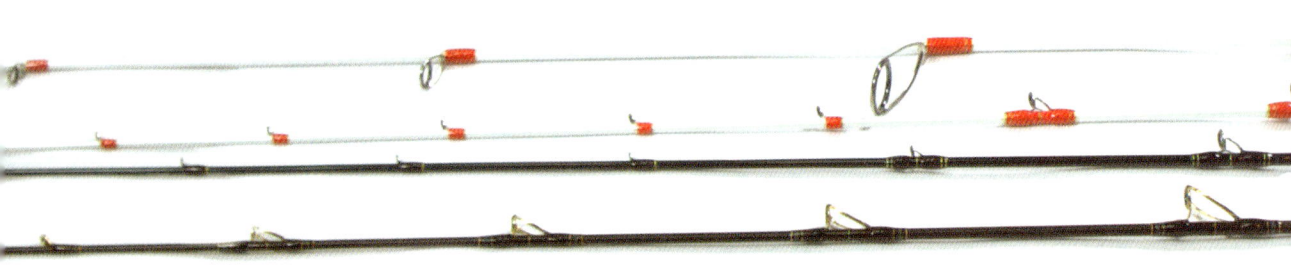

빅게임 지깅용 로드는 주로 5.6피트(170cm)에서 6.4피트(200cm) 정도의 길이를 가진 것이 많이 사용된다. 초대형 참치를 낚는 빅게임용 로드는 주로 6피트(183cm) 미만으로 비교적 짧은 편이지만 국내 라이트지깅에는 대체로 5.8피트에서 7.3피트 사이의 로드가 적당하다.

좋은 로드는 가볍고 강하면서 동시에 아름다워야 한다. 하지만 로드가 필요 이상으로 강하면 오히려 낚시를 할 때 어깨와 팔, 허리 등에 무리가 오게 되므로 로드를 선택할 때는 무조건 강한 것을 고를 게 아니라 본인에게 필요한 강도의 것을 고르는 것이 좋다.

또한 아무리 견고하고 치밀하게 설계된 로드라 할지라도 주의해서 다루지 않으면 쉽게 부러지고 망가지는 것은 당연하다. 그러므로 좋은 로드를 골랐다면 그다음 해야 할 일은 로드를 본인의 소중한 낚시 파트너로 인정하고 대우하는 것이다. 로드와 오래 함께 하고 싶다면 로드를 본인의 수족을 대하듯, 혹은 군인이 총을 대하듯 해야 할 것이다.

미국은 참치 낚시의 메카라고 할 수 있는 곳이다. 그중에서도 특히 남서부 지

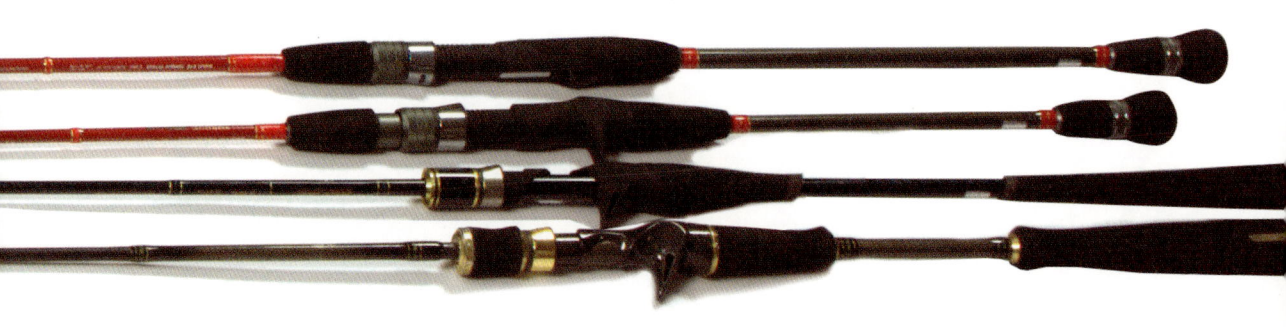

역에서 참치를 낚는 낚시인들은 무겁고 강한 라이브 베이트용 로드를 즐겨 사용했다. 익숙지 않은 사람이 보기에는 부담스러울 정도의 로드였다. 하지만 그 지역 낚시인들은 보수적인 성향이 강해서 로드의 선택 기준을 쉽게 바꾸려 하지 않았다. 필자가 2010년 경 미국 샌디에고를 찾았을 때만 하더라도 여전히 1990년대 초반에 생산된 모델을 사용하고 있는 낚시인이 있을 정도였다.

그런데 최근에는 보수적인 미국 낚시계에도 변화의 바람이 불고 있다. 지깅과 포핑으로 참다랑어를 낚는 방법이 알려지면서 특히 미국 동부 지역을 중심으로 하여 대한민국에서 생산된 지깅용 로드와 포핑용 로드가 선풍적인 인기를 끌고 있는 것이다.

물론 국내에서 개발한 로드가 처음부터 미국 시장에서 인정을 받은 것은 아니었다. 그러나 혁신적으로 가늘어진 블랭크와 놀라울 정도로 가벼워진 무게의 로드를 의구심으로 바라보던 것도 잠시, 미국 시장에 소개된 지 약 2년 만에 그동안 시장을 점령하고 있던 일본 로드의 인지도를 누르는 쾌거를 이룩했다. 국내에서 개발해 2007년부터 미국 시장을 개척하기 시작한 지깅, 포핑용 로드는 필자가 N사와 손잡고 개발한 바로 그 제품이었다.

로드의 구성

로드는 그립이라 불리는 손잡이, 블랭크라 불리는 몸통, 릴을 부착하는 릴 시트, 라인이 지나가는 가이드 등으로 구성되어 있다.

▶ **블랭크(Blank)**: 로드의 가장 핵심적인 부품으로, 카본과 글라스 소재로 이루어진 마름모꼴 무늬의 원형 파이프다.

▶ **로드 팁(Rod tip)**: 블랭크 앞쪽 끝부분을 말하며 그중 맨 끝부분을 초리라고도 한다.

▶ **가이드(Guid)**: 릴에서 나온 라인이 통과하는 고리 모양의 부품으로 초리 끝에 달린 것을 톱 가이드, 로드의 허리 끝부분에 달린 것을 버트 가이드라고 한다.

▶ **로드 벨리(Rod belly)**: 블랭크의 몸통인 허리 쪽을 뜻하며 파이팅 시 가장 움직임이 많은 위치이다. 로드의 휨새가 결정되는 부분이기도 하다.

▶ **로드 버트(Rod butt)**: 블랭크의 손잡이 쪽에 가까운 부분으로 로드의 힘을 결정하는 부분이다.

▶ **릴 시트(Reel seet)**: 릴을 부착하는 부분으로 릴의 다리를 로드에 고정시키는 역할을 한다.

▶ **그립(Grip)**: 릴의 손잡이 부분을 뜻하는데 릴 시트 아랫부분을 리어 그립, 위쪽 부분을 프론트 그립이라고 한다.

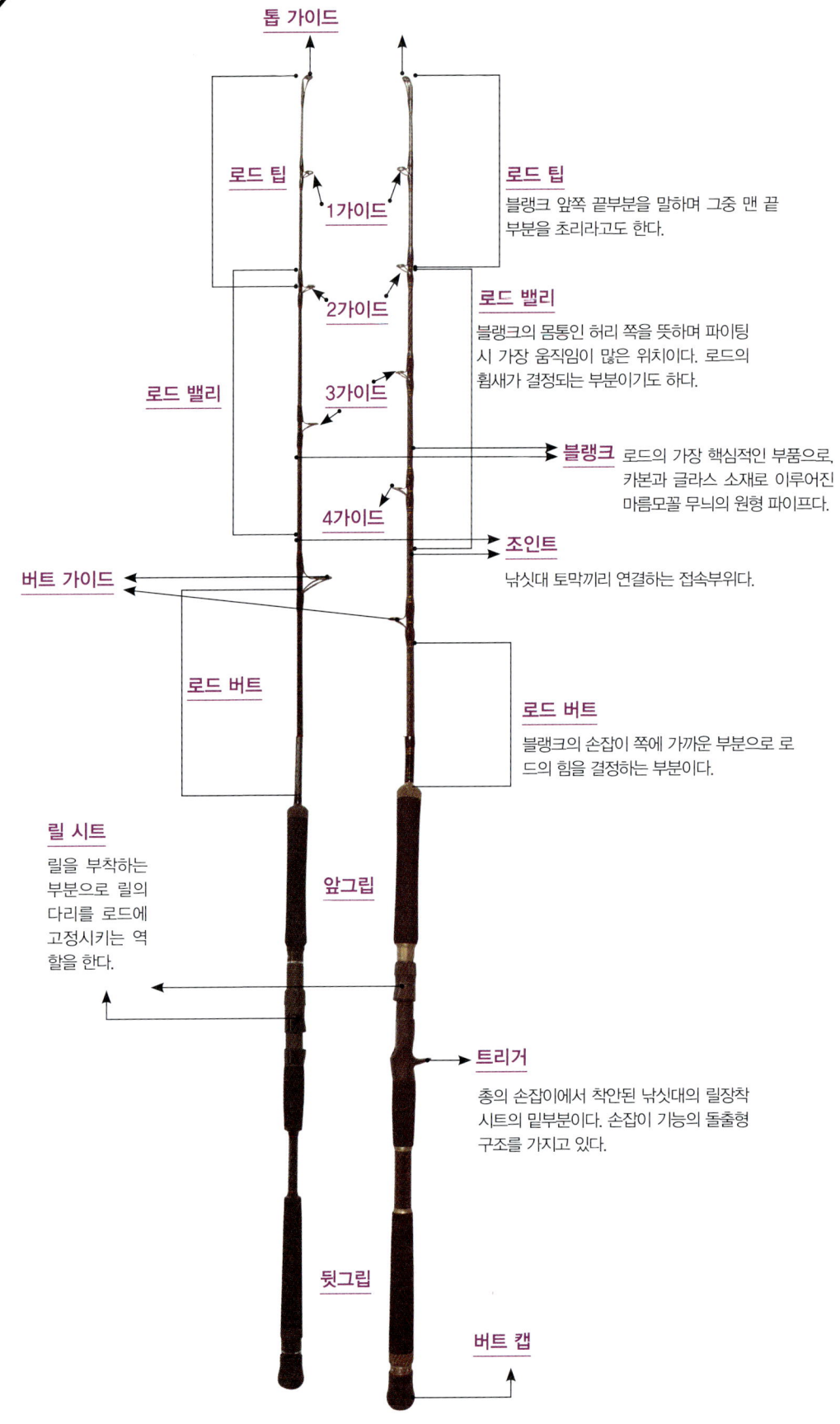

주요 구조

강도

로드의 강도는 로드의 부하량, 즉 끌어올리는 힘을 나타낸다. 울트라라이트(UL), 라이트(L), 미디엄라이트(ML), 미디엄(M), 미디엄헤비(MH), 헤비(H) 등으로 구분하기도 하지만 절대적인 기준은 아니다. 기본적으로 대형어종으로 갈수록 강도가 센 로드를 선택하는 것이 원칙이다.

필자가 개발한 지깅, 포핑용 로드에는 로드의 강도와 파워를 1단계부터 10단계까지 나누어 표현하는 독자적인 방식을 채택했다.

▶ **로드의 파워 레벨 표시** : H, HMF, H2, H3

*HMF : 강도→헤비클래스, 휨세→ 미디움 패스트 액션

*H2R : 강도→HH급, 휨세→ 레귤러 액션

(H2 강도 : 미터급의 부시리나 방어, 또는 30kg 미만의 참치 랜딩이 가능한 강도)

휨새(테이퍼)

휨새는 로드가 휘어지는 정도를 나타내는 말로 테이퍼라고도 한다. 로드의 끝부분인 초리가 유연하게 구부러지면 패스트테이퍼(F), 로드의 3부 또는 4부 정도의 위치가 구부러지는 가장 기본적인 휨새는 레귤러테이퍼(R), 로드 전체가 로드 벨리를 기점으로 고르게 구부러지는 유연한 휨새는 슬로우테이퍼(S)로 나타낸다.

패스트테이퍼는 끝이 유연한 만큼 입질을 예민하게 감지할 수 있고 챔질에도 유리하다. 따라서 기민한 액션을 취하기에 적합하다. 무리 없이 자연스러운 휨

새를 보이는 레귤러테이퍼는 사용범위가 가장 넓으며 초보자에게도 무난하다. 슬로우테이퍼는 가벼운 루어도 멀리 캐스팅할 수 있다는 장점이 있으며 한 번 바이트한 대상어의 랜딩 확률이 높은 편이다.

휨새

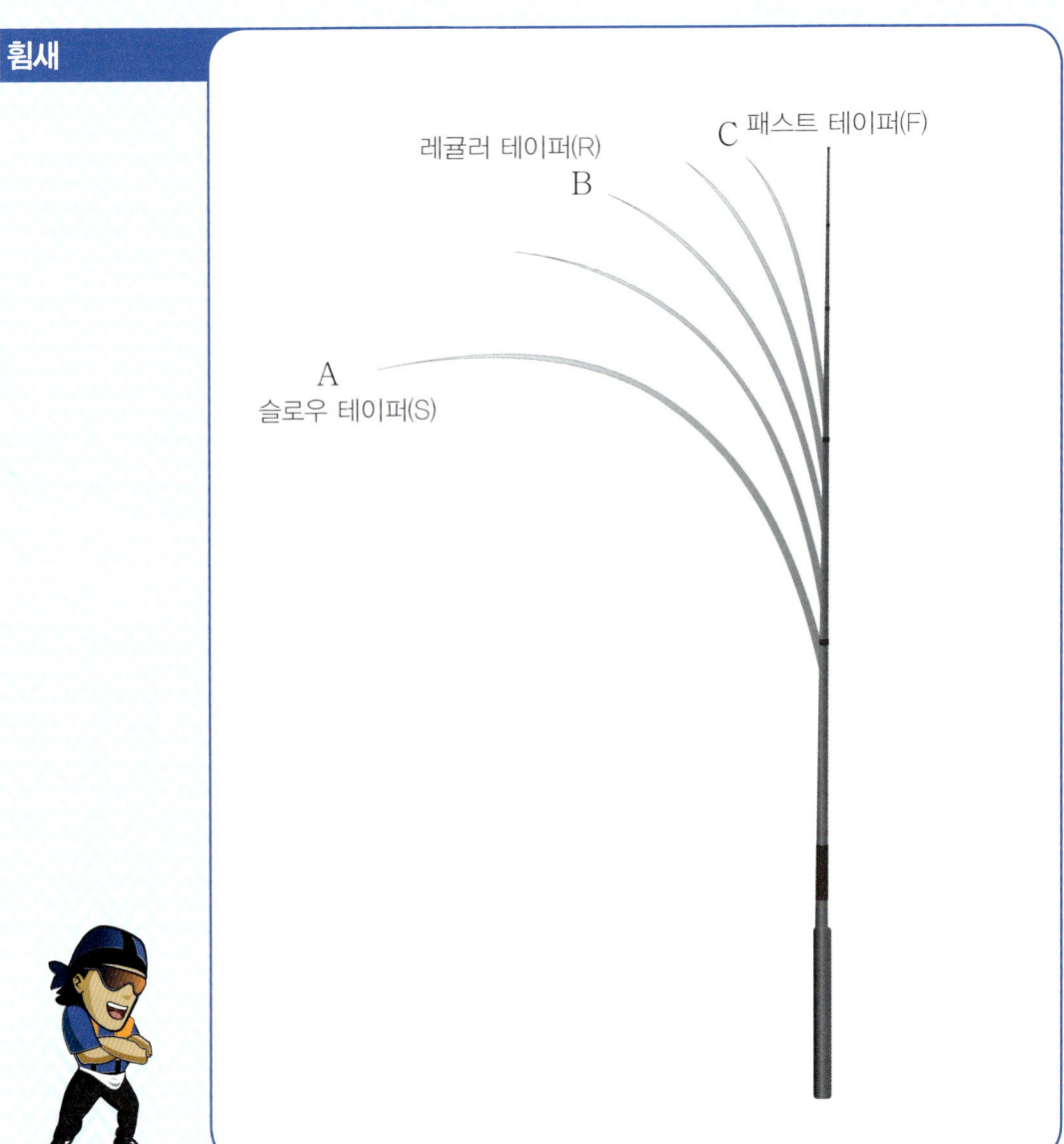

C 패스트 테이퍼(F)
레귤러 테이퍼(R)
B
A
슬로우 테이퍼(S)

짐벌

지깅용 로드에 많이 장착되고 있는 짐벌 핀은 파이팅 벨트와 결합하여 파이팅 시 릴과 로드가 좌우로 흔들리는 것을 줄여주는 역할을 한다. 짐벌은 합금으로 제조되며, 100kg 이상의 대형어종을 랜딩하는 극한상황에서 유용하다.

베이트로드의 경우 릴이 로드 위에 장착되어 있어서 대형어종을 랜딩할 때면 핸들링할 때마다 릴과 로드가 좌우로 많이 흔들리는 경향이 있다. 파이팅이 길어질수록 낚시인이 지치게 되므로 흔들림은 더욱 심해질 수밖에 없는데 이는 결국 릴 핸들과 릴 시트에 무리를 주게 되어 장비의 손망실로 이어지기도 한다.

그러므로 장시간의 파이팅 시에는 로드의 밑에 있는 십자로 홈이 파인 짐벌 핀

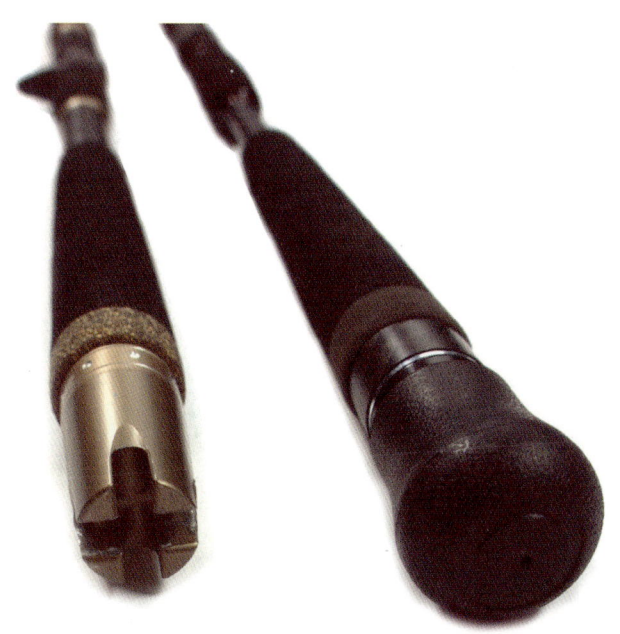

을 파이팅 벨트의 가로형 핀에 고정시키는 것이 안정적인 파이팅이나 랜딩을 위해 좋다. 그래서 빅게임용 베이트로드에는 짐벌 핀을 필수적으로 장착하는 것이다.

그러나 스피닝로드를 사용할 때는 그다지 효용성이 높지 않다. 스피닝로드는 릴이 로드 아래 부분에 장착되어 있어서 랜딩할 때 릴과 로드가 좌우로 흔들리는 정도가 훨씬 덜하기 때문이다.

트리거

트리거는 릴을 이용한 캐스팅이나 랜딩 시 안정감 있는 파지를 도와주는 방아쇠 모양의 보조 장치이다. 일반적으로 베이트릴용 로드에만 장착하고 스피닝릴용 로드에는 장착하지 않는다. 베이트로드를 사용해 라이트지깅을 즐길 때는 잦은 캐스팅과 스피디한 테크닉을 구사해야 하므로 트리거 시트 장착이 필수다.

그러나 대형 어종과 15분 이상 이어지는 파이팅을 벌이다보면 로드를 보트 난간에 얹어 놓고 잠시 휴식을 취해야 할 때도 있는데 이때 로드에 트리거가 장착되어 있으면 아무래도 불편하다. 그래서 소형 어종을 대상어로 할 때는 유용하지만 대형 어종을 상대할 때는 다소 거추장스러운 면이 있다. 이런 이유로 빅게임용 로드에서는 트리거의 필요성이 점차 사라지고 있는 추세다.

트리거
총의 손잡이에서 착안된 낚싯대의 릴장착 시트의 밑부분이다. 손잡이 기능의 돌출형 구조를 가지고 있다.

로드의 스펙 표기

로드의 표면에는 길이, 액션, 라인의 굵기, 루어의 무게 등 관련 스펙이 표기되어 있다. 초심자라면 아무래도 이 스펙을 참고하는 것이 무리가 없다. 그러나 이는 어디까지나 로드를 활용할 수 있는 평균적인 범위를 표기한 것으로 경력이 쌓인다면 이를 바탕으로 자신의 경험과 감각을 더해 적절하게 활용하는 것이 좋다.

로드 스펙

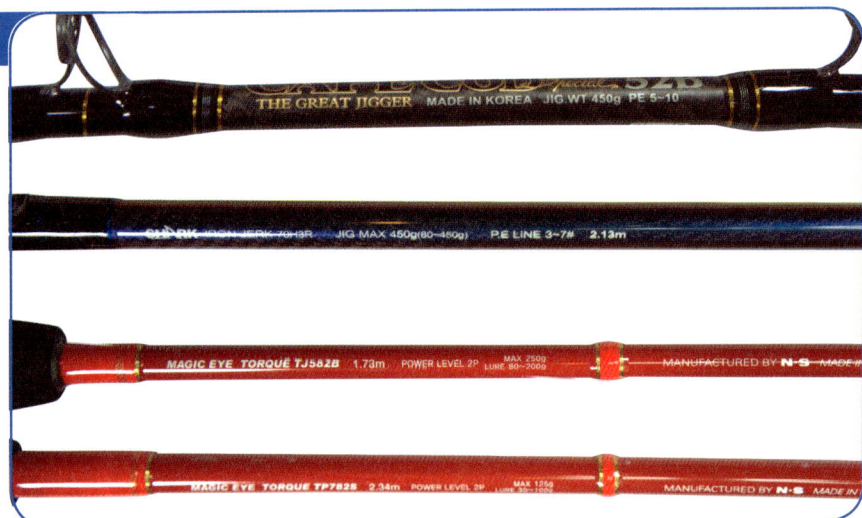

국내 빅게임용 로드 적합

타입	길이	지그 무게
스피닝릴용	6~6.3ft	100~250g
베이트릴용	5.6~7.3ft	80~200g
포핑용	8~12ft	80~160g
롱저커용	8.3~8.6ft	80~150g
대구 지깅용	6~6.3ft	250~400g

※용도(타입)별 로드를 하나씩 선택할 경우를 가정하여 지그 무게를 제안한 것이며, 만일 보유한 로드에 표기된 지그 무게가 200g일 경우 +100g까지는 사용해도 무방하다.

지깅용 로드의 종류

지깅용 로드의 선택 기준은 사용할 지그의 무게와 필요한 저킹 액션이다. 이에 따라 크게 베이트로드와 스피닝로드로 나뉜다.

베이트로드

베이트로드(Bait Rod)는 가장 기본이 되는 장비로 하이피치 파워 저킹과 슬로우 피치를 고루 구사할 수 있으며 주로 250g 미만의 저중량 지그를 사용할 때 적합하다. 원투(원거리 투척)가 힘들기 때문에 선상에서 버티컬지깅을 할 때는 수심 100m 이내의 비교적 얕은 지역을 빠른 속도로 탐색하는 용도로 주로 사용한다.

버티컬지깅

배를 타고 하는 선상낚시로 채비를 수직으로 내려 고패질하는 것을 말한다.

스피닝로드

스피닝로드는 로드 밑부분에 부착된 심벌(Jimbal)을 로드 벨트의 컵에 끼운 상태로 상하 저킹을 할 수 있으므로 파이팅 시 어깨나 팔꿈치에 부담을 덜 수 있다. 250~550g 사이의 고중량 메탈지그를 이용해 수심 100m 이상되는 곳을 공략하는 딥지깅 시 주로 사용한다. 그러나 대상어가 수면 가까이에 떠 있다면 100g 미만의 가벼운 지그나 톱워터 포퍼를 원투하여 옆으로 끌어주는 액션을 구사하는 데에도 활용할 수 있다.

스피닝로드는 이렇듯 비교적 다용도로 사용되기 때문에 베이트로드에 비해 활용도가 높다고 할 수 있다.

로드 선택 시 확인사항

지그 무게와 로드 휨새의 조화

메탈지그와 로드는 상호의 조화를 고려해서 선택해야 한다. 가벼운 메탈지그를 사용하면서 강하고 빳빳한 로드를 사용하면 지그의 움직임이 부자연스러워지고, 반대로 지그는 무거운데 로드가 약하고 부드러우면 저킹을 아무리 빠르고 강하게 해주어도 지그가 물속에서 시원스럽게 활약을 할 수 없기 때문이다.

100g짜리 메탈지그에 어울리는 로드를 선택해 놓고 300g짜리 지그를 사용한다면 저킹 시 로드가 지나치게 꺾이고 액션이 불안정해지는 경험을 하게 될 것이다. 반대로 250g 전후의 메탈지그에 어울리는 로드에 100g짜리 지그를 매달았다면 저킹을 할 때 어딘가 헐렁하다는 느낌을 받게 될 것이다.

더구나 메탈지그와 로드의 부조화는 게임이 장시간 지속될수록 몸의 피로를 가중시킨다. 그러므로 만족스러운 조과와 효율적인 게임을 기대한다면 반드시 둘의 조화로운 선택이 필요하다.

일반적으로 지깅용 로드는 메탈지그의 무게에 따라 80~200g용, 100~300g용, 150~400g용 세 가지로 구분한다. 그러나 베이트로드의 경우에는 크게 150g 전후용과 250g 전후용 두 가지로 나누어서 생각하면 편하다. 로드에 지그맥스(Jig max)가 300g으로 표기되어 있다면 상황에 따라 지그의 무게를 +100g까지 늘려 잡아 생각하는 것도 가능하다.

최근에는 소재의 발달로 가늘고 강하면서도 부드러운, 전체적으로 심플한 느낌의 지깅용 로드들이 많이 출시되고 있다. 따라서 단순히 겉모습만 보고 가늘어서 약하겠다는 식의 판단을 내려서는 곤란하다. 로드를 고를 때는 겉모습보다 누구의 손을 거쳐 제작, 설계되었는지를 살펴보는 것이 더 중요하다. 실전 경험이 풍부한 낚시인일수록 경험에 의거해 효율적인 로드를 만들어 내기 때문이다.

대상어종에 맞는 로드 선택

지깅용 로드는 일반적으로 100~250g 또는 200~350g 정도의 메탈지그와 매칭되는 것을 가장 많이 사용하는데, 여기에 대상어종까지 고려하여 최종 결정을 해야 한다. 해외 원정 빅게임, 특히 참치를 대상어로 할 경우 100kg 이상을 대비한다는 가정 하에 250~350g, 혹은 그보다 더 무거운 메탈지그를 활용할 수 있는 헤비급 로드를 준비해야 한다.

롱저커 로드는 총 길이가 8ft에서 9ft에 달해 다소 길다고 느껴질 수 있지만 지깅과 캐스팅을 동시에 즐길 수 있다는 활용성 때문에 인기가 좋다. 낚시 여건에 맞게 40~100g의 메탈지그나 60~100g의 포퍼 등을 유동성 있게 사용할 수 있으므로 다양한 공략과 연출이 가능하여 초보자에게 추천할 만한 로드라고 할 수 있다.

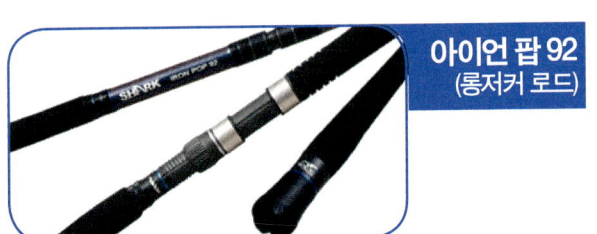

아이언 팝 92 (롱저커 로드)

추천 로드 제품 소개

낚시에 갓 발을 들여놓은 사람들은 대개 로드를 선택할 때 원하는 것이 많다. 딥지깅과 라이트지깅을 두루 즐길 수 있기를 바라며 시즌이 되면 서해와 동해, 남해, 제주 등지의 선상에서 활용하는데도 무리가 없기를 원한다. 미터급 이상의 부시리나 방어도 거뜬히 제압할 수 있는 성능과 함께 고급스러운 디자인까지 갖춘 것을 찾는다. 이렇게 하나의 로드로 가벼운 지그부터 무거운 지그까지 두루 섭렵할 수 있는 제품을 찾되 적정 가격선은 대략 20만 원대 정도를 많이 생각하는 듯하다. 이 모두를 두루 만족시킬 수 있는 로드는 어떤 것이 있을까.

● 심해 버티컬과 슬로우피치 겸용으로 무난한 로드

▶ 아이언저크 시리즈(IRON JERK 65H2 / IRON JERK 70H3r)

얼핏 보아서는 블랭크가 지나치게 가늘고 약해 보이지만 강한 토크를 발휘하는 로드이므로 얕보아서는 안 된다. 마치 나뭇가지에 매달려 있는 물방울처럼 보이는 작고 슬림한 가이드에서는 로드를 경량화하기 위한 노력이 엿보인다. 작다고 제 기능을 못하는 것은 아니다. 오히려 필요 이상으로 가이드 링을 크게 만들지 않은 점이 더욱 마음에 든다.

톱가이드를 포함한 전체 가이드의 구성은 PE라인 4호에 쇼크리더 80lb를 투박하게 매단 심해 버티컬용 채비나 빅게임용 채비도 무난하게 통과할 수 있는 수준이다.

특히 작고 짤막한 프론트 그립의 디

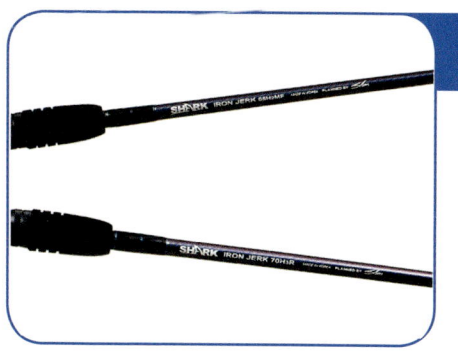

아이언 저크 두 가지 타입

자인을 눈여겨 볼 만한데 이는 앞쪽의 무게 비중을 낮추기 위한 것이기도 하지만 저킹을 할 때나 랜딩을 시도할 때 프론트 그립의 역할이 크지 않음을 고려한 과감하고 혁신적인 디자인 사례라고 볼 수 있다.

로드가 묵직한 느낌을 주면 아무래도 대형 어종을 상대로 파이팅을 준비하는 낚시인들에게 심리적인 중압감을 안겨 줄 수 있다. 그런 점을 고려할 때 리어 그립을 투그립 형태로 제작해 블랭크를 노출시킴으로써 전체적으로 슬림한 체형을 강조하여 낚시인들의 심리적 부담감을 덜어준 배려가 돋보인다. 과감한 도전 의식이 돋보이는 디자인이라고 하겠다.

샤크 스페셜 슬로우 저크 모델은 두 가지 타입이 있는데 그중 파워 레벨이 H2급인 아이언 저크 65H2는 미터급 부시리나 방어도 짧은 시간 안에 제압이 가능한 블랭크 파워를 갖추고 있다. 언뜻 보면 민물 배스 루어 로드와 유사해 보이지만 카본 원단과 나노 수지가 완벽한 조합을 이루고 있는 외유내강형의 로드다.

필자가 이 로드로 해외 원정 지깅에서 30kg급 옐로우핀 투나(yellowfin tuna_황다랑어)를 단 3분 만에 랜딩하기도 했을 만큼 안정된 파워로 부담 없이 파이팅을 즐길 수 있는 훌륭한 장비다.

* 라이플경사 릴시트를 채용하여 장시간 저킹시 손의 피로감을 줄이고 스로우핏치에 안정감있는 그립력을 준다.

●참돔, 우럭, 광어, 능성어 라이트지깅용 로드

▶ 매직아이 782B

사용자의 목적에 따라 다양한 적응성을 보여주는 폭넓은 범용성에 그 목적을

▶ 매직아이 782B

두었다. 참돔과 광어, 우럭을 포함한 선상 라이트지깅 낚시와 15g 이상의 농어 루어와 삼치, 만새기 등을 겨냥한 100g의 메탈지그까지 캐스팅이 가능한 버티컬지깅과 캐스팅을 복합적으로 사용할 수 있도록 설계되었다. PE라인을 최고 3호를 쇼크리더는 MAX 40lb(10호)를 권장한다.

●부시리, 방어 포핑용 롱저커 로드

▶ 아이언팝92

기존의 캐스팅(포핑) 전용 낚싯대가 무겁고 포퍼나 펜슬의 무게(60~130g)의 사용이 가장 많은 부시리. 방어. 참치 캐스팅(포핑) 쇼어게임 전용 낚싯대를 찾으시던 분들께 권한다. 2절(2Pcs)이지만 1절(1Pcs)과 같은 느낌을 실현시킨 캐스팅(포핑) 전용 로드로 캐스팅 비거리, 내구성, 디자인, 가격 모두 만족시킨 파격적인 기획이다. FUJI 크롬과 KR 경사 가이드 채용으로 캐스팅 시에 라인 트러블을 최소화시킨다.

●대삼치, 만새기, 중소형 부시리, 방어 캐스팅용 로드

▶ 아이언팝90

메탈지그, 펜슬, 포퍼의 무게 20~80g의 저중량 루어를 장거리 캐스팅 비거리를 가능케하는 가볍지만 강한 낚싯대이다.

대상어는 부시리, 방어, 대삼치, 만새기를 목적으로 하지만 주로 대삼치, 알부시리를 타깃으로 하는 이유는 대삼치용 소형메탈지그 20~80g 과 알부시리용

▶ 아이언팝92

▶ 아이언팝90

펜슬미노우, 메탈지그 20~100g 정도의 작은 루어를 캐스팅해야 하므로 낚싯대 블랭크의 탄성을 라이트한 컨셉으로 맞추어 설계를 하였으며 미터급 이상의 대부시리, 소형참피 등이 걸려도 무난하게 랜딩할 수 있는 강도를 유지해 준다.

스피닝릴의 적합 사이즈는 S사 기준 4000~6000번이 적합하며 원줄은 PE 1.5~3호를 사용해야만 가장 이상적인 캐스팅 비거리를 올릴 수 있다.

● 참치, 부시리, 방어 포핑용 로드

▶ 아이언팝95

국내에서는 부시리, 방어를 목적으로 하는 펜슬, 포퍼, 미노우 50~180g까지 캐스팅 가능한 전형적인 빅게임 캐스팅 전용 로드이다.

지깅, 포핑 낚시인들이 이제까지 사용해왔던 포핑 전용 로드보다 가볍게 느껴지며 캐스팅 비거리는 최상이라고 자부할 만한 롱캐스팅용 로드이며, '튜나스페셜'의 명칭을 사용한 이유는 참치 100kg급까지 겨냥한 빅게임 캐스팅 로드임을 표현했다.

스피닝릴의 적합 사이즈는 8000~30000번까지 사용 가능하도록 버트가이드를 40번 사이즈는 배열로 설계하였고 원줄은 PE 4~10호까지 사용 가능하며 Braid Line 100lb를 사용해도 탁월한 비거리를 올릴 수 있다.

▶ 아이언팝95

3 라인

지깅에는 원줄, 쇼크리더, 어시스트 후크 목줄, 이렇게 세 가지 라인이 기본적으로 필요하다. 원줄은 PE라인, 쇼크리더는 나일론이나 플로로카본 재질의 라인, 어시스트 후크를 매는 목줄은 케블라(Kevlar) 섬유로 만든 강한 라인을 많이 쓴다. 라인의 규격은 인장강도를 기준으로 파운드(lb) 단위 혹은 kg으로 구분하여 표기한다.

일반인에게는 합사라고 하는 명칭이 익숙할 것 같다. 합사의 굵기 표기는 호수로 표기하며 합사의 강도(인장강도)는 미국식 표기로 lb(파운드) 단위를 사용한다. 합사(PE라인)의 각 호수별 인상강도의 보편적인 인장력은 아래 표와 같다.

일반적인 호수별 인장강도

PE라인/합사의 굵기(호)	0.6	0.8	1	2	3	4	5	6	8	10
인장강도(lb)	10	12	20	30	40	50	60	70	90	110
인장강도(kg)	4.5	5.5	9.5	14	19	24	28	34	40	50

※Braid(합사/PE라인 가닥수)
보편적으로 0.6~1호까지는 4가닥 꼬임(4Braid), 2~4호는 6가닥 꼬임, 4~10호까지는 8가닥 꼬임 방식으로 댕기를 꼬듯 직조방식으로 생산된다.
※최근에는 0.6~2호까지는 8가닥, 3~10호까지 10가닥 이상의 직조방식으로도 생산되고 있다.
※인장강도는 일반적으로 lb 단위로 표기. 0.45를 곱해주면 kg으로 환산할 수 있다.
　예) 20lb×0.45=9kg(인장강도)

대상어를 잡을 때 그 무게를 버티지 못하는 라인을 쓴다면 정말 다 된 죽에 코 떨어뜨리는 것과 마찬가지다. 그만큼 라인 선택은 매우 중요하다.

원줄

지깅 낚시의 원줄은 PE라인을 쓰는 것이 기본이다. PE, 즉 폴리에틸렌 라인은 굵기에 비해 인장 강도가 매우 강하고 신축성이 거의 없어서 원줄로 쓰면 감도가 좋다. 또 지그를 수심 깊은 곳에 드리운 상태에서도 낚시인의 의도대로 움직임을 주기 편하다.

다만 마찰과 열에 약하고 불투명하다는 것이 단점이다. 엉키기 쉽고, 한 번 엉킨 후에는 잘 풀리지 않는 편이며, 가격이 다소 비싸다는 것도 흠이다. 따라서 줄의 꼬임을 방지하고 PE라인 본래의 특성을 오래 유지시키기 위해서는 PE코트를 반드시 뿌려주는 것이 좋다.

원줄을 고를 때는 실전에서 움직임을 파악하기 좋도록 시인성이 높은 색상을 선택하는 것이 바람직하다. 딱히 정해진 색이 있는 것은 아니지만 일반적으로 형광 초록색, 붉은색, 하늘색, 주황색, 흰색, 회색 등을 많이 사용한다.

원줄

국내 지깅 낚시에서 주로 대상어로 삼는 부시리, 방어, 대구, 잿방어 등의 무게는 평균 7~20kg 사이이다. 따라서 국내 지깅 낚시에서는 필요 이상의 고강도 PE라인을 사용할 필요가 없다. PE라인 4호를 기준으로 볼 때 자체의 인장 강도가 약 20kg 정도에 충격을 흡수해주는 쇼크리더의 역할을 감안하면 약 40kg급의 어종 정도는 충분히 제압 가능하다.

PE라인의 가장 큰 장점은 신축성이 적어 로드의 미세한 움직임에도 메탈지그가 섬세하게 반응한다는 것이다. 따라서 낚시인의 의도대로 다양한 움직임을 연출할 수 있다. 그러나 이러한 장점에도 불구하고 PE라인이 처음부터 낚시인들에게 호응을 얻었던 것은 아니다.

PE라인의 특징은 모노나 카본 등의 일반 라인에 비해 캐스팅 시 가이드와의 마찰로 인한 문제가 적고 스피닝릴에 사용 시 코일링 현상이 줄어 캐스팅 비거리를 늘릴 수 있다는 것이다.

또한 일반 라인과 비교해 동일한 인장 강도일 때 굵기(mm)가 훨씬 가늘기 때문에 릴스풀에 상대적으로 많이 감을 수 있어 부피를 최소화할 수 있다는 것도 장점이다.

원줄

다만 매우 가는 극세사를 여러 가닥으로 꼬아 만든 섬유소재이기 때문에 신축성이 적어 이를 보완하기 위해 끝부분에 쇼크리더를 연결해야하는 번거로움이 있다. 또한, 고가의 제품이라는 단점으로 인해 초기에는 대부분의 낚시인들로부터 외면을 받곤 했다.

이러한 초기의 반발을 이겨내고 PE라인이 인기를 얻게 된 계기는 세계게임피싱협회(IGFA)에서 정한 라인 시스템과 게임의 원칙 덕분이었다. 예전에는 대형 어종을 낚기 위해서는 라인 시스템이 당연히 무거울 수밖에 없다고 생각했다. IGFA는 이러한 과거의 상식을 깨고 좀 더 가늘고 강한 소재의 라인으로 대형어종을 낚는 도전을 원했다. 이러한 IGFA의 의도에 발맞추어 PE라인의 사용과 보급이 확대되기 시작한 것이다.

또 쇼크리더를 활용해 PE라인 단점을 보완할 수 있는 방법이 활용되기 시작한 것도 한 몫을 했다. 쇼크리더는 지깅 낚시에서뿐만 아니라 PE라인을 사용

하는 모든 낚시에서 매우 중요하다.

PE라인을 제대로 활용하기 위해서는 상황에 따라 적절한 굵기의 것을 선택해야 한다. 대상어종에 비해 너무 굵은 호수의 PE라인을 사용하게 되면 조류의 간섭과 바람에 의한 배의 움직임 등을 고려해 포인트를 정확히 공략하기가 어려워진다. 반대로 너무 낮은 호수의 라인을 사용하게 되면 랜딩 도중 원줄이 끊어지는 불상사가 생길 수 있다. 그렇다면 PE라인의 호수는 어떤 기준으로 선택해야 할까. 필자의 경험을 근거로 하여 대상어종별 적절할 PE라인의 호수를 정리하자면 다음과 같다.

지깅		포핑	
대상어종	PE라인	대상어종	PE라인
우럭, 대구	2~4호	GT 포핑	6~12호
부시리, 방어	2~4호	만세기, 부시리	3~6호
잿방어, 전갱이류	2~4호	가물치	5~8호
참치(독투스, 옐로핀)	5~8호		

※ GT 포핑 낚시의 경우 쇼크리더는 나일론 소재의 100~240lb가 적절하다.

쇼크리더(보강 목줄)

지깅 낚시에서 대상어로 삼는 어종들은 대체로 힘이 좋고 이빨이 발달되어 있기 때문에 쇼크리더가 반드시 필요하다. 특히 쇼어지깅에서는 대상어의 저항이나 무게 못지않게 문제가 되는 것이 무거운 루어를 캐스팅할 때 생기는 강한 반동인데, 쇼크리더를 사용하면 이럴 때 매듭이 터지는 일을 막을 수 있다.

쇼크리더는 나일론이나 플로로카본 등을 소재로 한 라인이 좋다. 나일론 소재의 라인은 부드럽고 신축성이 좋은 것이 특징이며 플로로카본은 뻣뻣하고 강한 편이다. 이들은 무게가 비교적 무거운 편이라 잘 가라앉고 굴절과 줄의 꼬임이 적은 동시에 복원력이 우수하다.

가늘고 인장력이 우수하지만 대신 탄성이 부족해 강한 반발력에 잘 끊어지는 PE라인의 문제점을 극복하기 위해 개발된 매듭 방법이 바로 비미니 트위스트(Part4 매듭법 참조)다. 여기에 PE라인의 인장력이 가지는 장점은 살리면서 반발력으로 인한 끊어짐 현상을 최소화시키기 위해 개발된 목줄 개념의 쇼크리더까지 더해지면 금상첨화다.

쇼크리더

쇼크리더는 카본 소재의 장점인 옆쓸림에 대한 내구성과 모노필라멘트 소재의 특성인 부드러운 신축성을 모두 갖추어야 한다. 이러한 장점들을 고루 갖추고 있어야 파괴력 높은 빅게임 파이팅에 있어서 훌륭한 응원군이 되어줄 수 있다.

낚시 패턴별 적정 쇼크리더 길이(나일론소재)	
지깅 낚시	6~15m
포핑 낚시	1.5~3m
농어 루어 낚시	2~4m

지깅 낚시와 포핑 낚시에서는 반드시 나일론 소재의 쇼크리더를 사용할 것을 권장한다.

PE라인 각호수별 쇼크리더 한계범위	
PE 2호	쇼크리더 20~40lb
PE 4호	쇼크리더 50~80lb
PE 5호	쇼크리더 70~130lb
PE 6호	쇼크리더 100~160lb
PE 8호	쇼크리더 130~220lb
PE 10호	쇼크리더 160~320lb

잣 낚시의 세계에 발을 들여놓은 초심자들에게는 원줄과 쇼크리더를 연결하는 매듭법이 다소 어렵게 느껴질 수 있다. 그러나 어렵다고 해서 매듭을 소홀히 한다면 낚시를 제대로 즐길 수가 없다. 특히 PE라인과 나일론 쇼크리더를 연결하는 매듭법은 서로의 인장 강도를 고려한 최상의 조합으로 극적인 효과를 기대할 수 있다. 그러므로 인내심을 가지고 다양한 매듭법을 익혀두어야 한다.

PE라인 원줄에 적합한 쇼크리더의 강도

PE라인 원줄 호수(굵기)	조화를 이루는 매듭	쇼크리더의 강도
0.8~1.5호	유니노트	8~20lb / 6~12lb
2~3호	비미니트위스트/ 유니노트	14~50lb
4~10호	비미니트위스트/유니노트/FG노트	60~220lb

※표기된 쇼크리더는 나일론 소재 지깅 전용 쇼크리더를 기준으로 한다.

어시스트훅 목줄

어시스트훅 목줄은 지그 윗부분을 맬 고리에 연결할 때 사용하는 목줄이다. 케블라 섬유 등 신소재를 이용한 다양한 제품들이 있다. 어시스트훅 목줄을 맬 때는 훅이 지그 전체 길이의 절반 정도 이내의 위치에 놓이도록 하여 맬 고리에 연결하는 것이 좋다. 라인이 굵기는 훅의 크기와 내상어를 고려하여 정하는데, 보통 40~80호 사이가 많이 사용된다.

어시스트 라인, 즉 훅 목줄의 길이는 다소 긴 메탈지그를 사용하는 경우라도 약 1.5~4.5cm 정도면 충분하다.

롱지그를 사용한다고 해서 어시스트훅 목줄까지 길게 잡아버리면 입질 시 훅업이 불발될 확률이 높다. 따라서 지그의 길이가 35cm 내외에 이를지라도 어시스트훅 목줄의 길이는 4cm 이내로 하는 것이 적당하다.

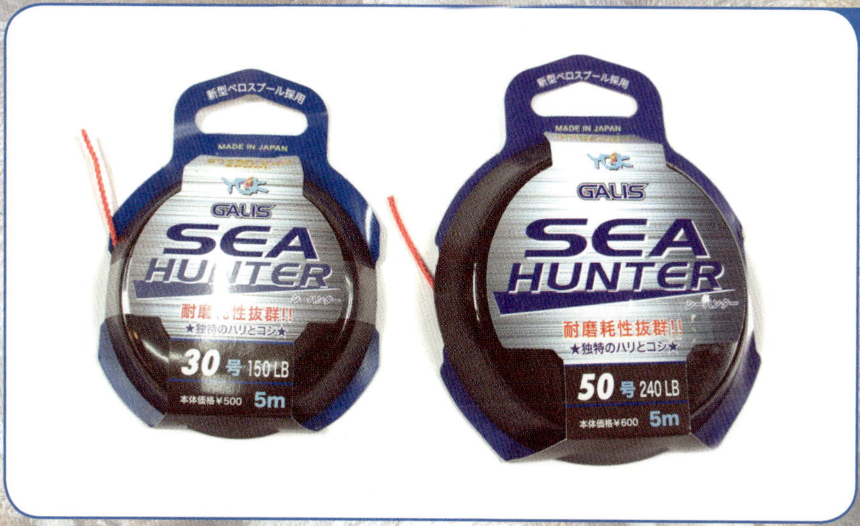

어시스트훅 목줄

훅(Hook)　4

훅은 낚싯바늘을 가리킨다. 채비의 가장 끝에 매다는 도구로 물고기의 입에 잘 걸릴 수 있도록 충분히 날카로워야 하며, 파이팅 도중 부러지거나 휘는 일이 없도록 강도 또한 약해서는 안 된다. 대상어에 따라 이용하는 훅의 종류도 달라지는데 지깅 낚시에서 사용하는 훅은 트레블훅과 싱글 지깅훅으로 나뉜다.

루어낚시에서 쓰는 훅은 진짜 미끼를 쓰는 훅와는 다르다. 바늘 귀 대신에 고리가 달려 있어 바늘목줄(어시스트 라인)과 연결하기 편리하도록 되어 있다.

훅 사이즈 읽는 법

루어낚시용 훅은 미끼 낚시용 훅과 달리 번호가 작아질수록 바늘 크기가 커진다. 1호보다 큰 바늘이라면 1/0, 2/0과 같은 식으로 표기하기도 한다.

트레블훅

트레블훅은 지그의 아랫부분과 펜슬, 포퍼, 미노우의 배 밑부분과 꼬리쪽에 연결되는 세발 갈고리 모양의 바늘이다. 세 개의 갈고리 모양 바늘은 각각 120도 각도를 이루며 붙어 있는데 스플릿링을 이용해 루어에 부착한다. 훅의 크기는 사용하는 지그의 무게에 따라 달라지는데 30g짜리 지그를 사용할 때는 6~4사이즈, 60~90g 사이의 지그를 사용할 때는 2~1/0사이즈, 150g짜리 지그를 사용할 때는 2/0~3/0 사이즈의 훅이 적당하다.

메탈지그 뿐만 아니라 펜슬이나 포퍼 같은 물고기 모양 루어의 배 밑부분과 꼬리 부분에 장착해서 사용하기도 한다.

트레블훅

어시스트훅

트레블훅은 지그의 아래쪽에 연결해서 사용하기 때문에 버티컬지깅 시 바닥에 걸리는 일이 잦다는 것이 단점이다. 지그의 위쪽에 어시스트훅을 연결해 활용하면 장애물의 방해를 덜 받기 때문에 이런 단점을 극복할 수 있을 뿐만 아니라 대상어의 입질을 유도하기에도 좋다. 단 어시스트훅의 목줄 길이는 지그 전체 길이의 절반을 넘지 않도록 해야 한다.

지깅용 어시스트훅의 크기는 지그의 길이와 넓이, 대상어의 입 크기 등을 기준으로 하여 선택하는데 주로 1/0~11/0 사이즈를 많이 사용한다. 때에 따라 두 개 이상의 어시스트훅을 활용하는 경우도 있기는 하지만 권장하지는 않는다. 특별한 경우가 아니라면 어시스트훅은 한 개로도 충분하다.

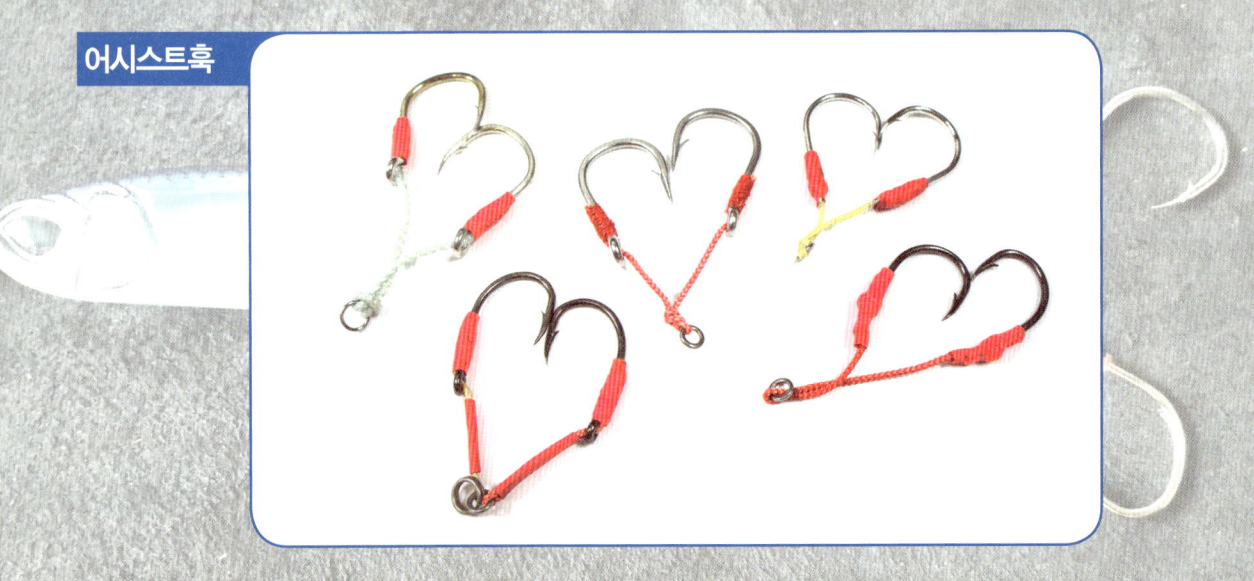

어시스트훅

어시스트훅의 활용

이시스트훅을 하나만 달자니 어딘가 아쉬운 듯한 느낌이 든다는 낚시인들이 많다. 그러나 훅을 많이 단다고 히트 확률이 높은 것은 아니다. 오히려 훅을 한 개만 다는 것이 정확한 훅업의 확률을 더 높일 수 있는 요령이다.

지깅 낚시에서는 일반적으로 7/0~11/0 사이즈의 지깅 전용 훅을 사용하는데, 이렇게 큰 훅을 사용할 때는 과감하게 한 개만 사용하는 것이 여러 개를 사용하는 것보다 낫다.

어시스트 라인 길이는 2~4cm가 적당하다

어시스트훅 활용

빅훅을 두 개 혹은 그 이상으로 연결해 사용하게 되면 입질을 받았을 때 대상어의 입 언저리에 정확하게 훅셋이 될 확률이 떨어진다. 저킹 도중 바운스가 일어나면서 훅들이 서로 엉켜 오히려 바이트를 방해할 수 있기 때문이다.

두 개의 훅을 연결했을 경우 정확하게 훅셋될 확률이 60%라고 가정한다면 훅을 한 개만 사용했을 경우는 이 확률이 95%까지 상승한다. 보통 훅을 많이 달고 싶어 하는 심리는 대상어가 여기 저기 걸릴 수 있는 여지를 많이 주고자 하는 마음일 것이다. 그러나 기대대로 된다고 해도 훅이 입 언저리나 몸통에 동시에 걸리게 되면 랜딩이 어려워지는 문제가 생기기도 한다. 따라서 깔끔하고 정확한 훅셋을 위해서는 한 개의 훅이 바람직하다.

슬로우지깅을 즐길 경우에는 1/0~4/0 정도 되는 작은 사이즈의 지깅 전용 훅을 사용하는 것이 일반적이다.

바닥권의 그루퍼 종을 대상어로 선택했다면 메탈지그의 위쪽에는 4/0 정도의 L사이즈 훅 두 개(어시스트 라인 길이 3~3.5cm), 아래쪽에는 1/0~2/0 정도의 S사이즈 어시스트훅(어시스트 라인 길이 3cm) 두 개를 연결하는 것이 좋다.

이렇게 상하 도합 네 개의 훅을 쓰는 것은 우럭, 능성어 등의 입 크기를 고려한 까닭이다. 또 이들 어종은 먹이 섭취 후 빠른 속도로 바위 틈에 은신하는 습성이 있으므로 입 언저리는 물론이고 몸통에 밑바늘까지 걸려준다면 훅셋 후 리액션(Desh)이 훨씬 편해지는 이점이 있기도 하다. 단 이때 어시스트라인의 길이는 메탈지그 길이에 맞추어 윗바늘은 3.5cm 미만, 밑바늘의 쇼크리더 길이는 3cm 미만으로 해주어야 교차 시 엉킴이 없다는 것을 명심해야 한다.

스피드 타입 슬로우지그를 활용해 수심의 전층을 공략할 생각이라면 지그 위쪽에 3/0~4/0 정도의 훅을 두 개만 다는 것이 좋다.

스피드 타입 지그에 빅훅을 한 개만 달면 지그의 길이와 너비 때문에 바늘의 갭 사이에 지그가 끼는 일이 자주 발생한다. 이 때문에 자칫 바이트가 불발될

우려가 있으므로 빅훅 한 개보다는 작은 훅 두 개를 사용하는 것이 낫다. 그렇다고 훅을 네 개나 다는 것은 권하지 않는다. 스피드 타입의 지그를 사용한다는 것은 말 그대로 스피디하게 수심의 전 층을 공략하겠다는 뜻인데 지그의 위와 아래에 모두 훅을 단다면 여러 가지 간섭이 발생해 능동적인 액션이 힘들어지기 때문이다.

지깅 전용 훅 중에는 반짝기리는 소재의 필름이나 실, 야광 섬유 등의 소재를 더해 대상어의 반응을 더욱 효과적으로 끌어낼 수 있도록 만들어진 제품도 있다. 틴셀(Tinsel)훅이라는 것인데 일명 반짝이 바늘이라고도 한다. 부시리, 방어 등을 대상어로 하는 지깅 낚시를 한다면 30m 이상의 깊은 수심을 공략할 때나 날씨가 흐린 때에 이 틴셀훅을 유용하게 사용할 수 있다.

틴셀훅

채비

'채비'는 어떤 일을 하기 위하여 필요한 물건, 자세 따위를 미리 갖추어 차린다는 뜻으로 일상적으로도 많이 쓰이는 말이다. 무슨 일을 하더라도 채비를 단단히 갖추는 일은 중요하지만 특히 낚시인에게 있어 '채비'의 의미는 남다르다. 필요한 것을 한 가지라도 빠뜨리고 제대로 채비를 하지 않으면 그날의 조과를 완전히 망칠 수도 있기 때문이다.

낚시의 채비는 본인이 어떤 대상어를 노리는지, 어떤 방법으로 낚시를 할 것인지에 따라 준비해야 할 것이 달라진다. 그러므로 낚시에 나서기 전에 그날의 목표를 정확히 정하고 그에 맞추어 지그, 릴, 로드, 라인, 훅, 연결구 등을 꼼꼼하게 챙겨야 한다.

헤비 버티컬지깅

일반적인 지깅 낚시를 의미하며 수심 50m 이상 250m의 딥(Deep)지깅을 하기 위한 최초의 지깅 낚시 패턴을 대상어종에 관계 없이 원줄과 쇼크리더 그리고 도래를 비롯한 소품을 최대한 강하게 준비하여 참치를 비롯한 기타 빅게임 대상어종을 빠른시간 안에 제압하기 위한 전통적인 방식의 지깅 낚시를 의미한다. 다른 채비와 방식에서의 차이는 별다를 바 없지만 최근 낚싯대와 원줄의 혁신적인 개발과 변화의 바람을 타고 채비가 점점 가늘고 가벼워지고 있는 추이를 본다면 다소 헤비한 느낌이 들 수 있다.

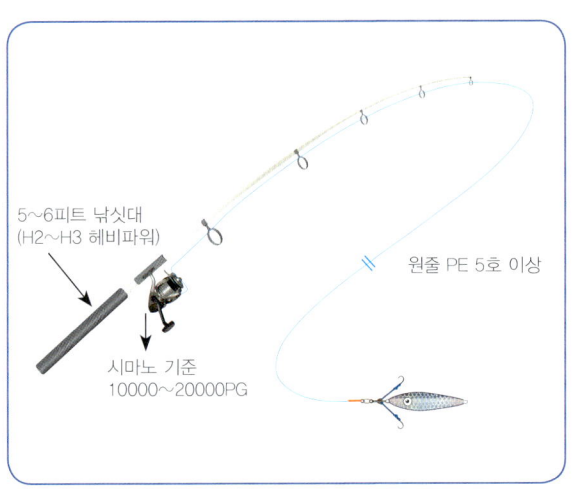

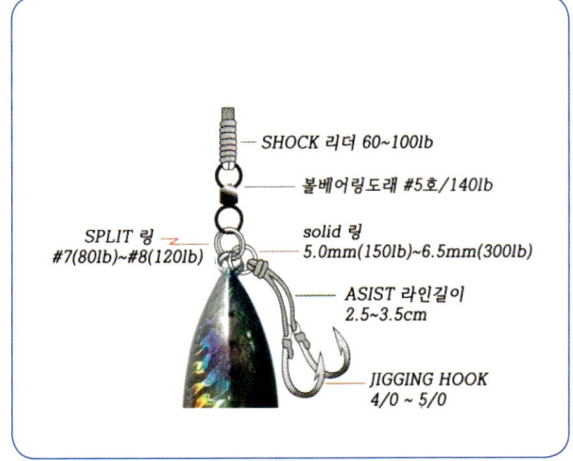

부시리/방어 지깅 낚시

국내에서 가장 보편적인 빅게임 대상어종인 부시리, 방어를 목적으로 하는 지깅 낚시 채비를 의미하며 원줄 PE 3~5호 그리고 쇼크리더는 50~90lb의 라인 시스템을 활용하는 구조에 걸맞는 채비의 기본이다. 국내에서 부시리, 방어 지깅 낚시를 시작하는 사람들 중에는 과연 어떠한 릴과 낚싯대 채비를 준비해야 할지 기준을 정하지 못하는 이들이 많다. 지나치게 폭넓은 관점에서의 장비 조언은 선택을 해야 하는 초심자의 입장에서 보면 아주 난해하고 모호한 근거가 될 수 있으므로 스피닝릴의 크기는 몇 번인지, 낚싯대는 어떤 것인지, 원줄은 몇 호인지, 쇼크리더는 몇 파운드(호수)인지, 쇼크리더의 길이는 정확히 몇 미터인지, 도래는 몇호인지, 스플릿링과 솔리드링은 몇호인지 등 정확한 표기로 선택의 혼선을 줄이기 위한 정석이 필요하여 아래 그림과 같은 정석을 정해 보았다.

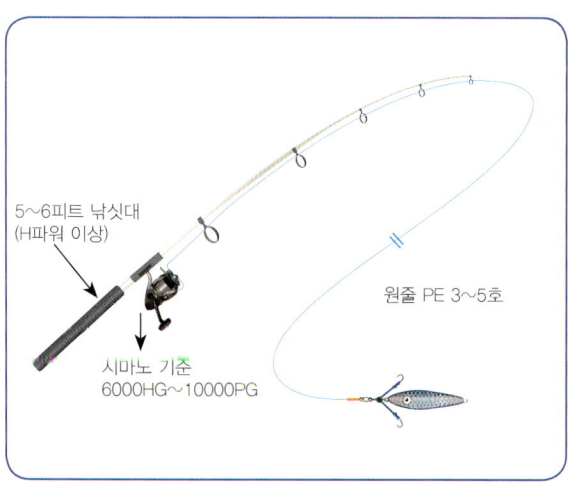

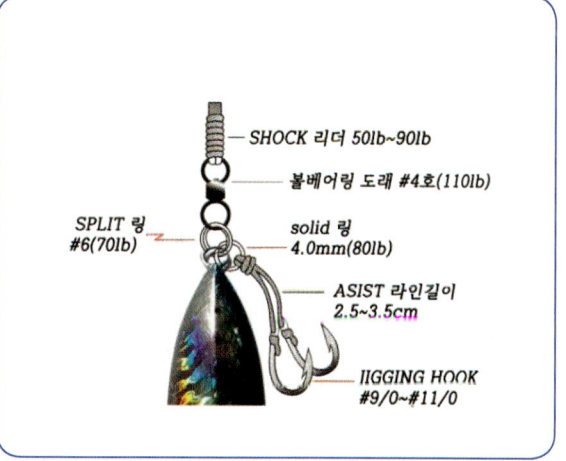

라이트지깅

가장 큰 차이점은 낚싯대와 원줄에 있다. 헤비 버티컬지깅 채비와는 상반된 아주 가늘고 약해보이는 지깅 낚싯대를 사용하며 원줄 또한 PE3 이하의 가는 합사를 사용한다. 그렇지만 대상어종은 작은 어종만이 아닌 모든 대상어종을 목적으로 한다. 100m 이상의 깊은 수심대를 공략하기 위해서는 물속에서의 조류에 의한 원줄의 저항을 고려하여 가급적 원줄을 가늘게 사용하지만, 공략 수심을 고려하여 원줄이 많이 감기는 대형 릴을 사용할 수도 있다. 낚싯대 또한 가늘지만 탄력적이고 내구성이 강해서 깊은 수심을 공략하기 위한 400g 이상의 메탈지그를 사용하여도 낚싯대와 쇼크리더의 탄력으로 인해 낚시인이 많은 저항 없이 몸이 편한 조건 속에서 지깅 낚시를 즐길 수 있다는 논리적이고 물리학적인 계산을 내포하고 있다.

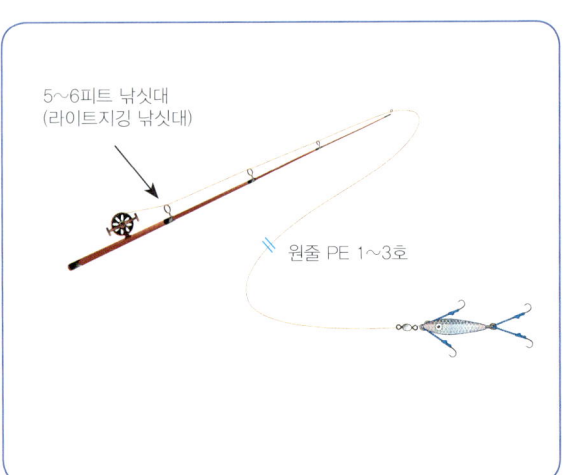

엄밀히 말하면 라이트지깅의 의미와 슬로우지깅의 의미가 다르며 장비의 사용에 있어서 가벼운 메탈지그를 사용하기 때문에 라이트지깅이란 표현을 사용하는 게 아니라 가늘고 가벼운 낚싯대에 얇은 원줄을 사용하여 빅게임 모든 대상어종을 타깃으로 한다는 목적을 알고 나면 쉽게 이해가 될 것이다.

캐스팅 게임

대상어는 주로 GT(자이언트 트레발리), 50kg 이상의 참치 등을 목적으로 하는 플로팅 타입의 포퍼나 펜슬 그리고 싱킹 타입의 펜슬과 메탈지그를 활용하는 낚시기법에 활용하기 위한 채비이다. 사용하는 루어의 크기와 바늘 크기를 고려하여 5호 이상의 PE 원줄과 80lb 이상의 쇼크리더를 사용하는 기본공식을 고려한 헤비테클 방식의 기본개념에 그 취지를 둔다. 국내에서의 부시리, 방어 포핑 낚시를 할 때는 원줄 PE 5~8호, 쇼크리더는 80~90lb(2.5m)를 그리고 포퍼와 펜슬에 사용하는 트리플 훅은 2/0~3/0 정도의 바늘을 사용해도 무난하다.

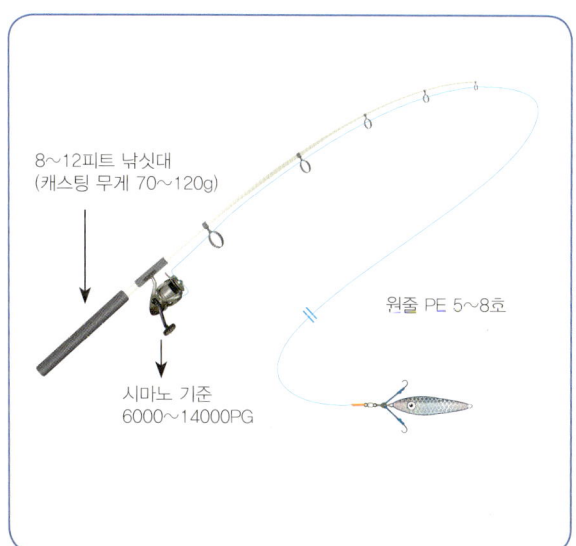

라이트 게임

선상 광어 다운샷 낚시를 포함한 참돔 지깅 낚시에서는 원줄이 PE1호~2.5호를 사용하고 쇼크리더는 16~30lb를 사용한다. 대상어종에 굳이 한계를 두지는 않지만 수심이 50m 이내로 낮은 수심대에서의 보편적인 생활낚시 패턴에 입각한 채비를 말한다. 이러한 채비로 가을철 쭈꾸미와 갑오징어 낚시까지 아주 다양한 라이트 게임을 즐길 수 있다.

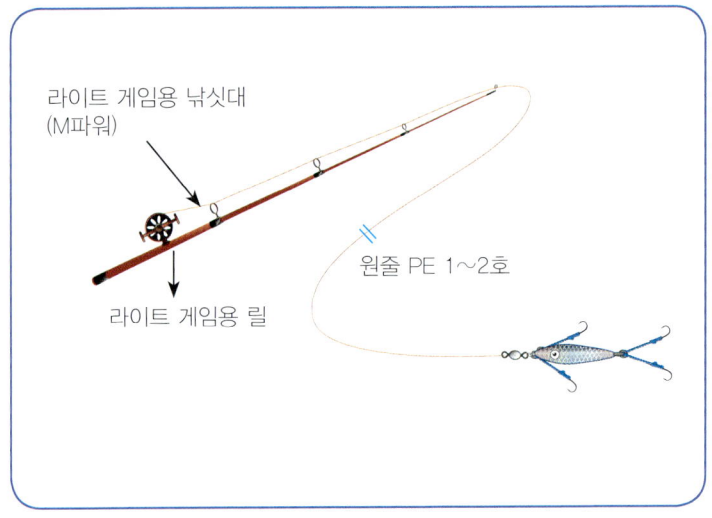

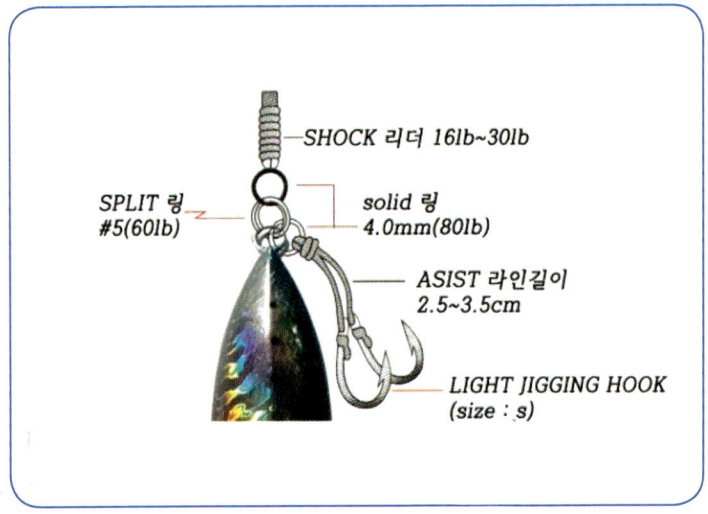

빅게임 낚시 보조 장비와 안전 장비

로드와 지그, 릴만으로 낚시를 할 준비를 다 마쳤다고 생각하면 오산이다. 반드시 낚시의 장르와 출조 장소에 맞는 보조 장비 및 안전 장비를 함께 갖추어야 한다. 특히 안전 장비는 생명과 직결될 수 있으므로 반드시 꼼꼼하게 챙겨야 한다.

6

보조 장비

생미끼를 사용해 낚시를 할 때는 훅에 직접 미끼를 끼우면 끝이다. 미끼를 바꾸고 싶다면 먼저 끼워둔 미끼를 훅에서 제거한 다음 다른 미끼를 달아주면 된다. 하지만 지그를 이용할 경우는 이야기가 달라진다. 지그에는 바늘이 달려 있지 않기 때문에 따로 훅을 연결해 주어야 하고 또 쇼크리더에 지그를 직접 연결하게 되면 지그를 바꾸려고 할 때마다 매듭을 다시 지어야 하는 불편함이 있다.

이 불편함을 해소하기 위한 도구가 바로 연결구다. 연결구는 지그를 갈아 끼우기 쉽도록 지그와 훅을 연결해주는 것인데 도래, 스냅, 스냅도래 등이 있다.

도래를 비롯하여 지깅 낚시에 반드시 필요한 보조 장비들을 하나하나 살펴보자.

볼베어링 도래

도래를 사용하면 지그 교체가 편리하다는 장점 외에도 라인이 꼬이는 것을 방지해준다는 이점이 있다. 원줄과 쇼크리더가 꼬이는 것을 막고 조류에 의한 라인의 회전을 원활하게 하기 위한 필수 아이템인 만큼 회전이 부드럽게 잘 되는 것을 선택하는 것이 중요하다.

지깅과 포핑 낚시에서는 주로 볼베어링 도래를 사용한다.

볼베어링 도래 용도별 크기

#4	라이트지깅
#5	부시리, 방어 등 일반적인 지깅 낚시 용도
#6	펜슬, 포퍼를 활용하는 포핑 낚시 용도

스풀릿링

스풀릿링은 지그와 훅을 연결하거나 지그와 도래를 연결하는 데 사용되는 도구다. 대상어의 무게와 힘을 고스란히 받기 때문에 강도가 좋아야 한다.

또 솔리드링과 메탈지그를 통과시키기 위해 전용 플라이어로 벌리는 일이 자주 있으므로 탄력성과 복원력이 좋은 제품이 좋다. 최근 모양은 그럴싸하나 품

질이 떨어지는 중국산 저급 제품들이 많아졌으므로 전문가의 조언을 참고해 신중하게 구매해야 한다.

저렴한 가격에 혹해 무작정 구매를 했다가는 모처럼 대물을 만났을 때 스풀릿 링이 벌어지는 등의 낭패를 겪을 수 있다.

솔리드링

솔리드링은 도넛 모양의 금속 제품으로 크게 스테인레스 강선을 용접하는 방식으로 만들어진 제품과 스테인레스 평판을 편칭한 후 연마하는 방식으로 만들어진 제품이 있다. 솔리드링은 스풀릿링과의 호환성이 중요하므로 플라이어로 스풀릿링을 벌려 끼우기 편리한 제품이 좋다. 어시스트훅의 쇼크리더 고리에 끼우는데도 불편하지 않아야 하므로 이를 고려해서 사이즈를 선택해야 한다. 지름이 필요 이상

으로 큰 제품을 선택하면 저킹 도중 훅이 솔리드링 안에 끼어 제 역할을 제대로 못하는 일이 발생할 수도 있다.

	라이트지깅	부시리, 방어 참치 지깅	포핑 낚시
볼베어링	#4	#5	#6
스풀릿링	#5	#6	#7
솔리드링	#4	#5	#6

플라이어

플라이어는 잡은 고기의 입 속 깊이 박힌 훅을 빼내는데 유용하게 쓰이는 도구로 PE라인을 쉽게 자를 수 있는 전용 커터와 함께 빼놓으면 안 되는 채비 중 하나다. 손으로 훅을 빼내려다가는 자칫 고기의 날카로운 이빨에 상처를 입을 수도 있기 때문이다.

팁의 끝이 기역자 모양으로 되어 있어야 스풀릿링을 벌리기 쉽고 날은 톱니처럼 요철이 있는 것이 좋다. 이밖에도 여러 가지 편리한 기능을 갖춘 제품들이 출시되고 있지만 플라이어의 기본 역할은 스풀릿링을 벌리는 것이므로 구입할 때는 반드시 팁의 모양부터 확인하는 것을 잊지 말아야 한다.

PE코트

PE코트는 라인 본래의 특성을 오랫동안 유지시키는 동시에 단점을 보완해주는 역할을 하는 액상 코팅제다. PE라인은 가격이 꽤 나가는 편이지만 자주 사용하다 보면 염분과 자외선 등의 영향으로 약해지기 쉽다. 이런 손상을 줄여주는 역할을 하는 것이 바로 PE코트다. 따라서 라인을 최상의 상태로 오래 유지하고 싶다면 PE코트를 아낌없이 사용하는 것이 좋다. 릴에 원줄을 감을 때, 낚시를 시작하기 전, 낚시가 끝난 후 등 수시로 PE라인에 뿌려주는 것이 바람직하다.

옷을 세탁할 때 의류의 보호를 위해 첨가하는 섬유유연제를 생각하면 PE코트의 역할을 쉽게 이해할 수 있을 것이다. 그러나 라인의 보호에 있어서 PE코트의 역할은 섬유유연제 그 이상이다.

뜰채

뜰채는 수면 위로 드러난 고기를 물 밖으로 떠내는 데 사용하는 도구로 대상어가 작을 때는 그다지 필요하지 않다. 그러나 부시리나 방어 등 로드만으로 끌어올리기 버거운 어종을 노린다면 반드시 챙겨야 하는 도구다. 뜰채를 사용할 때 급하게 고기에게 들이대는 행동은 금물이다. 고기가 놀라 심하게 요동칠 수 있기 때문이다. 먼저 뜰채를 물에 넣고 단단히 잡은 후 고기를 뜰채 쪽으로 서서히 유인해 담아 올리는 것이 바람직하다.

선상 낚시용으로는 2.5~3m정도 깊이의 뜰채가 적당하고 갯바위 쇼어게임에 대비한다면 3~4.5m 정도 깊이의 뜰채를 준비하는 것이 좋다.

뜰채를 구매할 때는 깊이뿐만 아니라 손잡이의 강도도 꼭 확인해야 한다. 특히 지깅이나 포핑용 뜰채는 손잡이가 일반 갯바위에서 쓰는 뜰채보다 훨씬 튼튼해야 하기 때문이다.

가프

맨손으로 고기를 잡으려다가는 미끄러워서 실수를 하기 쉽다. 이럴 때 고기를 찍어 올리는 용도로 사용하는 것이 가프다. 훅에 걸린 고기가 수면 위로 모습을 드러냈을 때 뜰채와 함께 사용하면 고기를 쉽게 물 밖으로 끌어낼 수 있다.

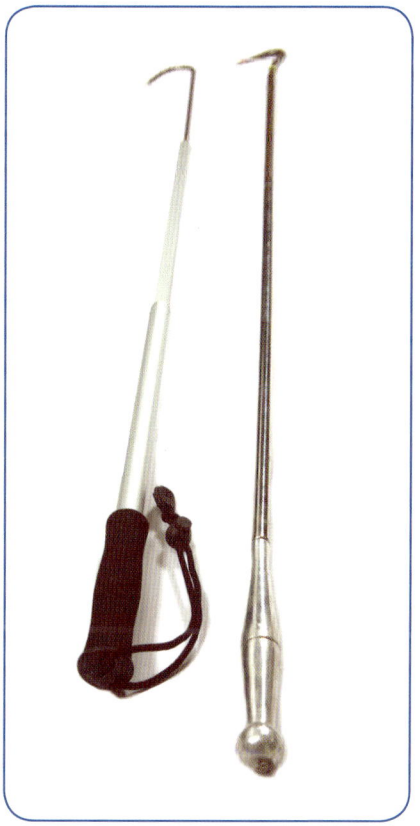

대형 참치의 경우 서너 명이 함께 가프를 사용해 대상어의 랜딩을 도와야 할 경우도 있다.

랜딩 그립

랜딩 그립도 뜰채나 가프처럼 고기를 물 밖으로 꺼낼 때 사용하는 도구다. 고기가 입을 쩍 벌린 순간 재빨리 아래 턱 쪽에 그립을 끼워 넣고 끌어올리는 방식으로 사용한다. 비교적 가까운 거리에서만 사용할 수 있다는 단점이 있지만 랜딩 후 대상어의 뒤처리를 깔끔하게 할 수 있어서 좋다. 무엇보다 고기를 들고 사진을 촬영할 때 반드시 필요한 유용한 도구다.

특히 삼치, 참돔, 광어 등과 같이 이빨이 날카롭고 튼튼한 어종을 맨손으로 다루는 것은 매우 위험하므로 이들을 상대할 때는 랜딩 그립을 필수적으로 갖추어야 한다.

안전 장비

모자

모자는 사계절 내내 유용하다. 따가운 자외선을 막을 수 있고 겨울에는 보온 효과도 기대할 수 있기 때문이다. 자외선을 충분히 가리자면 챙이 넓은 게 좋지만 바람이 많이 부는 곳에서는 날아가기 쉬우므로 조심해야 한다. 여름철에는 통풍이 잘 되는 것으로 고르고 겨울철에는 따뜻하고 습기가 잘 차지 않은 것으로 골라야 한다. 특히 겨울용은 기왕이면 귀를 가릴 수 있도록 디자인된 제품이 바람직하다.

두건(반대나)

모자 대신 두건을 사용해 머리를 보호할 수도 있다. 필자의 경우 장시간 모자를 착용할 경우 느껴지는 압박감이 싫어서 주로 두건을 착용하는 편이다. 땀 흡수와 통풍이 잘 되는 편이지만 챙이 없으므로 햇빛을 가릴 수 없다는 단점도 있다.

편광안경

바다에서는 강한 자외선으로부터 눈을 보호하기 위해 반드시 선글라스를 착용해야 한다. 이때 편광 필터가 부착된 선글라스를 이용하면 수면에서 반사되는 빛을 걸러주어 눈부심을 줄여줄 뿐만 아니라 물속을 들여다보는 데에도 편하다.

편광 선글라스는 안구의 노화를 예방하기 위해 필수적으로 착용해야 하므로 반드시 기능이 검증된 제품인지 확인하고 구매하는 것이 좋다. 또 오래 착용해야 하므로 기왕이면 가볍고 착용감이 편한 것을 고르는 것도 요령이다.

필자는 개인적으로는 편광 기능 대신 자외선 차단 기능을 갖추고 방탄 소재를 사용해 충격에 강한 렌즈를 선호하는 편이다.

구명동의

일명 구명조끼라고도 불리는 구명동의는 혹시 모를 사고에서 목숨을 구하기 위한 필수품이라고 할 수 있다. 특히 선상에서 이루어지는 지깅 낚시와 루어 낚시에서는 가장 중요한 안전 장비가 바로 이 구명동의이다. 본인의 안전은 누구보다 본인이 가장 신경 써서 챙겨야 하므로 구명동의도 꼼꼼하게 따져보고 준비해야 한다.

구명동의는 부력제가 달려 있는 고체식과 압축 공기 봄베가 들어 있어 유사시에 부풀어 오르는 자동 팽창식이 있다. 고체식 구명동의는 주로 조끼 형태로 되어 있기 때문에 주머니가 많아 소지품을 휴대하기에 편하다. 반면 어깨걸이, 벨트, 파우치 등 다양한 형태가 있는 자동 팽창식은 가볍고 간편하다는 것이 장점이다.

지깅 낚시와 빅게임 낚시를 할 때는 자동 팽창식을 주로 착용한다.

장갑

지깅 낚시에서 사용하는 PE라인은 가늘고 인장 강도가 강하기 때문에 반드시 손가락 보호용 전용 장갑을 착용해야 한다. 자칫하면 라인에 쓸려서 손가락에 큰 부상을 입을 수 있기 때문이다. 지깅 낚시에 사용하는 훅 또한 적지 않은 크기이기 때문에 사고를 예방하려면 장갑은 필수다.

낚시의 특성상 장갑이 물에 젖기 쉬우므로 건조가 빨리 되는 소재를 사용한 제품이 좋다. 보통 바닷물에 자주 접촉해도 형태의 변화가 적은 인조 피혁(세무) 소재의 제품을 많이 사용하는 편이다.

로드벨트

보통 로드는 길이가 있기 때문에 따로 들고 다니기보다 로드 케이스나 낚시 가방에 넣어서 가지고 다니는 경우가 많은데 이때 로드가 가방 속에서 다른 도구들과 부딪히거나 이리저리 구르다 파손될 위험이 있다. 따라서 이동 시에는 로드 벨트를 이용해 로드를 고정시켜 두는 것이 좋다.

하네스

하네스는 그네를 탔을 때처럼 엉덩이 부분을 받쳐주는 보조장치로 장시간의 파이팅 시 낚시인의 피로를 덜어주는 역할을 한다. 보통 파이팅 벨트와 결합하여 주로 사용되는데, 대부분 로드나 릴을 묶을 수 있는 장치가 달려 있어 트롤링 낚시나 참치 등 대형 어종을 상대할 때 반드시 필요한 장비다.

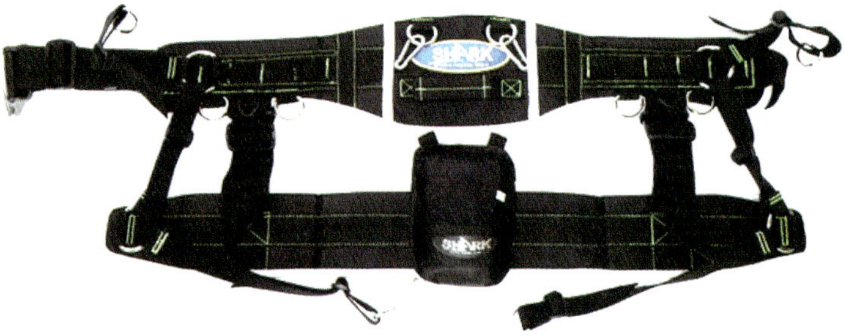

데크슈즈, 미끄럼 방지용 신발, 장화

배 위에서 낚시를 할 때는 반드시 선상용으로 제작된 전용화를 착용해야 한다. 일반 운동화 등을 신으면 바닥에 물이 있을 경우 미끄러지기 쉬워서 실족의 위험이 있기 때문이다. 따라서 밑창이 특수 소재로 되어 있어 논슬립(Non slip)기능이 우수한 데크슈즈를 신는 것이 좋다. 아니면 밑창에 펠트가 덧대어져 있거나 스파이크가 붙어 있는 미끄럼 방지용 신발도 유용하다.

또 겨울에는 발이 물에 젖으면 동상에 걸릴 위험이 있으므로 장화를 신는 것이 좋다. 꼭 동상의 위험 때문만이 아니더라도 장시간 발이 젖어 있으면 좋지 않으므로 장화는 한여름인 7월~8월 사이를 제외하고는 대체로 일 년 내내 유용한 편이다.

헤드랜턴

헤드랜턴은 머리에 쓴 상태로 사용할 수 있는 조명기구이므로 두 손이 자유롭다는 장점이 있다. 해 뜨기 전 어둠이 가시지 않은 새벽이나 해가 질 무렵에 요긴하게 사용된다.

파이팅 벨트

파이팅 벨트는 대상어와 파이팅을 벌일 때 로드의 밑 부분을 받치거나 고정시키는 역할을 한다. 격렬한 파이팅에서 낚시인의 몸을 보호하고 랜딩을 편안하게 할 수 있도록 도와주는 역할을 하기 때문에 특히 지깅이나 포핑 낚시에서는 없어서는 안 될 필수 장비 중 하나이다.

이 밖에도 장시간의 야외 활동에서 자외선으로부터 피부를 보호해 줄 선크림과 비 올 때를 대비한 우비, 모기 등 각종 벌레에 물렸을 때나 다쳤을 경우를 대비한 비상 약품 등도 빼놓지 말고 챙겨야 할 것들이다.

장비 구입과 사후 관리

7

낚시 장비는 종류도 다양하고 가격대도 꽤 있는 편이다. 그래서 신중을 기하려다보니 장비의 구입이 어렵고 까다롭게 느껴진다고 하는 사람들이 많다. 또 막상 장비를 구입했다고 해도 사후 관리를 제대로 못하면 어렵게 구입한 장비를 제대로 써보지도 못하고 망가뜨리기 쉽다. 그래서 장비의 구입과 관리에 도움이 될 만한 팁을 제공하려고 한다.

예산별 장비 구입 노하우

지깅 낚시는 관련 장비가 비쌀 것 같다는 생각에 접근할 엄두를 내지 못하는 사람들이 많다. 그러나 최근 중저가의 보급형 지깅 로드가 개발되었고 비교적 저렴한 가격의 지깅 전용 릴도 출시되어 지깅 낚시의 문턱을 낮추고 있다. 일반 루어 낚시에 투자하는 비용 정도면 얼마든지 지깅 낚시를 즐길 수 있게 된 것이다. 무엇보다 지깅 낚시 자체가 지닌 특유의 단순하면서도 명쾌한 매력에 끌리는 낚시인들이 점차 늘어가고 있는 추세이다.

십수 년 전부터 지깅 로드의 국산화를 통해 가격을 대중화시키기 위해 많은 시간과 노력을 투자하였으며 이로 인해 수 년 전부터 다양한 관련 아이템을 출시하게 된 것은 물론 해외 수출의 길까지 연 필자로서는 지깅 낚시에 쏟아지는 이러한 관심과 호응이 더없이 기쁠 따름이다.

가격대비 장비 구입 비용 예시

	로드	릴	메탈지그	소품
고가	40만 원 이상	80만 원 이상	15만 원 이상	20만 원 전후
중가	20~30만 원대	40~50만 원대	12만 원대 이상	10만 원 전후
저가	10만 원 중반	15~20만 원대	7만 원 이상	10만 원 미만

※메탈지그는 무게별 10개를 기준으로 한다.

* 저가 기준 지깅 장비 셋트 구입 예상 비용

릴(25만 원) / 낚싯대(14만 원) / 메탈지그와 소품(15만 원) / 기타(10만 원)
총계 = 69만 원(원줄, 쇼크리더 포함)

위로 든 표를 살펴보면 보급형 지깅 낚시 장비 구입에 드는 비용은 일반적인 루어 낚시 장비 구입에 드는 비용과 비교해 크게 차이가 나지 않는다는 것을 알 수 있다. 따라서 지깅 낚시에 발을 들여놓으려는 낚시인들은 장비의 구입 비용을 걱정하는 대신 어떤 릴과 로드를 구입해야 되는지에 대한 고민만 하면 된다.

처음부터 고가의 장비를 구입했다가 막상 사용해 보면 마음에 들지 않아 난감해지는 경우가 많다. 그래서 우선은 중저가의 릴과 로드를 중심으로 구입을 추천한다.

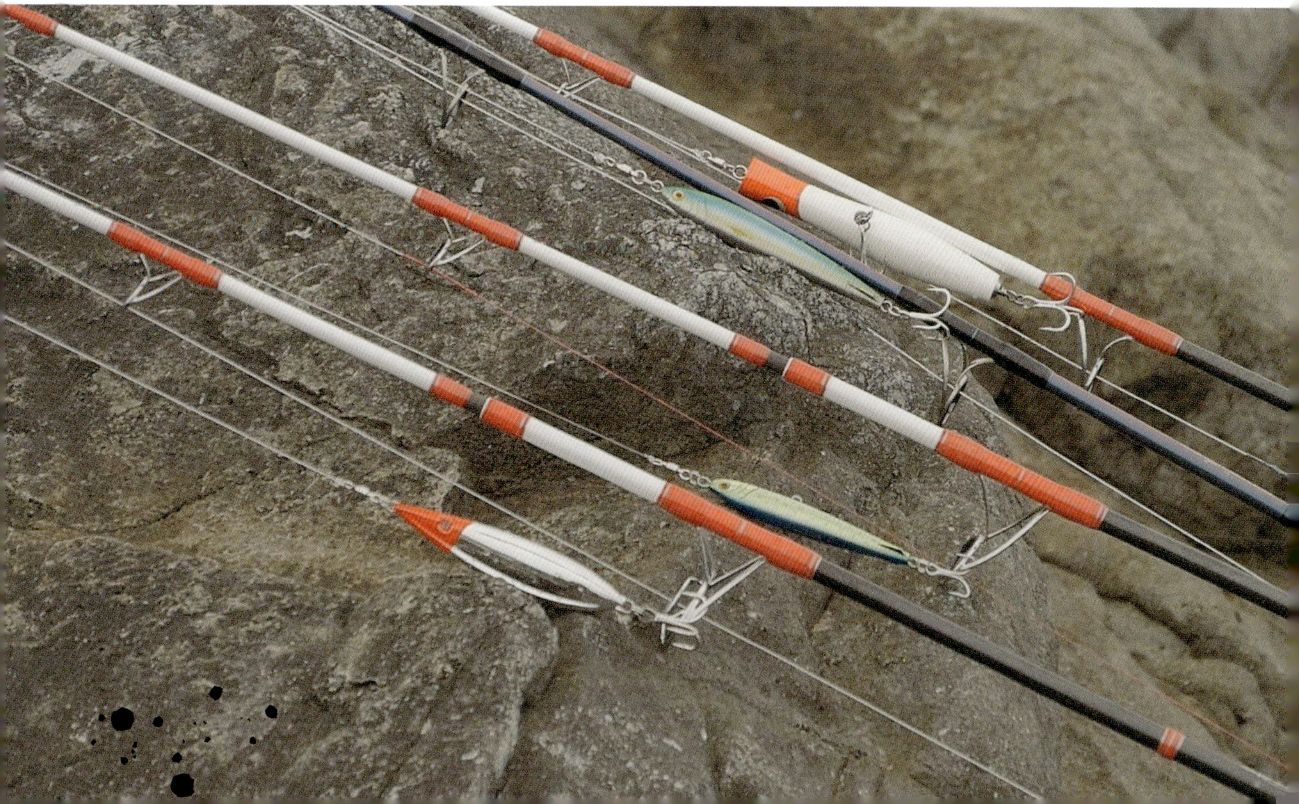

낚시 전후 장비 관리법

릴

릴은 금속으로 이루어져 있으므로 바다에서 사용한 후 제대로 관리를 하지 않으면 염분 때문에 녹이 슬기 쉽다. 따라서 사용이 끝나면 즉시 샤워기를 이용해 구석구석 염분을 비롯한 각종 이물질을 말끔하게 씻어내야 한다. 특히 스풀 안쪽 부분은 모래나 염분 등이 남아 있기 쉬우므로 스풀만 따로 떼어내 이물질을 털어낸 다음 미지근한 물에 30분 정도 담가 염분기를 빼는 것이 좋다. 그런 후에는 바람이 잘 통하는 그늘에서 꼼꼼하게 말려준다. 자칫 빨리 말려야겠다는 생각으로 드라이기나 기타 열기구 등을 사용했다가는 부품을 상하게 하거나 PE라인을 녹일 수도 있으니 주의해야 한다.

릴의 본체는 물에 담그는 대신 샤워기로만 씻어낸 후 그늘에서 말려야 한다. 출조가 잦은 낚시인이라면 2~3개월에 한 번씩은 반드시 릴에 오일과 글리즈를 칠해 장비를 관리하는 것이 좋다.

릴에 오일을 바를 때는 먼저 릴 바디에서 스풀을 분리한 후 스풀이 있던 곳을 깨끗이 닦아낸다. 그런 다음 샤프트와 주변에 뭉쳐 있는 오일을 제거하고 다시 그리스나 오일을 발라준다. 이때 주의해야 할 것은 최대한 얇게 도포해야 한다는 것이다.

사이드 플레이트에 있는 베어링, 본체의 베어링, 레벨와인더의 베어링 등에 차례로 오일을 주입한다. 레벨와인더의 가이드 부분과 크로스 기어 부분도 오물을 깨끗이 제거한 후 꼼꼼하게 그리스(Greese)를 발라 관리한다. 스풀브레이커의 커버를 벗기고 베어링을 제거한 다음 관리를 한다면 보다 세심하게 작업을 할 수가 있겠지만 이 작업은 매우 정교해야 하므로 초보자들은 신중을 기할 필요가 있다.

● 릴의 세부 관리 요령

▶ 정기관리요령

릴은 약 5회 이상 사용한 후에는 세부 정밀 정비를 해주어야 하며, 평균 시즌에 2회 정도 해주는 것이 좋다.

스피닝릴 : 라인롤러_전용 그리스 주입

　　　　　핸들 노브_샤프트와 분해 후 베어링에 그리스 주입

　　　　　미션_ 핸들 샤프트 안쪽 좌우 베어링에 그리스 주입

　　　　　 스풀_ 분리하여 샤프트에 전용 오일 주입

베이트릴 : 레벨와인더_ 기어 부위에 글리즈 주입

　　　　　핸들 노브_ 샤프트와 분리하여 베어링에 전용 그리스 주입

　　　　　클러치_ 좌우 간섭 부위에 그리스 주입

　　　　　미션 기어 후드 및 홈_ 내부로 그리스 소량 주입

▶ 낚시 후 릴 관리 요령

1. 낚시가 끝난 후 염분중화제를 릴 전체에 흠뻑 뿌려준다.

2. 15분 후 수돗물로 씻어낸다. (릴을 절대 물에 담가 두지 말 것)

3. 약 3일 정도 완전히 건조 시킨 후 스풀에 감긴 라인의 표면에 PE코팅제를 5분 간격으로 약 10회 정도 소량씩 분사하여 라인 깊숙이 침투시킨다.

4. 릴의 중요 부위(나사, 구석진 부분, 노브, 회전 부위 등)를 살펴 염분이 하얗게 말

라붙어 있는 부분은 소량의 전용 오일을 면봉이나 거즈 등에 묻혀 닦아준다.

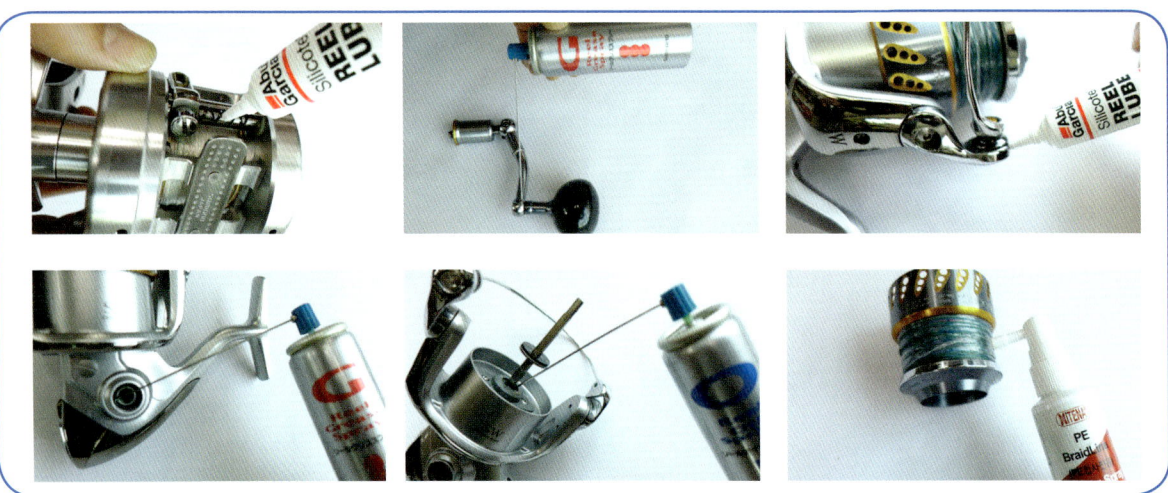

로드

릴과 마찬가지로 로드도 염분과 이물질을 충분히 제거한 후 잘 건조시켜 보관해야 한다. 특히 염분기가 제대로 제거되지 않으면 로드의 수명이 짧아질 수 있으므로 주의하는 것이 좋다.

로드를 사용한 후에는 염분에 의한 부식의 우려가 있는 가이드와 메탈 장식, 릴시트 등에 염분 중화제를 충분히 뿌려서 염분을 중화시킨 후 수돗물로 말끔히 헹궈야 한다.

손질이 끝나면 마른 수건으로 물기를 제거하고 직사광선이 비치지 않는 서늘한 곳에 보관한다.

▶ 낚시 후 로드 관리 요령

1. 낚시가 끝난 후 염분 중화제를 낚싯대 전체에 분사한다.

2. 수돗물로 씻어낸다.

3. 건조 후 로드 표면을 보호 코팅제로 닦아준다.

라인

지깅 낚시에서 사용하는 PE라인은 관리가 매우 중요하다. 릴에서 원줄을 풀어낸 후 되감을 수 있는 레벨와인더가 있다면 낚시를 마친 다음 라인을 풀어 미지근한 물에 1시간 정도 담가 염  분을 완전히 제거하는 것이 좋다. 이때 화학성분의 비누나 세제를 사용하는 것은 금물이다.

레벨와인더가 없다면 스풀에 감긴 원줄을 흐르는 수돗물 아래 두고 염분을 충분히 제거해야 한다. 염분 제거가 끝나면 약 이틀 정도 완전히 건조시켜서 PE 코트를 뿌려 보관한다.

훅

지깅 낚시에 사용한 훅은 흐르는 물에 세척한 후 염분 중화제를 뿌려 건조하는 것이 좋다. 건조가 끝난 후에는 방청제를 가볍게 뿌려 보관하는 것이 바람직하다. 보관 중이던 훅을 재사용할 때는 전용 훅샤프너를 이용해 훅포인트(바늘끝)를 갈아주는 것이 좋다.

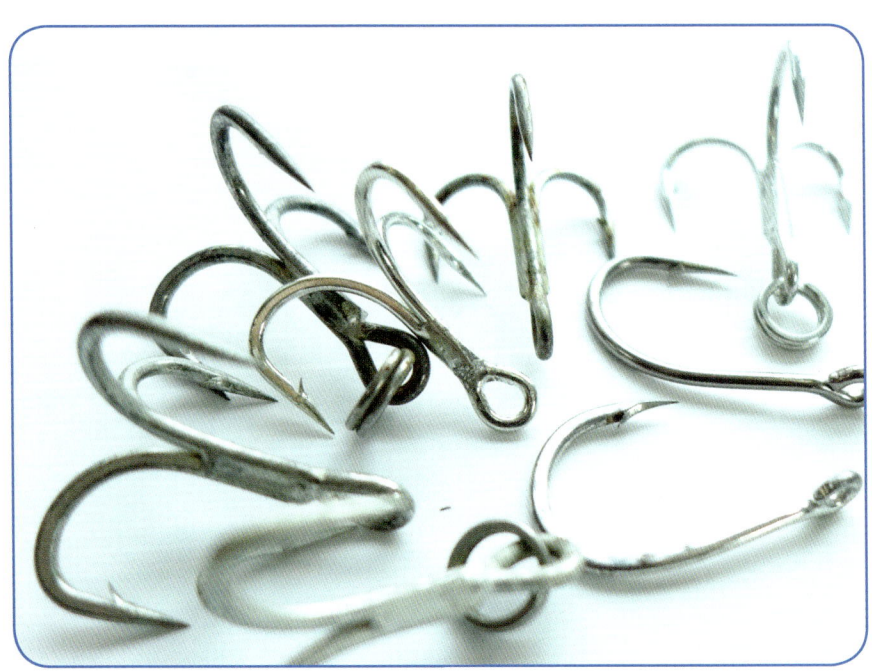

PART 3
빅게임 지깅 낚시

1 빅게임 지깅 낚시란

지깅은 인조 미끼를 살아 움직이는 먹잇감처럼 보이게 하는 다양한 액션으로 타깃을 유혹하는 루어 낚시의 한 종류다. 대상어에 따라 적절한 지그나 지깅용 로드, 릴 등을 갖추고 선상 또는 해안에서 즐길 수 있는 이 지깅 낚시의 궁극적 목적은 바다에서 초대형 대상어를 낚는 것이다. 즉 빅게임 낚시의 한 장르인 것이다.

지깅 낚시의 종류에는 선상에서 지그를 내려 수직 방향으로 움직임을 주는 버티컬지깅과 해안에서 지그를 멀리 던지는 방식인 쇼어지깅, 비교적 가벼운 채비로 큰 대상어를 공략하는 라이트지깅이 있다.

지그는 위아래로 오르내리는 동작으로 물고기를 유혹하는데, 단순한 릴링만으로는 이런 움직임이 잘 생기지 않는다. 따라서 낚시인의 다양한 액션이 요구된다. 그러므로 지깅 낚시는 낚싯대를 드리우는 순간부터 적극적인 움직임으로 물고기를 유혹해야 한다는 점에서 몹시 활동적인 스포츠라고 할 수 있다.

지깅 낚시의 필수품은 당연히 지그다. 지그는 물속에 깊이 가라앉을 수 있도록 금속을 이용하여 무겁게 만든 단순한 형태의 루어인데 예전에는 주재료로 납을 주로 썼지만 현재는 철 등으로 주재료가 바뀌고 있는 추세다. 일반적인 루어로 공략하기 힘든 수심이 깊은 곳에 유용하다.

지그의 종류는 소재에 따라 금속으로 만든 메탈지그, 깃털을 이용해 만든 페더지그, 사슴 털로 만든 벅테일지그, 고무로 만든 러버지그 등이 있다.

빅게임 낚시에서 주로 사용하는 것은 메탈지그이므로 이곳에서는 메탈지그의 무게 중심, 모양, 컬러가 어떻게 작용하는지 자세히 소개하고자 한다.

메탈지그

메탈지그는 금속성 인조 미끼의 총칭이다. 주로 황동이나 철 등으로 몸체를 만들고 크롬, 골드니켈 등으로 도금을 하거나 페인트로 색을 입히기도 하고 각종 홀로그램 무늬를 덧씌우기도 한다. 몸체를 관통하는 강철심이 있어 이를 바늘과 원줄의 고리로 활용한다. 베이트피시의 형태를 세밀하게 흉내낸 일반적인 루어와 달리 메탈지그의 형태는 몹시 단순하다. 대신 난반사를 일으키는 홀로그램이나 화려한 색채, 다양한 액션 등을 이용하여 대상어의 공격 본능을 자극한다.

지깅 낚시에 익숙하지 않은 초보자들은 대개 메탈지그 자체에 너무 의지하는 경향이 있다. 그러나 메탈지그 자체는 운동 능력이 전혀 없는 루어일 뿐이다. 따라서 상하 수직 운동, 사선 스위밍 운동, 캐스팅을 통한 수평 운동 등 낚시인의 적극적인 활동이 요구된다.

이때 메탈지그가 원활하게 움직일 수 있도록 무게 중심을 잘 잡아주는 것이 중요한데, 메탈지그는 종류와 쓰임새에 따라 무게 중심이 약간씩 다르다. 대부분 운동 능력의 원점이 되는 쇼크리더와 도래에 연결되는 위쪽과 앞쪽이 그 반대쪽보다 슬림한 편이다. 지그의 눈은 대체로 원점 부분에 있고, 지그는 보통 눈이 있는 쪽을 앞으로 하여 움직인다. 즉 눈이 있는 부분이 머리가 되는 것이다. 눈의 위치는 고정되어 있는 것이 아니라 설계자가 목표로 하는 어종과 활용도에 따라 달라질 수 있다.

낚시인이 지그에 운동 능력을 부여하는 대표적인 액션이 바로 저킹이다. 저킹은 개발자의 의도에 맞게 메탈지그를 연출하는 행위라고 할 수 있다. 저킹에 정해진 법칙은 없다. 로드에 장착된 릴의 기어비와 핸들의 길이, 회전비에 맞는 로드의 탄력(밸런스) 등을 이용해 각자의 개성대로 메탈지그에 생명력을 불어넣으면 된다.

> **저킹**
> 로드 전체를 재빠르게 끌어 당기면 루어가 균형을 잃고 불규칙한 움직임을 나타내는 것이다. 폭이 크면 저킹, 폭이 작으면 트위칭이라 한다.

지나치게 역동적인 저킹을 할 필요는 없다. 바다에는 조류라는 조력자가 있기 때문이다. 적절한 지킹과 조류가 만나면 지그가 좌우로 흔들리고 회선하면서 자연스러운 움직임을 만들어낸다. 또한 지그 표면의 홀로그램이 움직임에 따라 다양한 무늬를 만들어내는데, 빛의 굴절이 만들어내는 이 화려한 무늬가 대상어를 유혹하는 것 또한 지깅 낚시의 묘미라고 할 수 있다. 따라서 틀에 박힌 저킹 동작을 기계적으로 반복적으로 할 필요는 없다. 메탈지그의 특성을 잘 파악해 그에 맞는 독창적인 저킹을 구현한다면 얼마든지 훌륭한 조과를 거둘 수 있을 것이다.

메탈지그는 형태에 따라 일반 메탈지그와 롱지그로 나뉘고, 지그의 머리 쪽(상)과 꼬리 쪽(하)의 무게 중심 배분에 따라 대칭형 메탈지그, 비대칭형 메탈지그로 구분된다.

메탈지그 부분 명칭

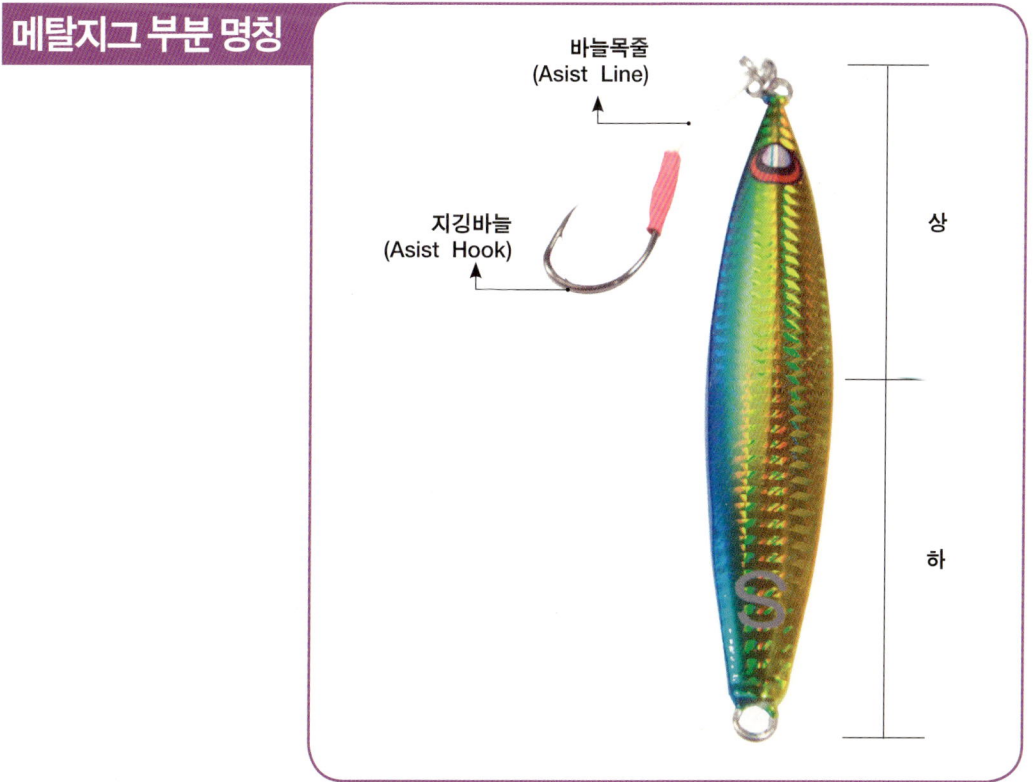

대칭형 메탈지그

대칭형 메탈지그는 지그 전체의 길이를 10으로 보았을 때 무게의 중심이 5:5 내지는 4:6 지점에 위치하며 비교적 짧고 납작한 모양을 하고 있다. 낙하 시 조류의 흐름을 타면서 지그재그 형태로 내려가거나 바람을 타는 낙엽처럼 빙글빙글 돌면서 내려간다. 이런 불규칙적인 움직임은 대상어를 자극하는 효과가 상당하다.

대칭형 메탈지그의 장점은 가벼운 저킹만으로도 기민한 움직임을 줄 수 있다는 것과 일정한 수심에서 지그를 섬세하게 연출할 수 있다는 것이다. 이러한 테크니컬 밸런스형 지그는 낙하 시 물고기가 입질하는 경우가 많으므로 지그 입수 초기부터 집중을 해야 한다.

최근 크게 인기를 끌고 있는 슬로우지그가 바로 이 대칭형 메탈지그이다. 슬로우지그란 말 그대로 저킹 액션 시 천천히 부드럽게 움직이도록 설계된 메탈지그를 뜻한다. 즉, 수면 아래로 가라앉을 때 주로 옆으로 누운 모습으로 수평

침강을 하게 띠는 형태의 메탈지그다. 슬로우지그는 다시 커브슬라이더 타입과 스피드 타입으로 나뉜다.

● 커브슬라이더

커브슬라이더 타입은 전후의 무게 비중이 5:5에 가까운 전형적인 테크니컬 밸런스 메탈지그로, 능성어를 포함하여 그루퍼 종, 참돔, 광어, 쏨뱅이 등을 대상어종으로 삼을 때 유용하다. 조류가 심한 경우 가벼운 지그는 초기 낙하 시에 떠내려갈 위험이 있으니 조심해야 한다. 첫 포인트에서는 가장 무거운 지그를 내려 조류의 세기, 배가 바람에 밀리는 속도 등을 측정하고 어떤 무게의 지그를 사용하는 것이 적절한지 재빨리 감을 잡는 것이 중요하다.

커브슬라이더를 사용해 저킹을 할 때는 로드를 최소 1.5m 이상 천천히 위로 올려서 지그가 낙엽이 떨어지듯 자연스럽게 커브슬라이딩할 수 있게 연출을 해야 한다. 내려줄 때는 로드를 빠른 속도로 휘둘러 PE라인을 물 위에 흩뿌려 주는데, 이는 메탈지그가 체공 시간을 충분히 갖고 자연스러운 움직임을 연출할 수 있도록 하기 위해서이다.

입질 타이밍은 주로 물 위에 뿌려진 PE라인이 메탈지그의 무게로 인해 자연스럽게 물 속으로 빨려들어가는 순간이다. 물속으로 빨려 내려가던 PE라인이 움직임을 멈춘다거나 혹은 빠른 속도로 당겨지듯 물 속으로 끌려들어간다면 대상어가 지그를 입에 문 것이다.

커브슬라이더 타입

● 스피드 타입

스피드 타입은 전후의 무게 비중이 6:4 정도로 약간 비대칭인 것이 특징이다. 수심 전층 공략을 주목적으로 하지만 특히 수심 30m 이상의 깊은 핀 포인트를 재빨리 공략하기에 좋다. 갯바위 쇼어게임(쇼어지깅)에도 효과적이다. 능성어와 같은 바닥권 어종들과 부시리, 방어, 참돔 등 회유성 어종들을 대상으로 한다.

스피드 타입 슬로우지그를 활용하면 일반적인 하이피치저킹은 물론이고 슬로우업저킹 등 자신만의 독특한 테크니컬 저킹까지 다양하게 구사할 수 있다.

입질 타이밍은 주로 저킹 동작이 멈춘 후 지그가 떨어질 때이다. 지그의 특성상 강한 조류에서도 효율적으로 활용할 수 있다.

스피드 타입

비대칭형 메탈지그

비대칭형 메탈지그는 무게중심이 한쪽으로 쏠려있는 형태가 특징이다. 대칭형 지그에 비해 비교적 길이가 길고 무게 또한 대체로 150g 이상으로 무거운 편이다. 광범위한 지역을 탐색하는 용도보다는 주로 무게로 인한 빠른 낙하 속도를 이용해 수심 80m 이상 되는 깊은 곳의 포인트를 노리는 저돌적인 지그라고 할 수 있다. 광어나 능성어처럼 바닥권을 유영하는 어종을 공략하는 데도 유용하다.

비교적 크기가 크고 무게도 무거운 만큼 저킹도 파워풀해야 하기 때문에 베이트릴보다는 스피닝릴에 더 어울린다고 볼 수 있다. 짐벌 핀홀더(jimbal pinholer)가 장착된 스탠드 업 스타일의 낚싯대를 사용, 로드 벨트에 고정한 채로

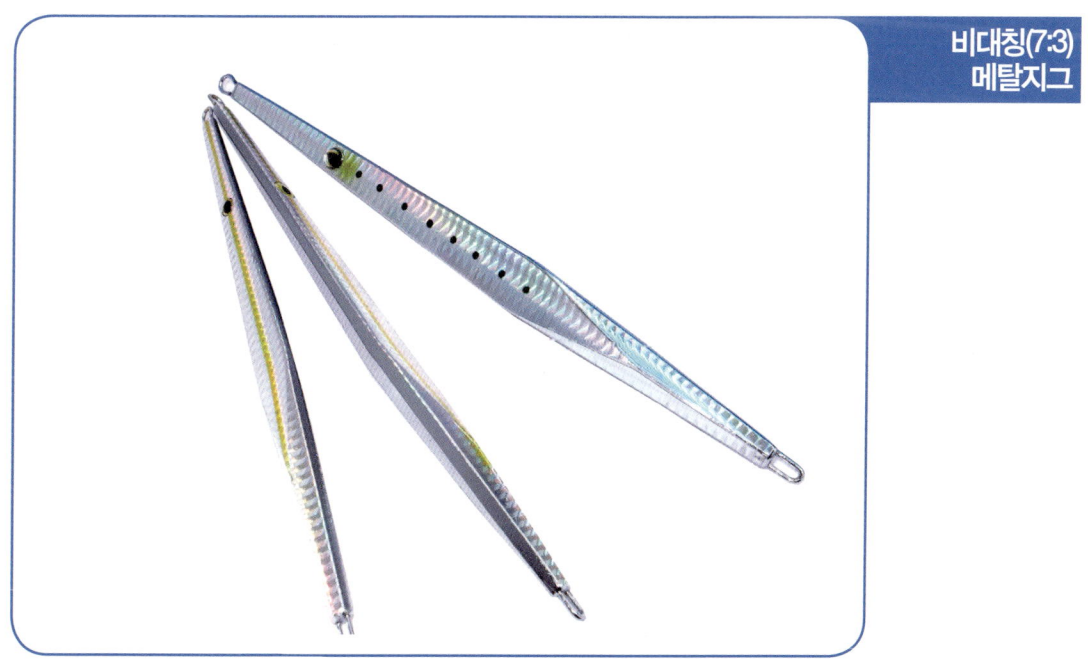

비대칭(7:3) 메탈지그

낚싯대 끝이 위아래로 약 1m 이상 오르내리는 힘 있는 저킹을 구사하는 것이 좋다. 참치 류나 부시리, 바라쿠다 등 공격 본능이 강한 회유성 어종을 대상으로 할 때 적절하다.

말 그대로 앞뒤의 무게가 다른 비대칭을 이루고 있는 지그인 만큼 꼬리 쪽이 더 무거운 저중심 지그와 머리 쪽이 더 무거운 앞중심 지그로 구분된다.

● 슬림형 롱지그

부시리나 방어 등을 대상어로 삼을 때 이용하는 메탈지그 중 가장 널리 사용되는 종류다. 부시리나 방어가 가장 좋아하는 먹잇감인 갈치와 학꽁치를 본따 칼날처럼 길고 날카로운 모양을 하고 있으며 무게 중심을 주로 7:3이나 6:4로 잡은 비대칭 형태로 제작된다.

슬림형 롱지그

● 저중심 지그

저중심 메탈지그는 루어의 맨 뒷부분(꼬리 쪽)에 무게 중심이 있기 때문에 입수 시 빨리 가라앉는 것이 특성이다. 몸의 저항을 덜 받는 장점이 있기 때문에 깊은 곳을 공략할 때나 지그를 빠르게 바닥으로 내려 보내려 할 때, 조류가 강할 때 등의 상황에 유용하다.

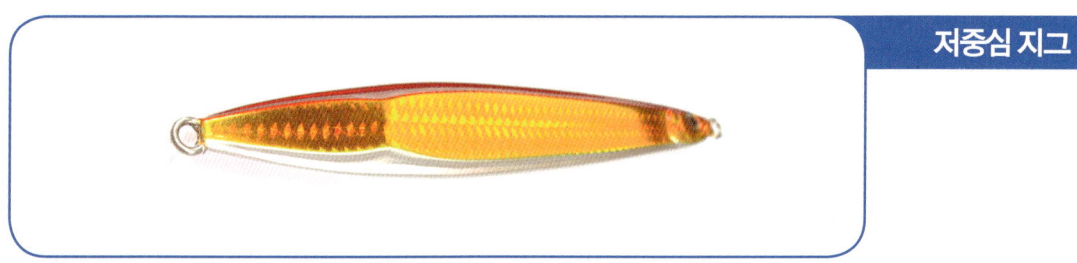

저중심 지그

● 앞중심 지그

앞중심 메탈지그는 무게 중심이 지그의 맨 앞부분(머리 쪽)에 있기 때문에 입수 시 루어가 거꾸로 가라앉는 모양새가 된다. 약간의 액션만으로도 움직임을 연출하기 쉽다는 장점이 있지만 반면에 훅과 라인이 엉키기 쉬우니 주의해야 한다.

앞중심 지그

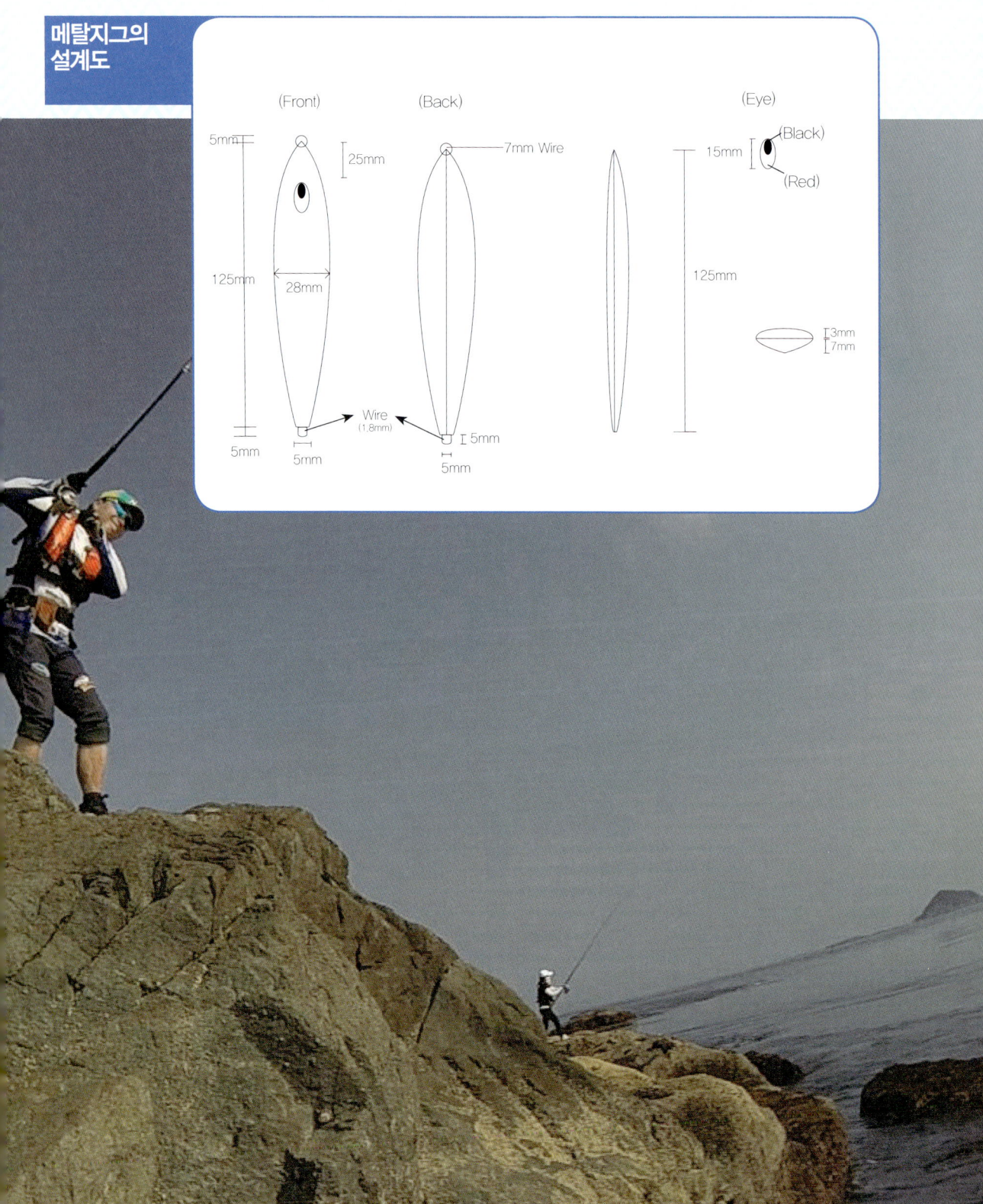

홀로그램 색과 무늬로 본 메탈지그

낚시인들은 대체로 퍼플, 레드, 오렌지 등의 선명한 원색이나 펄이 섞여 화려한 색, 현란한 혼합 비늘이 메탈지그를 선호하는 경향이 있다. 필자 역시 처음 배스, 농어, 쏘가리 등을 대상어로 하여 루어 낚시를 다닐 무렵에는 레드, 핑크, 옐로우 등의 원색 메탈지그나 색이 화려하게 혼합된 메탈지그에 먼저 눈이 갔다. 무의식 중에 그런 제품들을 충동구매 하는 경우도 많았다. 그러나 메탈지그의 선택 기준은 낚시인의 기호가 아니라 물고기의 기호다. 즉, 낚시인이 좋아하는 색을 고를 것이 아니라 대상어를 효과적으로 유혹할 수 있는 색을 택해야 한다는 뜻이다.

이를 무시하고 자신의 취향대로만 구매하다보면 어느 순간 수중의 메탈지그들이 모두 알록달록 화려한 것들로만 가득하다는 사실을 깨닫게 되는 순간이 온다. 그것들은 내 눈을 위한 것이지 대상어를 낚기 위한 것들이 아니다. 그 사실을 깨닫는 순간 비로소 진정한 지깅 낚시의 세계에 한 걸음 더 다가서게 된다. 메탈지그가 나를 위한 악세사리가 아니라 물고기를 유혹하기 위한 미끼라는 것을 새삼 실감하게 되기 때문이다. 메탈지그는 물고기를 유혹하기 위한 도구라는 것들 다시 한 번 명심하자.

메탈지그의 표면에 사용되는 홀로그램 필름은 1차원적 반사에 그쳤던 밀러(Millor) 종류부터 시작해 최근에는 6차원 헥사곤(Hexagon) 반사가 가능한 종류까지 다양하게 개발되어 있다. 홀로그램 필름을 메탈지그에 활용하기 시작하면서 루어는 시각적으로 큰 발전을 이루었다고 볼 수 있다.

메탈지그 구매 시 가장 기본이 되는 컬러는 블루, 핑크, 그린, 레드, 블랙, 실버 등의 밀러 홀로그램이다. 앞서 이야기했듯이 낚시인들은 대체로 밝고 화려한 색의 메탈지그를 선호하는 경향이 있는데, 필자의 경험으로 미루어 보자면 핑크나 레드 계열의 색이 혼합되지 않은 다소 낮은 채도의 덜 화려하고 어두운 메탈지그에도 관심을 가져보는 것이 좋다.

그렇다면 메탈지그의 컬러 선택 기준은 어떻게 될까. 동이 틀 무렵의 아침 시간과 일몰 전 오후 시간대에는 등 쪽에 블루나 그린이 가미된 자연스러운 컬러의 지그가 좋다. 일조량이 가장 풍부한 시간대인 오전 10시 이후부터 오후 3시까지는 골드나 실버 등 메탈릭한 계열의 민무늬 지그나 오렌지, 레드 같은 강렬한 컬러의 지그가 효과적이다. 수심이 60~80m 이상 되는 곳에서는 수중 지형에 따라 상황이 달라질 수 있으므로 야광, 축광(형광) 등의 기능이 있는 특수한 컬러의 지그를 함께 준비해야 한다. 이처럼 상황에 따라 적절한 지그가 다 다르다. 그러므로 태클 박스 안에는 항상 다양한 컬러와 기능의 메탈지그를 준비해 두는 것이 좋다.

실버

실버 메탈지그는 수심, 자외선의 양, 각도 등에 관계없이 주변의 물 색과 일조량에 능동적으로 반응하여 다양한 효과를 나타낸다. 다양한 대상어에 어필하는 가장 무난한 컬러라고 할 수 있다.

물 색이 맑은 수심 50m 미만에서는 어종을 불문하고 공략이 가능하다. 특히 대구 지깅 낚시에 사용되는 원초적인 형태의 지그는 크롬 도금만 더했을 뿐인 단순한 모양이지만 대상어를 유혹하는 효과가 탁월하다.

빠른 하이피치 액션의 저킹으로 부시리, 방어, 참치, 삼치 등의 대상어를 노릴 때 유용한 지그이다.

특히 대구를 대상어로 하는 지깅에서는 원색도 좋지만 민무늬의 실버지그나 크롬 도금이 된 메탈지그 역시 효과적이다.

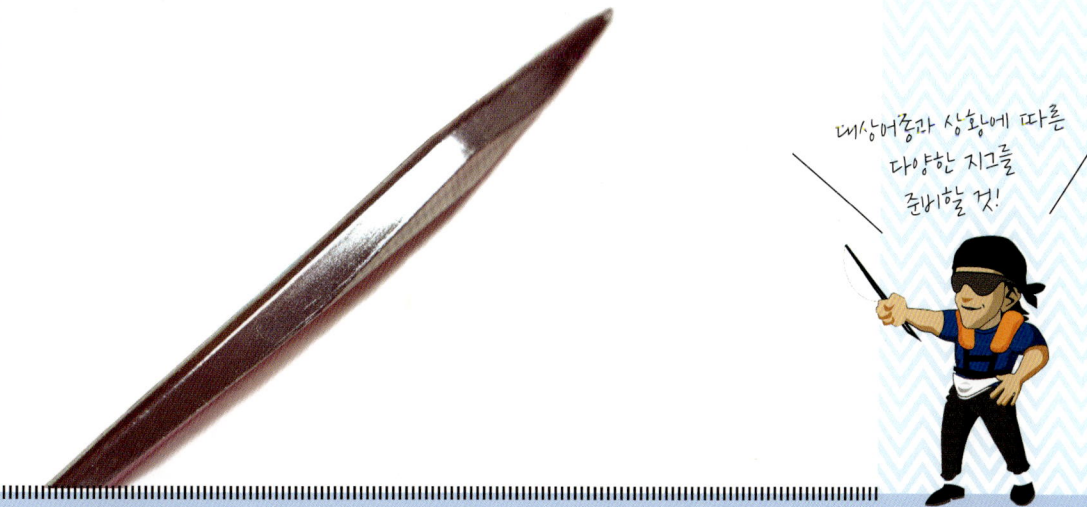

대상어종과 상황에 따른 다양한 지그를 준비할 것!

● 블루

블루 메탈지그는 회유성 어종 중에서도 우점종에 속하는 미끼인 고등어, 학꽁치 등의 고유색을 바탕으로 개발되었다. 옐로우핀 튜나(yellowfin tuna_황다랑어) 등의 최고의 먹잇감인 아열대 우점종의 색을 표현하여 바다 루어 낚시에서 가장 기본적으로 사용되는 지그라고 할 수 있다.

우리나라의 계절적 조건으로 볼 때 주로 늦여름(8월 말)부터 초겨울(10월 중순)까지 서해와 남해, 동해 등 모든 지역에서 사용이 가능하다. 선상 버티컬지깅은 물론 쇼어게임에서도 제 기능을 발휘한다. 물색이 맑을 때나 수심 60m 미만인 곳에서 매우 효과적이다.

블루 메탈지그를 사용할 때는 느린 롱저킹 액션을 활용하는 것이 좋다. 옐로우핀 튜나를 포함한 아열대성 참치, 부시리, 방어 등을 잡을 수 있다.

회유성 어종
한곳에서 정착해 사는 어종이 아니라 해류 등의 이유로 옮겨다니는 어종을 일컫는다.

우점종
해당 생물의 군집 성격을 결정하고 대표하는 종류를 가리키는 말이다.

● 비늘무늬

비늘무늬는 이름 그대로 물고기의 비늘 모양으로, 메탈지그에 가장 무난하게 쓰이는 패턴이다. 지깅 낚시, 포핑 낚시의 주된 대상이 되는 바다의 상위 포식자 참치류와 부시리, 방어의 비늘과도 유사하고 또 이들의 먹이가 되는 고등어, 꽁치, 청어, 전갱이, 갈치, 멸치 등의 비늘과도 흡사한 무늬로 가장 무난한 메탈지그에 속한다. 그러나 가장 무난하다는 말을 뒤집으면 때로는 대상 어종이 독특한 반응을 보이기 어렵다는 뜻도 된다. 대상어들이 익숙한 먹잇감보다 독특한 먹잇감에 관심을 보이는 경우도 많으니 참고하기 바란다.

● 물결무늬

물결무늬 메탈지그는 실버 메탈지그보다 한층 더 진보된 영상을 표현하는데, 수중에서 채공시간을 충분히 갖게 해 주어야 제대로 효과를 볼 수 있다. 그래서 낚시인의 테크닉에 따라 조과가 좌우된다. 물색이 약간 탁하고 일조량이 다소 부족한 날에 사용하면 제 역할을 톡톡히 한다. 심해 버티컬지깅보다는 자외선의 영향권을 넘나드는 수심 80m 미만의 중층을 공략하기에 적당하다. 물결무늬의 바탕색으로는 청색이 좋다. 물결무늬의 홀로그램과 잘 어울리면서 청색의 장점을 잘 살릴 수 있는 제품으로 구매하는 센스가 필요하다.

물결무늬 메탈지그를 사용할 때는 느린 중저속의 리드미컬한 액션이 어울린다. 부시리, 방어, 삼치 등을 대상으로 쇼어게임을 즐기기에 적당하다.

● 청록색 비늘무늬

헤링(Herring_청어) 컬러라고도 하는 청록색의 비늘무늬는 고등어 같은 대형 포식자의 먹이가 되는 북반구 비아열대 지역 대표 어종의 파마크(Parr mark, 푸른 빛 줄무늬)를 표현한 것이다. 우리나라에서는 청어가 서서히 북상하는 시즌인 8월 말경 남해나 동해에서 사용하면 효과적이다.

느리고 부드러운 액션, 슬라이딩, 잠깐 멈춤 동작 연출 등의 저킹으로 참다랑어, 마린, 부시리, 방어 등을 노릴 때 효과적으로 활용할 수 있는 지그이다.

● 야광반점

야광반점은 남해, 남서해, 동해권에 분포하는 오징어의 파마크(parr mark)를 지그에 표현한 것이다. 바다의 우월한 포식자들에게 강하게 어필하는 무늬이며, 특히 한겨울 제주 지역에서 탁월한 효과가 있다. 100m 이상의 깊은 수심에서도 제 역할을 해낸다. 30초 이상 자연광에 노출시킨 이후에 사용해야 축광 효과를 높일 수 있으며, 자외선 랜턴을 비춰주면 더욱 좋다.

저크 앤 스톱 그리고 폴링, 저크 앤 스톱 앤 저크 액션 등의 저킹이 효율적이며 부시리, 방어, 그루퍼 등의 어종을 대상으로 하면 훌륭한 조과를 기대할 수 있다.

7월 이후 남, 서, 동해안의 오징어철에는 필수 아이템이라 할 수 있다.

● 야광 줄무늬

야광 줄무늬는 슬로우 타입 메탈지그의 기본이라고 할 수 있는데, 자외선이 미치지 않는 깊은 수심에서 실루엣을 드러내는 바텀 낚시의 대표 주역이다.

애니메이션 〈니모를 찾아서〉의 주인공 '니모'의 화려한 줄무늬를 떠올리게 하는 이 메탈지그는 색과 무늬가 화려한 만큼 바닥권에 서식하는 어종과 그루퍼, 참돔, 우럭, 광어, 부시리, 방어 등을 대상어로 했을 때 만족스러운 조과를 기대할 수 있다. 야광 효과를 제대로 활용하려면 야광반점 메탈지그처럼 물 밖에서 햇빛을 충분히 쬐여준 후 사용하는 것이 좋다.

야광 줄무늬 메탈지그를 사용할 때는 롱 저크 앤 퀵 다운 저킹과 롱 저크 앤 슬로우 다운 저킹을 반복하는 테크닉을 추천한다.

바텀 낚시

바다의 바닥에서 사는 물고기를 잡는 낚시를 말한다.

● 프리즘

프리즘은 메탈지그에 가장 많이 사용되는 홀로그램이다. 소량의 빛으로도 다각도의 난반사를 만들어 내기 때문에 표층부터 자외선이 미치지 못하는 수심 깊은 곳까지 다용도로 사용된다. 프리즘의 난반사로 만들어진 빛은 마치 활발하게 움직이는 베이트피시의 비늘이 빛을 반사하는 모양과 흡사해 대상어들을 효과적으로 유혹한다.

프리즘 메탈지그를 사용할 때는 하이피치 숏저킹, 캐스팅 등의 다양한 저킹 액션을 활용하는 것이 좋다. 참치류, 부시리, 방어 등의 어종을 대상어로 할 때 유용하며, 쇼어게임에서도 제몫을 해낸다.

● 조각 패턴

조각 패턴은 홀로그램 무늬 중에서도 빛의 난반사가 가장 뛰어나다. 마치 깨진 유리 조각을 모아놓은 것처럼 빛이 무질서하게 사방으로 퍼진다. 따라서 이런 뛰어난 난반사 효과를 제대로 활용하기 위해서는 대체로 무난한 모양의 메탈지그를 사용하는 것이 좋다. 표면이 평평하거나 각이 많지 않은 일자형, 둥그스름한 곡면을 가진 메탈지그가 어울린다.

얼핏 생각하면 각이 많을수록 빛이 다각도로 반사될 것 같지만 빛을 받는 면적이 작아지면 빛의 굴절율도 상대적으로 떨어진다. 그러나 각이 많은 메탈지그라고해서 반드시 조각 패턴 홀로그램과 어울리지 않는 것은 아니다. 정면에서 바라보면 오히려 입체적인 느낌이 살아나는 장점도 있으므로 조각 패턴을 효율적으로 사용하기 위해서는 노하우가 필요하다.

● 평면거울 패턴

평면 거울 패턴은 말 그대로 거울이 빛을 반사하는 원리를 살린 단순한 홀로그램이다. 바라보는 각도에 상관없이 빛이 반사되어 미치는 거리가 상당하고 주변의 환경에 민감하게 반응하는 것이 장점이다. 따라서 어군의 밀집도와 활성도가 낮은 상황에서 유용하며 곡면으로 이루어진 메탈지그나 각이 많은 메탈지그에 사용하면 지그의 느린 움직임을 보완해주는 효과를 기대할 수 있다.

일반적으로 평면 거울 패턴 홀로그램이 단순히 은빛으로 보일 것이라고 생각하기 쉽지만 이는 명백한 착각이다. 각도에 따라 블랙, 오렌지, 옐로우, 블루 등 카멜레온처럼 다양한 색을 나타내기 때문이다. 초록, 보라, 주황 등의 페인트와 함께 쓰이면 효과를 극대화할 수 있고 특히 심해에서 제 기능을 발휘한다.

라이트지깅용 지그별 대상어종과 타입별 구분 정리

지그의 종류	대상 어종	비고
타이푼V (인치쿠 타입)	광어, 우럭, 부시리, 기타 어종	범용성이 가장 높은 전천후 지그. 일명 인치쿠.
타이푼 롱저커 (슬라이더 타입 롱지그)	부시리, 방어, 잿방어, 참치류	부시리부터 참치까지 국내외에서 빅게임에 두루 사용할 수 있는 지그.
바이터 (러버지그, 기타 이미테이션)	참돔, 광어, 우럭, 쏨뱅이	바닥어종 공략용. 훅의 크기와 강도의 문제로 대형 어종은 공략 불가.

※ 위 표는 필자가 개발에 참여한 지그의 예시이다.

루어 공략 수심층표

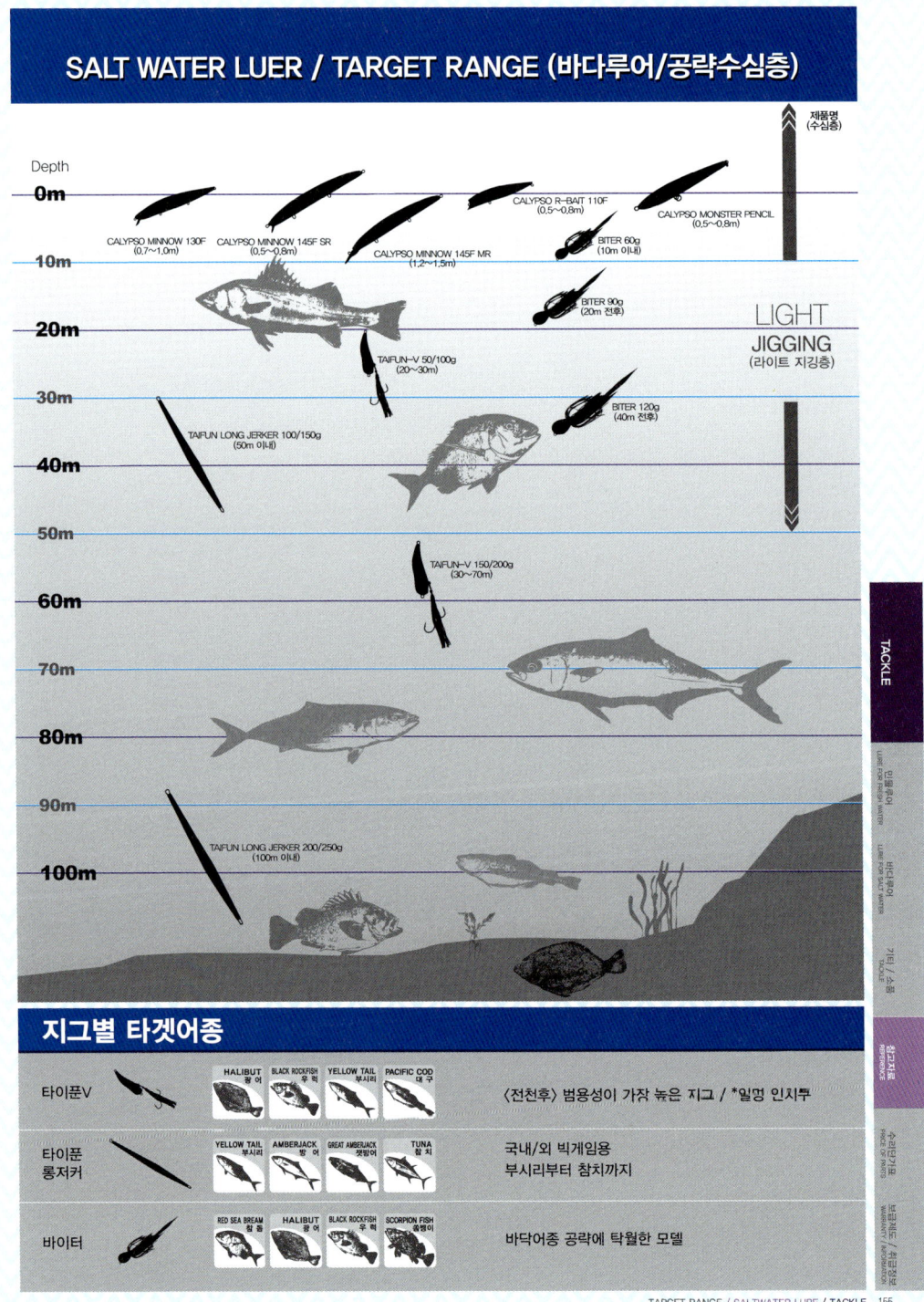

※ 위 표는 필자가 개발에 참여한 지그의 예시이다.

지그 컬러별 공략 수심층

수심 어종	20m	50m	80m	150m
부시리, 방어, 잿방어	블루 / 골드	레드 / 핑크	실버 / 골드	물뱀 /아쿠아/ 골드
옐로우핀 튜나	블루 / 실버	레드 / 노랑	그레이 / 실버	블랙 / 골드
톡투스 튜나	-	레드 옐로우	그레이 실버	블랙 골드
광어, 우럭	블루	실버	야광 골드	-
대구	-	-	그레이 실버	블랙 실버

위 표는 필자가 7년 간의 해외 원정과 국내 탐사에서 얻은 자료를 기준으로 작성되었다. 이를 통해 다양한 색상의 지그를 갖추고 테스트 해 봄으로써 그날의 패턴을 찾아내는 것이 지깅의 요령이라는 것을 알 수 있다.

지그 제품 소개

❶ 롱저커 지그 (부시리, 방어 지깅에 적합한 지그)

빠른 속도의 하이피치저킹과 롱저킹, 슬로우저킹 등을 모두 활용할 수 있다. 8면에서 이루어지는 빛의 반사가 뛰어나 조류가 약할 때도 효과적이며 대삼치를 대상어로 했을 때도 좋은 조과를 기대할 수 있다.

❷ 롱지그

위쪽(앞)이 무겁게 설계된 지그로 학꽁치를 본뜬 모양을 하고 있다.

수심 60m 이상의 깊은 포인트에서는 무게가 무거운 위쪽을 아래로 향하게 해서 사용하면 지그의 침강 속도가 매우 빠르다.

부시리, 방어 등의 어종에 효율적이며 1월부터 12월까지 모든 시즌에 활용이 가능하다. 특히 서해에서는 6월초부터 시작되는 학꽁치의 유입 시기에 사용하면 좋다.

❸ 커브슬라이더

슬로우지깅 타입으로 설계되었지만 침강속도가 빠른 편이며 'S'자형 곡선을 그리며 내려가는 것이 특징이다.

참돔, 능성어, 광어, 우럭뿐만 아니라 부시리나 방어의 지깅에 있어서도 효율적인 액션을 보여준다.

❹ 숏타입 스피드액션

무게가 130g으로 비교적 가벼운 편이지만 170g짜리 지그보다 오히려 침강 속

도가 빠르다. 갯바위나 선상 캐스팅, 쇼어게임에 두루 효과적이며 참돔, 능성어 등을 대상으로 하는 라이트지깅에도 활용이 가능하다.

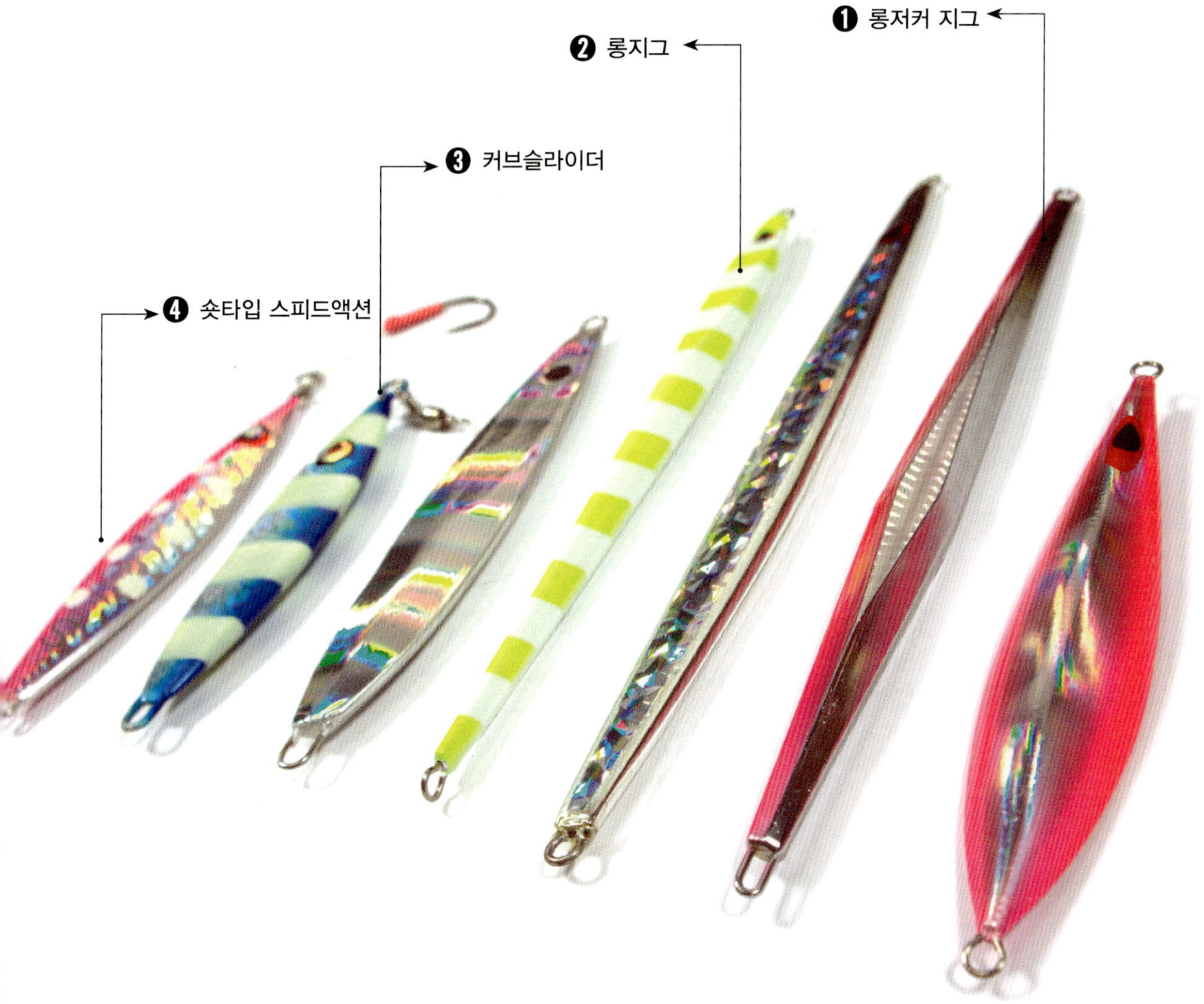

❶ 롱저커 지그
❷ 롱지그
❸ 커브슬라이더
❹ 숏타입 스피드액션

2 지깅의 장르

지깅은 크게 선상에서 하는 선상 지깅과 해안에서 즐기는 쇼어지깅으로 나뉜다. 선상 지깅은 다시 버티컬지깅과 슬로우지깅으로 분류할 수 있다.

버티컬지깅

버티컬지깅은 배를 타고 바다로 나가 포인트를 찾은 다음 그곳에 지그를 내리고 수직으로 움직이며 대상어를 공략하는 지깅의 장르이다. 일반적으로 지깅 낚시라고 하면 바로 이 버티컬지깅을 가리키는 경우가 많다.

다른 모든 낚시와 마찬가지로 버티컬지깅의 채비도 대상어의 크기와 힘을 고려하여 그에 합당한 강도의 것들을 준비해야 한다.

지깅 낚시의 대표적 장르인 헤비 버티컬지깅을 즐기기 위해서는 최저 수심 50m부터 최고 250m 이상의 깊이까지 공략할 수 있는 채비가 필요하다. 이러한 딥지깅을 대비해서 대상어종에 관계없이 원줄이나 쇼크리더, 도래 등 모든 소품들을 최대한 강한 것으로 준비해야 한다. 이러한 채비는 근래 로드와 원줄에 불고 있는 혁신적인 경량화 바람을 생각하면 다소 무거운 느낌을 주기도 하지만 대형 어종을 주요 대상어로 삼아 빠른 시간 안에 제압하는 것을 목표로 삼는 지깅 낚시의 전통적인 방식이라고 할 수 있다.

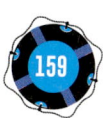

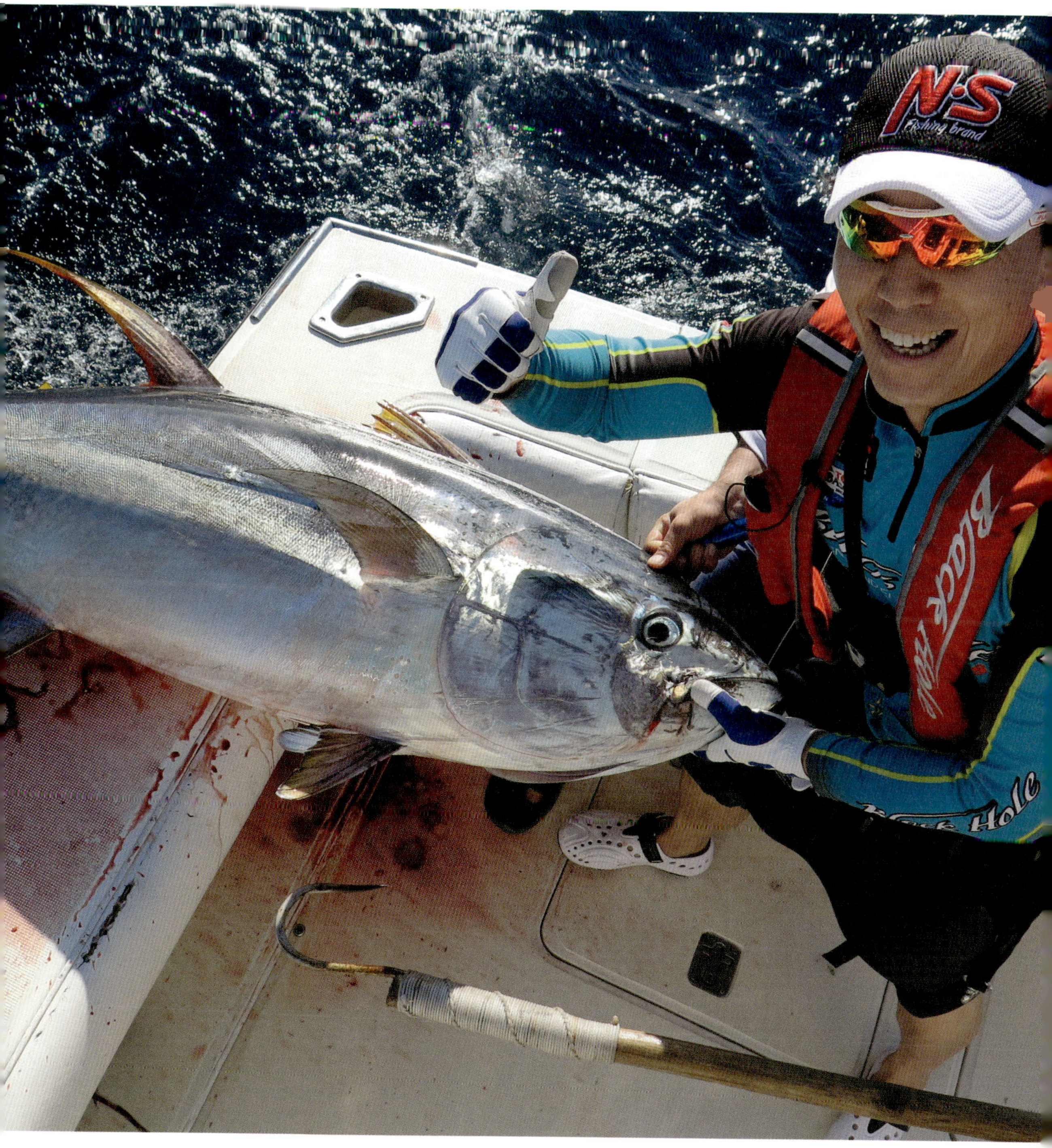
N·S
fishing brand
Black Hole

라이트지깅

지깅 낚시라고 하면 왠지 부담스러운 느낌이 없지 않다. 갖추어야 할 채비도 여러 가지고 무게 또한 묵직한 것들이 많으니 경제적으로나 체력적으로 버거울 것처럼 여겨지기도 한다. 그러나 라이트지깅은 비교적 저렴한 출조비와 가볍고 작은 릴, 연필보다 가는 굵기의 로드, 가느다란 원줄로도 얼마든지 즐길 수 있다. 게다가 초대형 참돔은 물론이고 능성어, 부시리, 방어 등의 다양한 회유성 어종과 우리나라 토착 붙박이 어종 등도 고루 낚을 수 있다. 광어, 우럭을 비롯해 우리가 낚시에서 흔히 접하는 거의 모든 어종이 대상어가 되며 가까운 서해 앞바다부터 남해, 동해 등 모든 바다에서 가능한 낚시 기법이다.

라이트지깅 채비

● 라이트지깅용 로드

라이트지깅은 수심 깊은 곳에 있는 대형 어종을 타깃으로 하기 때문에 액션의 부하를 최소화하기 위해 부드럽고 가늘되 강한 힘을 발휘할 수 있는 로드를 사용해야 한다. 원줄과 쇼크리더 역시 가늘고 강한 것을 사용해야 조류의 물리적인 저항을 최소화시켜 대형 어종도 무리 없이 가벼운 느낌으로 랜딩할 수 있다.

지깅 낚시 중에서도 비교적 가늘고 가벼운 로드를 이용하는 장르를 라이트지깅이라고 한다. 그러나 라이트한 로드를 활용한다고 해서 가벼운 메탈지그만 사용할 것이라고 생각하면 오산이다. 가볍고 부드러운 로드라고 해서 소형 릴이나 가벼운 메탈지그만 사용할 수 있는 것은 아니기 때문이다. 중대형 릴도 얼마든지 장착할 수 있고, 100g 미만의 가벼운 메탈지그 뿐만 아니라 400g 이상의 무거운 지그도 충분히 활용할 수 있다.

쉽게 말해 라이트지깅은 비교적 라이트한 로드와 슬로우지그 또는 롱지그를 활용해 다양한 상황에 포괄적으로 대응할 수 있는 장르라고 할 수 있다.

필자가 지깅 낚시를 시작할 당시에는 국내에서 전용 로드를 구하는 일이 쉽지

않았다. 고기가 아니라 그저 긴 빅대시라도 해도 부러가 없을 만큼 굵고 강한 로드가 고직이어서 일반인들이 접근하기에는 부담스러울 정도였다. 지깅 낚시가 이런 부담감을 떨치고 생활 낚시로 대중화 될 수 있었던 것은 라이트지깅 장비의 출현 덕분이다. 라이트지깅은 지깅 낚시가 어렵고 힘든다는 선입견을 없애고 일반인들의 접근을 용이하게 했다는 점에서 의미가 크다.

일반적인 지깅의 채비와 라이트지깅의 채비에서 가장 크게 차이가 나는 것은 로드와 원줄이다. 라이트지깅용 로드는 매우 가는 편이어서 겉보기에는 다소 약해 보일 수 있다. 원줄도 PE라인 3호 이하의 가는 합사를 사용한다. 그러나 가는 로드와 원줄을 사용한다고 해서 소형 어종만 대상으로 하는 것은 아니다. 대형 어종도 얼마든지 노려볼 수 있다.

프리폴링

액션

라이트지깅에서 가는 원줄을 쓰는 이유는 수심 깊은 곳을 공략할 때 물속 조류에 대한 저항을 줄이기 위해서이다. 수심이 깊은 곳을 공략하고자 할 때는 원줄이 많이 감길 수 있는 대형 릴을 사용해야 한다. 라이트지깅에 쓰이는 로드는 가늘지만 탄성이 좋고 내구력이 강해서 무게가 400g이 넘는 무거운 메탈지그를 사용해도 쇼크리더의 탄력과 더해져 낚시인의 체력 소모를 덜어준다. 이처럼 라이트지깅의 장비는 단순히 무게와 부피를 덜어낸 가벼운 장비가 아니라 물리학적인 계산이 내포된 과학적인 채비이다.

라이트지깅을 슬로우지깅과 비슷하다고 생각하기 쉽지만 엄밀히 말하면 둘은 차이가 있다. 가늘고 가벼운 로드에 얇은 원줄을 사용하여 빅게임 대상 어종 모두를 공략 대상으로 하는 것이 라이트지깅이다. 반면 슬로우지깅은 비교적 무게가 있는 메탈지그를 나풀거리듯 천천히 바닥권으로 내려 보내 주로 바텀권에 있는 어종을 노리는 장르다.

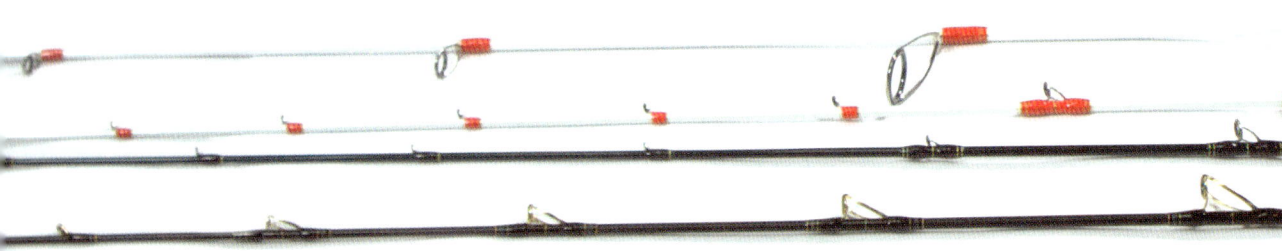

로드 길이(f.t)	액션(휨새)	파워레벨(m.H.H2.H3)	지그무게(g)
6.0~6.8ft	미디움패스트(mF)	m(미디움 파워)	60~200g(지그맥스 350g)
6.0~7.3ft	mF & RG(레귤러액션)	H(라이트 헤비)	80~280g(지그맥스 350g)
5.8~6.3f	RG & SLOW(슬로우액션)	H2~H3(헤비 파워)	130~480g(지그맥스 500g 이상)

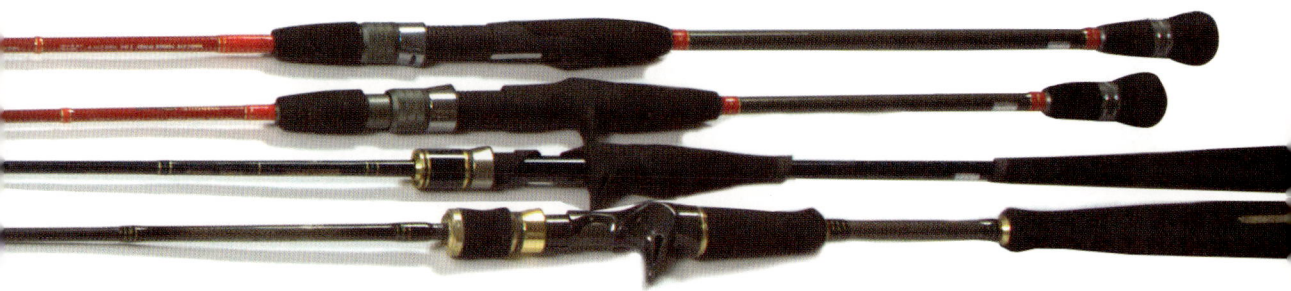

라이트지깅용 릴

낚시를 할 때 테크닉을 자유롭게 구사하고 싶다면 장르에 어울리는 릴을 골라야 한다. 또 제대로 된 릴을 골라야 장시간 지속되는 파이팅이나 초대형 대상어와의 파이팅에서도 능동적이고 효율적으로 대처할 수 있다.

필자는 S사의 CAL 시리즈 중에서 라이트지깅용 수동 릴인 800F 모델을 권장한다. 이 모델은 PE라인 3호를 기준으로 최대 240m까지 감을 수 있으며 최대 드랙 파워가 6kg급으로 미터급 참돔이나 부시리, 방어의 히트에도 넉넉하게 대응할 수 있다. 원줄을 스풀에 고르게 감아주는 레벨와인더가 장착되어 있어 비대칭 권사의 스트레스로부터 비교적 자유롭다는 것도 장점이다. 싱글파워 핸들이 주는 파워풀한 핸들링은 파이팅에 묘미를 더해준다.

라이트지깅용 전동릴

S사의 FORCE 시리즈 중 800MK나 1000MK 정도의 릴이라면 PE라인 3호가 300~400m 정도 감기므로 원줄의 권사량도 넉넉하고 드랙 파워도 약 11.5kg 정도이므로 부족함이 없다. 딥지깅을 하기 위해서 반드시 대형 릴이 필요한 것은 아니다. 소형 전동 릴로도 충분히 딥지깅을 즐길 수 있다. 이러한 라이트 릴 지깅 세트라면 동해안에서 대구 지깅도 얼마든지 가능하다.

심해 대구 지깅을 즐길 때는 PE 1.5~3호 정도의 원줄에 16~20lb의 나일론 쇼크리더를 약 5m 정도 연결한 후 수심과 조류에 따라서 200~500g의 메탈지그를 사용하는 것이 좋다.

FORCE-800MK

FORCE-1000MK

라이트지깅 원줄

라이트지깅에서 주로 쓰이는 원줄은 PE라인 1~3호 사이다. 참돔, 광어, 우럭 등을 대상어로 한다면 2호 정도가 적당하다. 가는 원줄을 선호하는 사람들은 1호나 0.8호를 사용하기도 한다. 2.5호 정도를 사용해도 무난하다. 아무래도 원줄이 강한 게 좋지 않겠냐는 뜻에서 3호를 추천하는 사람들도 많지만 무조건 굵은 원줄이 좋은 것은 아니라는 것이 필자의 의견이다.

흔히 합사라고 부르는 PE라인은 여러 가닥의 가늘고 강한 원사를 하나로 합친 다음 UV코팅과 염료 착색 공정을 거쳐 인장 강도가 매우 높은 낚시용 라인으로 탄생한다. 최근에는 머리카락보다 더 가는 0.2호, 0.4호 등의 PE라인까지 출시되는 등 지깅 낚시에 사용되는 원줄이 점점 가늘어지고 있는 추세이다.

쇼크리더

지깅 낚시용 쇼크리더는 반드시 나일론 소재의 전용 라인을 사용해야 한다. 간혹 플로로카본(Fluro Carbon) 소재의 쇼크리더를 사용하기도 하지만 이는 특별한 경우에 한해서이고 기본적으로는 나일론 소재의 것을 사용한다고 보는 것이 맞다.

PE라인 1.5~2호에는 16~20lb(4~5호) 사이의 쇼크리더를 사용하는 것이 좋고 2.5~3호에는 20~40lb(5~8호) 정도의 쇼크리더를 권장한다. 미터급의 삼치나 방어 등의 출현이 예상된다면 60lb 정도의 쇼크리더까지는 무난하게 사용할 수 있다.

딥지깅이든 라이트지깅이든 모든 지깅 낚시에서는 쇼크리더의 길이가 최소 5m 이상 10m 정도는 되어야 한다. 나일론 쇼크리더를 5m 정도 연결했다면 기대할 수 있는 최대 인장은 약 80cm 이상이다. 실제 테스트를 해 본 결과 섬세한 드랙의 릴을 활용한다고 할지라도 쇼크리더의 길이는 최소 5m, 즉 최소 6발 이상은 연결해 주어야 한다는 결론을 얻었다.

라이트지깅용 훅

사용하는 메탈지그의 크기와 형태, 사용 목적에 따라 적당한 훅의 크기는 물론 목줄의 길이도 달라진다. 지그에 비해 지나치게 큰 훅을 사용하게 되면 저킹 도중 훅이 메탈지그에 휘감기는 일이 생길 수 있다. 그러므로 메탈지그의 폭(너비)보다 휘어진 간격이 좁은 훅을 선택하는 것이 바람직하다.

훅의 무게 또한 중요한 고려 대상이다. 라이트지깅에서 주로 사용되는 훅은 한 개의 무게가 약 2~3g 정도인데, 두 개를 단다고 가정하고 여기에 솔리드링의 무게까지 포함하면 이들의 무게만 약 7g 내외가 된다. 라이트지깅에 사용되는 메탈지그의 무게가 평균 약 170g 정도라는 것을 감안하면 지그의 길이와 폭, 저킹 방법 등을 고려해 솔리드링과 훅을 더한 무게는 8g 이상을 초과하지 않는 것이 좋다.

목줄의 길이는 훅의 몸통(Shank) 길이를 고려할 때 3cm를 초과하지 않는 것이 좋다. 저킹할 때 두 개의 훅이 서로 엉키는 것을 방지하기 위해서는 두 훅의 단차가 1.5cm를 벗어나지 않게 해야 한다.

바늘 목줄

바늘 목줄의 길이와 굵기는 임의로 결정해서 사용할 수도 있다. 그러나 앞선 사람들이 시행착오를 겪으며 쌓아둔 노하우를 참고한다면 같은 실수를 반복하는 시간을 줄일 수 있을 것이다. 그런 점에서 깊은 수심에 로드를 드리우고 수없는 흔들림과 상하 왕복 운동에도 페이스를 잃지 않고 낚시를 즐기고 싶다면 바늘 목줄의 적절한 길이, 굵기, 위치 등과 함께 정확한 묶음법을 반드시 익혀야 한다.

바늘 몸통(Shank)에 목줄을 고정시키는 역할을 하는 실의 소재는 일반적으로 나일론과 면이 많이 쓰인다. 필자의 의견으로는 바늘 목줄과의 고정(결속) 정도를 테스트해 본 결과 나일론보다는 면 소재의 원사를 사용하는 쪽이 훨씬 뛰어난 결속력을 보이는 것 같다. 또 접착제와의 호환도도 훨씬 나은 듯하다. 바늘 목줄로 너무 가는 실을 쓰게 되면 밑실(Under Warping)과 겉실(Over Warping)을 돌려 감는 과정에서 바늘 끝에 쓸려 끊어지는 경우가 생기니 주의해야 한다.

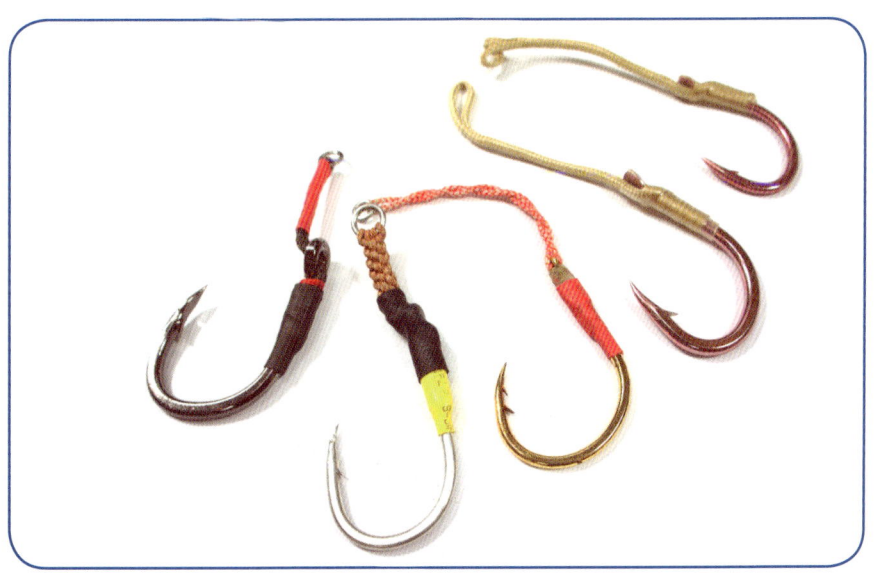

도래와 링

도래는 쇼크리더와 지그를 연결해주는 역할을 한다. 따라서 도래 또는 스냅 도래는 라이트지깅뿐만 아니라 모든 지깅 낚시에서 중요하다. 라인이 꽈배기처럼 꼬이지 않게 하려면 도래의 회전력이 우수하고 튼튼해야 한다. 라이트지깅에는 4~5호 정도의 도래가 적당하다. 채비에 비해 지나치게 큰 사이즈의 도래를 사용하게 되면 상하 저킹 운동이 반복될 경우 훅이 도래의 링에 끼거나 엉켜서 입질이 와도 제대로 대처를 할 수 없는 안타까운 상황이 벌어질 수도 있다.

스풀릿링은 지그와 훅을 연결하는 연결구이고 솔리드링은 어시스트 목줄과 지그를 연결할 때 사용하는 것이다. 이 솔리드링과 스풀릿링의 크기 역시 도래의 크기와 적절히 조화를 이루어야 한다. 크기가 어울리지 않으면 훅이 꼬이거나 릴에 걸릴 수도 있기 때문이다. 라이트지깅에서는 4호, 5호, 5.5

호의 스플릿링을 가장 많이 사용하는 편이다. 솔리드링은 4.0mm(70~80lb)나 5.0mm(130~150lb)짜리가 적합하다. 가급적 핀도래의 사용은 삼가하는 것이 좋고 매번 지그를 교체하는 일이 나서 비거롭더라도 스플릿링을 사용하는 것이 최적의 채비를 갖출 수 있는 방법이다.

지깅 낚시를 막 시작하는 초보자들은 성급한 판단으로 불필요한 장비나 소품을 장만했다는 것을 뒤늦게 알게 되면 적잖이 스트레스를 받는다. 장비가 적절하지 못하니 조과 또한 만족스럽지 못한 경우가 많다. 따라서 장비를 장만하기 전에 릴과 로드, 원줄, 쇼크리더, 도래와 각종 링, 용도에 따라 적절한 메탈지그의 무게나 형태, 훅의 크기 등은 물론이고 그것들을 충분히 활용할 수 있는 테크닉 같은 세세한 것들까지 경험이 풍부한 경력자의 조언에 귀를 기울이는 편이 좋다.

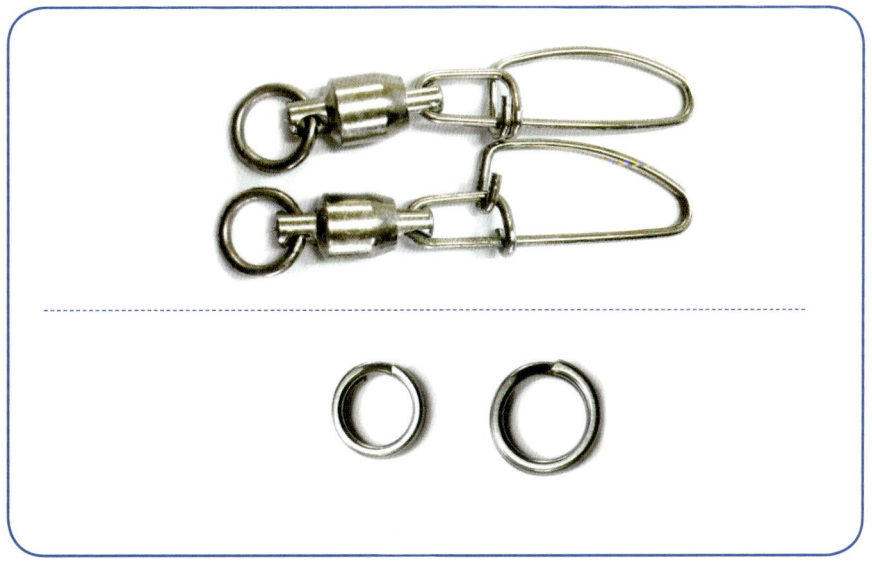

라이트지깅 액션

라이트지깅에서 활용하는 커브슬라이더 지그의 저킹 동작은 크게 두 가지로 분류할 수 있다.

첫 번째 동작은 지그가 바닥에 닿으면 릴의 핸들을 두 번 감은 다음 로드를 천천히 위로 들어올리는 것이다. 로드를 최대한 들어올려 정점을 찍었으면 다시 빠른 동작으로 로드를 아래로 최대한 내려준다. 이때 메탈지그가 슬라이딩을 하기 때문에 PE라인이 수면에 잠시 머무르다 천천히 지그 쪽으로 빨려 내려가는 모습을 볼 수 있다. 만약 빨려 내려가던 PE라인이 잠시 주춤하는 것이 느껴진다면 입질이 온 것이다.

두 번째 동작은 릴의 핸들을 세 번 감은 뒤 빠른 속도로 로드를 치켜 올려 저킹을 하는 것이다. 그런 다음 메탈지그가 떨어지는 속도에 맞추어 로드를 천천히 내려준다. 이때 주의해야 할 점은 로드를 위로 저킹한 뒤 밑으로 내릴 때 메탈지그를 억지로 내린다는 느낌으로 로드를 천천히 내려야 한다는 것이다. 입질 타이밍은 대체로 릴을 세 번 감은 후 치켜 올렸던 로드를 천천히 내리는 동작을 하기 바로 직전이다.

활성도가 떨어져 있는 부시리나 방어를 공략할 경우에는 빠른 동작의 저킹을 하기보다는 다소 느리게 저킹이나 폴링 동작을 해 주는 것이 좋다. 라이트지깅에서는 롱저킹(Long Jerking)과 커브슬라이딩(Curve Sliding)이 효과적이다.

대상어들은 주로 메탈지그가 떨어질 때 반응을 보이는 편인데, 따라서 이때를 입질 타이밍으로 생각하면 된다. 지그가 상승 곡선을 그리는 단계(저킹)는 입질을 받기 위해 지그를 폴링시키기 직전의 준비 동작이라고 할 수 있다.

라이트지깅에 사용하는 메탈지그는 무거운 것보다는 비교적 가벼운 것이 보다 효율적이고 다양한 표현을 하기에 좋다. 때문에 가벼운 지그를 사용하는 것이 힘든 상황에서도 좋은 조과를 얻어낼 수 있는 요령이다.

굳이 바닥을 찍어야 한다는 고정관념도 버려야 한다. 바닥을 찍는 것보나 중요한 것은 대상어의 히트 유영층을 파악하는 것이다.

• 볼베어링 도래 #4
• 스플릿 링 #5
• 솔리드 링 #4(m/m)

프리폴링

액션

슬로우지깅

bottom(바텀) 어종

능성어, 우럭, 광어, 참돔 등의 락 피시(Rock Fish)를 뜻함.

슬로우지깅은 느리고 부드러운 액션에 알맞은 전용 로드와 메탈지그를 사용하는 지깅 낚시의 장르다. 슬로우지그는 바텀 낚시에 최적화된 메탈지그의 일종으로, 마치 낙엽처럼 짧고 둥근 모양의 테크니컬 밸런스 타입의 제품이다.

슬로우 액션용 메탈지그는 우리나라의 해역 여건에 특히 잘 맞는다. 때문에 슬로우지깅은 국내 낚시인들에게 근해 내만 선상 낚시의 새로운 장르로 인식을 넓혀가면서 꾸준히 발전하고 있다. 낚시인들이 선호하는 대상어 중에는 능성어, 붉바리, 돗돔 등 주로 바닥권에서 유영하는 어종들이 많은데, 슬로우 타입 메탈지그는 이런 어종들을 상대하기에 매우 효과적이다. 또한 참돔을 포함한 다양한 어식어종들도 어렵지 않게 슬로우 타입 지그로 공략할 수 있어 지깅을 어렵고 힘든 장르라고 생각했던 많은 낚시인들에게 센세이셔널한 반응을 끌어내고 있다.

필자는 2004년부터 슬로우지그를 자체적으로 개발하는 일을 시작하였다. 지깅 낚시에서 활용하는 저킹 방법의 효율과 장단점을 분석하고 검증하는 과정에서 불만족스러운 점을 발견했기 때문이다. 기존의 슬로우지그는 하이피치 저킹보다는 길고 부드러운 롱저킹에서 훨씬 더 효율적이었다. 이런 단점을 개

선하고자 개발한 것이 바로 테크니컬 지그다. 테크니컬 지그는 낙하 시에 유연한 S자 형태의 슬라이딩 액션으로 대상어를 유혹하고, 1.5m 이상 이어지는 길고 유연한 롱저킹 상승 액션도 가능하다. 아울러 액션과 액션 사이에 자연스러운 폴링이 가능하기 때문에 바이트 확률이 매우 높다는 장점도 있다.

메탈지그 시장은 세계적으로 획일화되어 있는 편이다. 그런 상황에서 자체적으로 슬로우 타입 메탈지그를 개발한다는 것은 나라별, 지역별, 대상어종별 특성을 파악하고 세분화하여 보다 섬세하게 지그를 분화시키는 작업이라는 점에서 의미가 있다. 필자는 이 작업이 낚시인들의 선택의 폭을 넓혀주는 동시에 자칫 단조로울 수 있는 지깅 낚시의 세계에 다채로움을 더할 수 있는 계기가 되었다고 확신한다. 실제로 메탈지그의 이러한 획기적인 진화는 슬로우지깅이 지깅 낚시의 새로운 세부 장르로 확고히 자리매김하는 데 큰 도움이 되고 있다.

슬로우지깅 채비

슬로우지깅에서는 원줄로 쓰는 PE라인을 일반적으로 쓰는 것보다 한 단계 낮추어 가는 줄을 사용하고 메탈지그도 마찬가지로 비교적 가벼운 것을 쓴다.

슬로우지깅의 패턴을 제대로 이해하고 있어야 필요한 지그의 무게를 정할 때 덜 혼란스럽다. 제주도 마라도 근해에서 7물 정도의 사리물때에 수심 약 70m 깊이의 지형에서 슬로우지깅을 한다고 가정을 해보자. 일반적인 낚시에서는 이런 조건에서 250g짜리 메탈지그에 PE라인 5호 정도를 원줄로 쓸 것이다. 그러나 슬로우지깅이라면 원줄을 PE라인 3호로 하고 쇼크리더는 40~60lb(약 10m), 메탈지그는 170~200g 사이의 것을 사용하면 충분하다.

필자의 실전 경험을 토대로 하자면 슬로우지깅으로 부시리, 방어 등을 대상어로 노릴 때는 PE라인 3호(약 200m), 쇼크리더 40~60lb(10m 이상), 스피드 타입 메탈지그 170g 정도의 채비가 가장 합리적이다. 작고 가벼운 채비로 큰 힘을 발휘할 수 있다는 것이 슬로우지깅의 가장 큰 장점이다.

가장 보편적인 국내 빅게임 대상어종은 부시리와 방어다. 이들 어종을 대상어로 삼아 지깅 낚시의 채비를 꾸린다면 원줄은 PE라인 3~5호, 쇼크리더는 50~90lb로 하는 것이 가장 기본적이다.

그런데 부시리와 방어를 대상어로 삼아 지깅 낚시를 시작하는 사람들 중에는 릴과 로드를 어떤 것으로 준비해야 할지 기준을 정하지 못해 혼란을 겪는 이들이 의외로 많다.

그렇다고 지나치게 폭넓은 관점에서 세심하게 조언을 하자고 들면 초심자의 입장에서는 오히려 접근이 어렵고 난해하게 느껴질 수가 있다. 그래서 채비 선택의 혼선을 줄이기 위해 지역에 따라 필요한 스피닝릴, 로드, 원줄, 쇼크리더, 쇼크리더의 길이, 도래, 스풀릿링와 솔리드링 등을 간단하게 정리해 보았으니 참고하기 바란다.

슬로우지깅 채비와 버티컬지깅 채비의 비교

① 참돔, 능성어 등을 대상으로 하는 라이트지깅 장비 조합
   (슬로우 타입 포함)

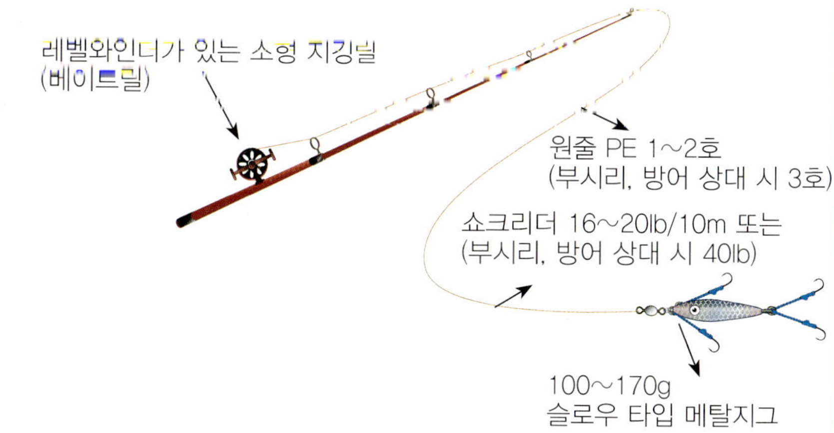

- 레벨와인더가 있는 소형 지깅릴 (베이트릴)
- 원줄 PE 1~2호 (부시리, 방어 상대 시 3호)
- 쇼크리더 16~20lb/10m 또는 (부시리, 방어 상대 시 40lb)
- 100~170g 슬로우 타입 메탈지그

② 부시리, 방어를 대상으로 하는 일반적인 버티컬지깅 장비조합

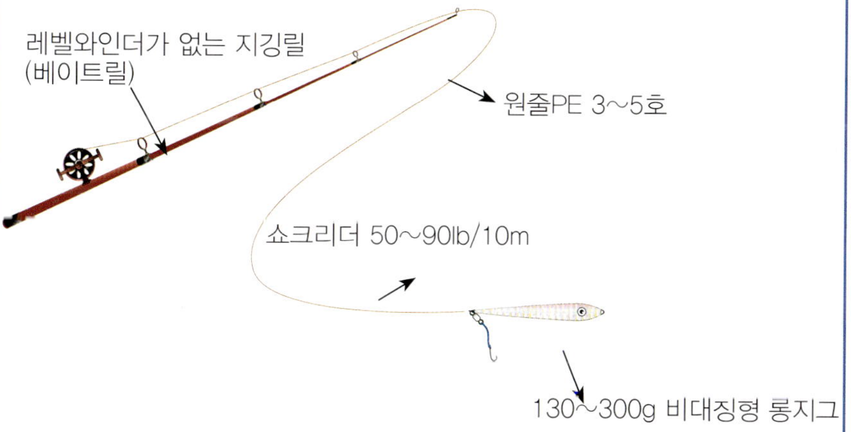

- 레벨와인더가 없는 지깅릴 (베이트릴)
- 원줄 PE 3~5호
- 쇼크리더 50~90lb/10m
- 130~300g 비대칭형 롱지그

● 국내 지역별 슬로우지깅 채비

▶ 서해 중남부

서해 중남부 지역에서 참돔을 포함해 부시리, 방어까지 두루 섭렵하고 싶다면 130g 정도의 슬로우지그를 준비하는 것이 가장 좋다. 이는 사리물때 서해권의 평균 수심에 맞추어 사용하는 원줄과 쇼크리더, 대상어종의 특징 등을 종합하여 얻어진 결론이다.

축광 기능이 있는 줄무늬지그, 또는 블루나 실버 계열 홀로그램 무늬가 있는 메탈지그를 사용하면 적절할 것이다.

▶ 동해

동해의 후포 왕돌초 해역을 기준으로 포항, 울산권까지를 고려한다면 커브슬라이더 타입보다는 스피드 타입의 슬로우지그가 더 효과적이다. 이 지역에서는 무게 170g 정도의 메탈지그를 많이 사용한다.

보통 블루나 핑크 계열의 홀로그램 무늬가 있는 메탈지그가 유용하나 8월부터 10월까지는 축광 기능이 있는 줄무늬지그가 좋다.

조류와 바람의 상태를 고려해 다양하게 활용할 수 있도록 200~250g 정도 무게의 롱지그는 반드시 챙겨두자.

▶ 남해

부산, 거제, 통영, 완도 등을 포함한 남서해 지역이나 진도 부근을 포함한 해역의 수심과 지형 여건을 고려하면 이 지역에서 선상 지깅이나 쇼어지깅을 즐길 때는 170g 이하의 슬로우지그를 사용하는 것이 좋다. 평균 수심은 20~40m

사이로 깊지 않은 편이지만 사리물때의 조류를 감안하자면 이 정도의 부게가 적당하다.

부시리나 방어, 줄삼치, 점다랑어 등을 대상어로 한다면 핑크나 블루, 실버 계열의 홀로그램 무늬가 있는 메탈지그가 좋고 우럭이나 돗돔, 광어, 참돔 등을 노린다면 축광 기능이 있는 줄무늬 메탈지그가 더 효율적이다.

거제도, 여서노, 사수도 근해로 출조를 나간다면 할꽁치 형상의 롱지그는 필수 아이템이라고 할 수 있다.

▶ 제주도

마라도와 가파도 근해의 평균 수심 60m권을 기준으로 하자면 평균적으로 보아 약 130g 정도의 슬로우지그가 가장 효율적이다. 참돔, 능성어, 삼치 등을 무리 없이 노려볼 수 있다.

마라도나 우도 근해에서 부시리나 방어를 대상어로 삼고자 한다면 지그의 무게를 조금 늘려서 170~250g 사이의 것으로 하고 버티컬지깅 장비로 세팅하는 것이 바람직하다.

소관탈이나 대관탈 주변에서 지깅 낚시를 즐기고 싶다면 4물~10물을 기준으로 약 130~200g 사이의 메탈지그를 추천한다.

특히 갈치 형상의 슬림형 롱지그는 제주 전 해역에서 부시리, 방어 지깅에 단연 뛰어난 효율을 보이니 준비해 가는 게 좋다.

산란칠인 2~5월 사이에 부시리나 방어, 삼치 등을 공략한다면 축광 기능이 있는 실버 계열의 줄무늬지그나 홀로그램 지그가 적당히고 6월부터 1월 사이에 능성어나 참돔을 대상어로 한다면 축광 기능이 있는 골드 계열의 줄무늬지그가 좋다. 능성어나 참돔 대신 부시리, 방어, 참돔 등을 공략하고 싶다면 핑크나 블루, 실버 계열의 홀로그램 지그를 추천한다.

수심대별 표준 슬로우지그의 적정 무게

수심	대칭형(5:5) 지그(g)	비대칭형(6:4이상) 지그(g)
20~40m	130g	100g (over)
30~60m	150g	130g (over)
50~100m	170g	150g (over)
100~150m	200g	170g (over)
150~200m	250~350g	250g (over)

※위 도표의 수치는 물때 4~8물의 사리물때를 기준으로 한다.

지역(해역)별 물때(조류의 유속)에 따라 상황이 달라질 수 있지만 미지의 포인트에 도착하면 먼저 무거운 메탈지그를 내려 조류의 강도에 맞는 메탈지그의 적정 무게를 판단해야 한다.

해역에 따라 같은 물때일지라도 조류의 속도가 달라지면 적절한 지그의 무게도 달라질 수 있다.

예를 들어 150g짜리 지그로도 충분하던 수심 50m 지역이 조류가 바뀌면 200g 짜리로 바꿔야 하는 경우가 생길 수 있으므로 낚시인의 능동적인 판단이 매우 중요하다.

쇼크리더는 지깅 전용 나일론(Nylon) 쇼크리더를 사용해야 한다.

라인시스템 예시

원줄	쇼크리더(lb) / 호 / 길이(m)	릴의 적합 기어비(권사량)
1.5호~2.5호	16lb~30lb / 4호~8호 / 10m	6.2:1~6.7:1(HG) / 2호(200m)
2호~3호	20lb~50lb / 5호~14호 / 10m	5.3:1 6.2:1 HG / 3호(300m)
3호~4호	40lb~80lb / 12호~22호 / 15m	4.5:1~5.1:1(PG) / 4호(300m)

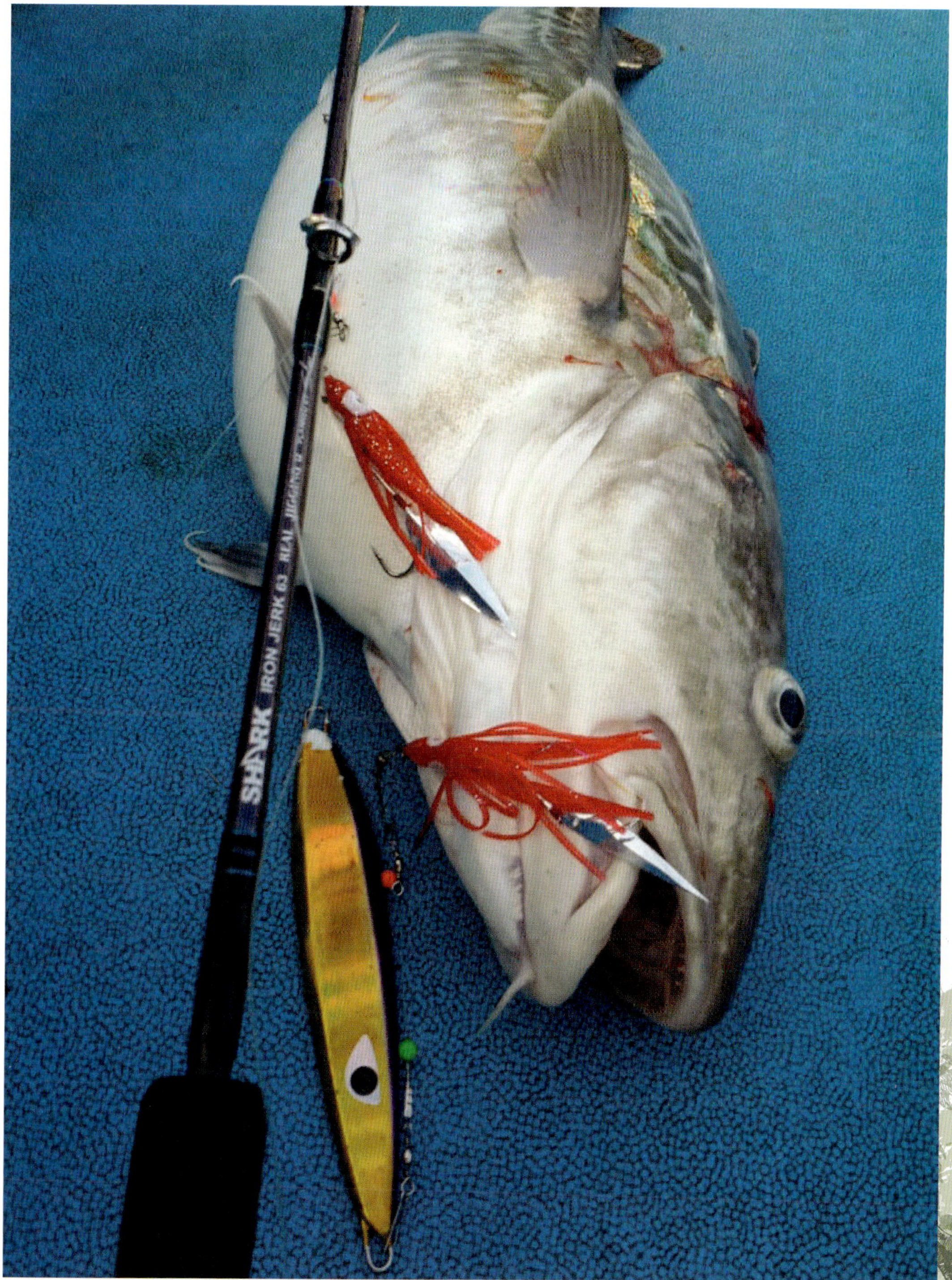

리얼지깅

리얼지깅(Real Jigging) 기법은 우리나라 해역의 대표적인 빅게임 낚시 즉 지깅, 포핑 낚시의 주대상어인 부시리, 방어를 비롯하여 바닥층에 서식하는 우럭, 광어, 능성어, 참돔 등의 다양한 어식어종을 모두 공략할 수 있는 기법이다. 이제까지 즐겨온 지깅 낚시의 기본 테크닉은 주로 메탈지그의 수직 상하운동(Horizonetalling)에 의존하는 방식인 반면, 리얼지깅 기법은 메탈지그의 수평, 사선, 수직, 캐스팅 등 다각도의 리얼한 운동 능력을 보여준다 그러므로 다소 소극적이고 단순하게 느껴질 수 있는 지깅 낚시를 능동적이고 사실감 있는 그리고 공격적인 다각도의 테크닉을 적용하여 지깅 낚시의 매력을 증가시킬 수 있다.

리얼지깅 기법은 우리나라의 여건에 맞게 선장들이 포인트에 배를 세우고 조류와 바람에 맡겨 흘리는 방식으로 테크닉을 구사할수 있도록 했다. 메탈지그

외 운동능력이 수직, 직선운동으로 반성 약 5~10m 둘레의 한정적인 핀포인트를 공략할 수밖에 없는 버티컬지깅의 단점을 넘어서서, 리얼지깅은 광범위한 구역을 능동적으로 다양하게 탐색하고 당일 현장에 걸맞는 테크닉을 찾아내 시 빠른 조과를 얻어내는 기법이라고 할 수 있다.

리얼지깅의 최종 의미는 무겁게만 사용하던 지그를 가볍게 전향하고 탐색 시간은 최대한 줄이며 장시간 낚시에도 낚시인에게 무리를 주지 않는 실용성과 편리성, 효과 위주의 지깅 낚시 기법이다.

리얼지깅용 지그

리얼지깅용 메탈지그의 구조는 일반 버티컬지깅용 메탈지그보다 길이가 매우 짧은 게 특징이라고 할 수 있다.

외형상의 특이점은 메탈지그의 무게 중심은 머리쪽이 7, 꼬리쪽이 3 정도의 비대칭 형태라는 점이다. 도래와 쇼크리더가 연결되는 머리쪽이 무거워서 프리폴링 상태에서는 머리쪽이 먼저 떨어지고, 라인을 제어하게 되면 수평침강 하게 된다. 캐스팅 후에 빠른 속도로 끌어주면 좌우 워블링이 실제 살아 움직이는 베이트피시와 흡사한 형태의 액션을 만들어 준다

부시리, 방어와 같은 회유성 어종은 평소에 아주 빠른 속도(40~80km)로 먹이 활동을 하며 장기 중에 부레가 없기 때문에 수압의 영향을 받지 않고 수심의 깊은 곳이나 낮은 곳, 수평이나 수직 상관없이 자유롭게 움직일 수 있다. 운동 능력이 매우 뛰어난 바다의 포식자이기 때문에 바다에서 살아 움직이는 작은 어종이 모두 먹잇감이라도 해도 과언이 아니다.

그래서 리얼지깅용 메탈지그의 컬러는 주로 등쪽과 몸통, 배밑 부분 등 전체

리얼지깅용 메탈지그

리얼지깅용 메탈지그 바늘

의 컬러가 실제 살아 움직이는 베이트피시인 빌치(소멸, 중멸), 고등어, 학꽁치, 숭어치어, 전갱이치어와 95% 이상 근접한 내추럴 컬러를 표현한다.

리얼지깅용 메탈지그에 사용하는 바늘노 싱글 훅을 주로 사용히며 대상어종이 능성이, 우럭, 광어, 잡돔, 농어 등과 깊은 이족을 공략할 때는 싱글훅을 머리쪽에 2개 장착하여 사용하면 미세한 입질에도 훅업 확률이 매우 높아진다.

락피시용 리얼지그는 부시리, 방어와 같은 회유성 어종보다는 주로 락피시 종류인 능성어, 우럭, 광어, 참돔 등과 같은 우리나라 지깅 낚시 대상어종 중에 일반인에게 친숙하고 먹거리로 인기가 제일 좋은 모든 대상어종을 위해 탄생한 리얼지깅용 메탈지그이다.

락피시용 리얼지그는 많은 사람이 즐겨하는 참돔 지깅용 러버지그에 장착되는 스커트와 바늘의 구조를 하고 있으며 아래 사진상에는 바늘이 일반 돔낚시용 14호 바늘로 되어 있지만 실제 완성되는 바늘은 부시리, 방어 정도의 덩치가 큰 어종이 물어도 견딜 만한 15호 정도의 바늘을 셋팅하는 게 좋다.

락피시용 리얼지그

락피시용 리얼지그

마치 인치쿠라고 하는 라이트지깅용 메탈지그와 비슷하며 눈 모양은 능성어와 광어 등의 어종에게 강한 어필을 하려는 의도로 아주 밉상처럼 장식했다. 부시리, 방어에게는 꼴뚜기, 문어치어, 오징어치어 등 연체류의 액션으로 상당한 어필능력을 과시한다.(슬로우피치, 짧고 간결한 하이피치 액션)

모든 구조와 방식을 리얼지깅의 근본적인 테크닉에 맞도록 설계했다. 침강할 때에도 때로는 스피드하게, 때로는 수평에 가까운 폴링액션이 나오도록 만들어졌다. 부드럽고 느리적거리는 릴의 핸들링으로 감아들일 때는 좌우 워블링 액션이 유지될 수 있도록 신경을 쓰다 보니 이와 같은 모양이 탄생했다.

락피시용 리얼지그

단거리 캐스팅

● 폴 & 스위밍 (Casting Falling & Swimming)_스피닝 장비활용

선상낚시에서뿐만 아니라 쇼어게임에서도 활용이 가능한 기법으로, 비교적 짧은 편인 20~50m 정도의 캐스팅 거리를 기본으로 한다. 주로 중층과 표층에 분포하는 참치, 부시리, 방어 등의 회유성 어종을 공략하기 위해 많이 활용된다.

따라서 수심이 약 40~70m라고 가정하면 바닥에서 5m 이상 10m 정도의 거리를 두고 메탈지그를 위치시키는데 리얼지깅에 사용되는 메탈지그는 보통 위와 아래의 무게 비중이 7:3인 경우가 많으므로 메탈지그를 침강시킬 때 이 구조의 특징을 잘 고려해야 한다.

포인트의 수심이 약 50m라고 가정할 경우 실전은 다음과 같다. 우선 약 30m 거리에 메탈지그를 캐스팅한 다음 스피닝릴의 베일을 닫고 메탈지그가 자연스럽게 떨어지도록 기다린다. 그 후 메탈지그가 약 10m 정도 가라앉았다 싶을 때 로드 블랭크의 탄력을 이용, 툭툭 위로 치켜드는 액션을 취해 메탈지그가 자연스럽게 좌우 워블링 동작을 연출할 수 있도록 한다. 이 로드팁 액션을 약 4~6회 정도 반복해 준 뒤 다시 메탈지그를 약 10m가량 가라앉힌다. 이 과정을 메탈지그가 수심 약 30m 지점에 도달해 라인이 수직으로 떨어질 때까지 반복한다.

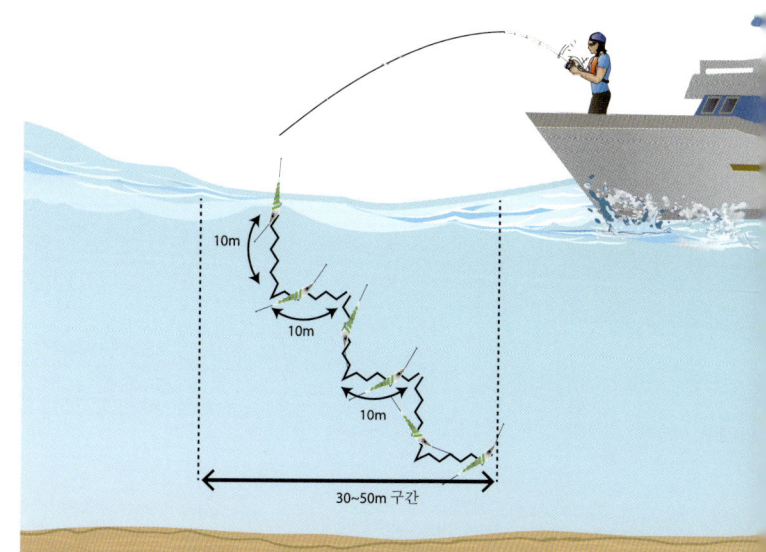

사선 공략

● 베이트릴, 스피닝릴 모두 응용 가능

낚싯배를 타고 바다로 나가보면 조류나 바람 등에 의해 의도와 달리 메탈지그가 수직으로 떨어지기 어려운 상황들이 있다. 이때는 아예 원줄이 약 40~50도의 경사를 이루며 떨어질 수 있을 정도 무게의 메탈지그를 선택하는 것이 좋다. 릴의 스풀에 적절한 저항을 주어 가며 원줄을 약 10m가량 하강시킨 뒤 로드의 팁 액션을 이용해 위아래로 살랑살랑 흔들어 준다. 이때 위아래로 흔드는 속도가 너무 빠르면 안 된다. 이후 원줄을 약 5m씩 가라앉혀 가며 로드팁 액션을 취해 준다. 원하는 위치에 메탈지그가 도착할 때까지 이 과정을 반복한다.

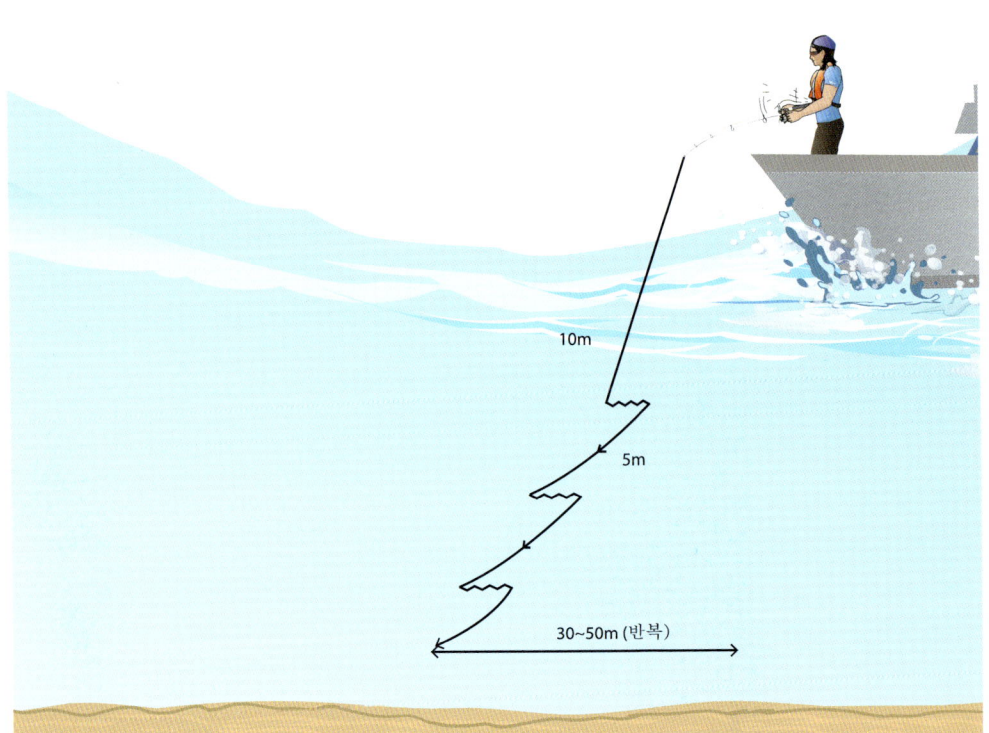

버티컬 어택

● 베이트릴, 스피닝릴 모두 응용 가능

일반적인 버티컬지깅의 기본 원리와 비슷하다. 어군탐지기를 통해 대상어의 어군이 포착되는 수심에 리얼지깅 전용 메탈지그를 내려보내 집중적으로 공략함으로써 대상어의 리액션을 빠르게 이끌어 낼 수 있는 것이 장점이다.

수심이 약 80m인 지역에서 어군탐지기에 스쿨링이 포착된 지점이 약 수심 50m 지역이라고 가정을 해 보자. 우선 메탈지그를 끝까지 내려서 바닥을 찍은 다음 약 30m를 감아올린다. 그 상태에서 로드의 팁 액션만으로 빠른 템포로 스피드하게 메탈지그를 약 30회 정도 상하로 흔들어준 후 릴의 핸들을 약 3회 정도 감고 다시 로드 팁 액션을 30회 정도 반복한다. 어군 밀집도가 높은 대상 수심층을 기준으로 약 20m가량을 상하로 탐색한다는 느낌으로 이 액션을 반복하는 것이 좋다.

캐스팅 & 드래깅

● 스피닝릴(5000~8000번 하이기어) 사용

A) 최대 비거리로 캐스팅한 후 메탈지그를 표층에서부터 약 20m 정도 가라앉힌다. 로드의 끝을 최대한 밑으로 내린 다음 캐스팅 방향의 측면으로 몸을 돌린 후 로드를 옆으로 1.5m가량 지긋이 끌어준다. 메탈지그가 아래로 가라앉는 시간을 최대한 줄여서 스피닝릴의 손잡이를 약 3바퀴 감은 후 다시 약 1.5m 구간을 지긋이 끌어주는 동작을 반복한다. 이때 릴의 손잡이를 감고 난 후 로드의 끝을 다시 메탈지그를 캐스팅한 방향으로 1.5m가량 되돌려 원점에서 다시 시작한다는 느낌으로 동작을 반복하는 것이 좋다.

B) 메탈지그를 최대한 멀리 캐스팅해서 어군탐지기에서 포착된 대상어가 있는 수심층까지 카운트다운으로 가라앉힌다. 그런 다음 로드의 끝을 최대한 아래로 내리고 릴의 손잡이를 2회 정도 감은 후 메탈지그를 약 1.5m 정도 옆으로 끌어 준다. 이 동작을 메탈지그가 배에 가까이 접근할 때까지 지속적으로 반복한다.

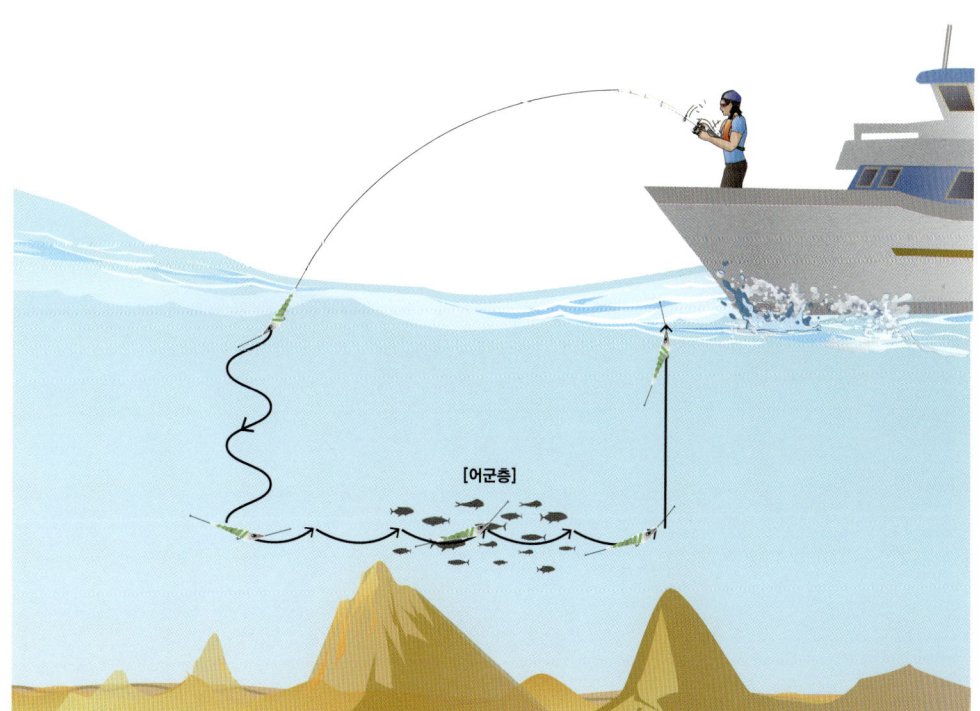

PART 4
빅게임 캐스팅 낚시

1 빅게임 캐스팅 낚시

인조 미끼인 루어나 생미끼를 단 채비를 던져 대상어를 잡는 낚시의 장르를 통틀어 캐스팅 낚시라고 한다. 여기서는 생미끼를 사용하지 않고 루어만을 사용하는 빅게임 캐스팅 낚시를 이야기하고자 한다.

루어에 현혹되는 어종들은 대개 작은 물고기를 먹이로 삼는 어식어들이다. 따라서 대상어들의 공격 본능을 자극할 수 있도록 공략 대상에 따라 알맞은 루어를 선택하는 것이 중요하다.

캐스팅 낚시의 유래에 대한 정확한 기록은 없으나 대체로 중세 유럽에서 시작된 것으로 알려져 있다. 캐스팅 낚시가 전 세계적으로 널리 퍼져나가고 장르가 세분화되기 시작한 것은 비교적 최근의 일인데 이는 다양한 소재와 특성을 지닌 루어와 로드 등의 개발과 연관이 있다. 루어를 비롯하여 로드 등 관련 장비들의 발전은 캐스팅 낚시로 대형 어종을 노리는 빅게임 낚시를 탄생시키기에 이르렀다.

루어

캐스팅 낚시에서 가장 많이 사용되는 루어는 단연 펜슬이고, 그중에서도 싱킹 타입의 사용 빈도가 제일 높은 편이다. 먼 거리를 캐스팅하기 위해서는 루어의 부피가 작고 무거울수록 유리한데 싱킹 타입의 펜슬이 이러한 조건을 만족시키기 때문이다.

싱킹 타입이라고 해서 반드시 물속에 가라앉혀 사용해야 하는 것은 아니다. 릴의 핸들을 빠르게 감아들이는 등의 액션을 활용하면 싱킹 타입의 펜슬도 플로팅 타입의 펜슬처럼 물 위에 띄워서 운용할 수 있다.

플로팅 타입의 펜슬은 파도의 높이가 높을 경우 물의 표면에서 안정적인 액션을 취하기가 힘들다. 빠른 속도의 리트리브에 루어가 물 위에서 튕겨지듯 날아오르기 때문에 입질을 유도하기가 쉽지 않기 때문이다.

반면 포퍼는 펜슬과는 반대되는 타입의 루어다. 포퍼는 싱킹 타입이 없고 모두 플로팅 타입이기 때문에 물이 잔잔한 날에 활용하면 대형어종을 노려볼 수 있는 루어다. 그러나 물이 잔잔한 날만 낚시를 할 수는 없으니 전반적으로 보자면 펜슬에 비해 활용도가 떨어지는 편이다.

포퍼

포퍼는 수면에서만 움직이는 톱워터 루어의 일종이다. 주둥이 부분이 컵처럼 움푹 패여 있어 로드를 당기면 물의 저항으로 인해 수면에 강한 음파와 기포를 발생시키는 것이 특징이다. 이름처럼 '폭, 폭' 거리는 소리를 내며 수면에 물살을 튀겨주므로 흐린 날씨에 사용하기 좋은 루어다. 수면에 떠 있는 먹이를 노리는 회유성 어종을 공략할 때 사용하면 특히 효과적이다.

빅마우스 타입의 대형 포퍼는 주로 해외에서 GT(자이언트 트레발리)를 노릴 때 많이 이용되었는데 국내에서는 2003년경부터 부시리, 방어 등을 상대로 가능성을 확인받고 널리 사용되기 시작했다.

포퍼는 특정 어종을 공략하기 위해 만들어진 것이 아니라 스릴을 만끽하고 싶어 하는 낚시인들의 기호를 만족시키기 위해 개발된 루어이다. 호기심이 강하고 공격적인 포식자의 본능을 자극하는 혁신적인 발상의 루어라고 할 수 있다.

포퍼가 만들어내는 소음이 대상어를 쫓아버리지는 않을까 생각할 수도 있겠지만 오히려 대형 대상어종들에게는 그 소리가 먹잇감이 내는 유혹적인 소리로 들릴 테니 걱정할 필요가 없다.

해외 원정에서 GT를 노릴 때에는 주로 100~250g 정도 무게의 빅마우스나 롱펜, 펜슬 등의 포퍼를 주로 사용하며 국내에서 부시리나 방어 등을 대상어로 할 때는 40~130g 정도 무게의 미노우나 펜슬 형태의 포퍼를 주로 사용하는 편이다.

부시리, 방어 포핑용으로는 앞쪽의 마우스 부분이 크지 않은 타입의 포퍼를 추천한다. 마우스가 크면 리트리브 시 수면에서의 저항이 커서 파이팅이 장시간 이어지게 되면 몸에 상당한 무리가 오기 때문이다. 포퍼는 보통 파도가 높은 날보다 잔잔한 날 사용하는 것이 더 효과적이다.

포퍼

펜슬베이트

펜슬베이트는 이름 그대로 연필처럼 단순한 막대 모양을 한 톱워터 플러그로, 포퍼와 마찬가지로 수면에서 움직이는 플로팅 타입과 물속으로 가라앉는 싱킹 타입 두 가지가 있다.

다른 플러그에 비해 소음이나 물보라가 적은 편이다. 그냥 두면 수면에 뜬 채로 가만히 있거나 가라앉아 버리므로 다양한 움직임을 연출하기 위해서는 약간의 기술이 필요하다.

릴링을 하면서 로드를 당기면 마치 수면에서 작은 물고기가 버둥거리는 것처럼 보이기 때문에 부시리나 방어, 농어, 가다랑어, 만새기 등 소형 어류를 먹이로 삼는 어종들을 공략하기 좋다.

펜슬을 사용할 때는 캐스팅 비거리 외에도 신경 써야 할 것이 많다. 높은 파도와 조류의 영향 등을 이겨내고 어떠한 상황에서도 안정적인 액션을 취할 수 있으려면 본인이 직접 몸으로 체험하며 경험을 쌓는 것도 중요하지만 그러한 노하우를 잘 살려 만들어진 펜슬과 포퍼를 적절히 활용하는 것도 실패 확률을 낮출 수 있는 방법이다.

 펜슬 타입의 루어는 파도가 높은 날이나 파도가 잔잔하고 화창한 날 모두 효율적이다. 파도가 높을 때는 비늘 모양이나 프리즘 타입의 홀로그램을 입힌 지그가, 일조량이 많고 파도가 잔잔한 날에는 밀러 타입이나 민무늬의 단순한 실버지그가 효과가 좋다.

포퍼든 펜슬이든 값이 싸다고 덜컥 구매부터 하고 보는 것은 금물이다. 얼핏 단순한 구조인 듯 보여 무슨 차이가 있을까 싶겠지만 다양한 액션이 가능하도록 설계하려면 전문가의 경험과 노하우가 가미되지 않고서는 힘들기 때문이다. 따라서 포퍼와 펜슬 등의 메탈지그에는 설계와 디자인을 담당한 개발자의 의도가 담겨 있기 마련이므로 선택의 기준은 가격이 아니라 개발자가 얼마나 실전 경험이 풍부한 전문가인가 하는 점이 되어야 한다.

특히 펜슬은 사용자의 액션 연출이 부자연스러울 경우 부시리, 방어가 쫓아올지는 몰라도 바이트로 연결되기가 쉽지 않으므로 제작자의 의도를 잘 읽고 그에 맞는 액션을 연출할 수 있어야 한다.

또 우리 해역에 서식하는 베이트피시를 잘 표현한 제품은 어떤 것들이 있는지 등 우리나라 실정에 맞는 포퍼나 펜슬을 잘 선별해서 선택해야 한다는 사실도 잊지 말아야 한다.

펜슬베이트

기본장비

릴

해외에서 GT나 참치를 공략하려면 S사의 스피닝릴 기준으로 10,000~20,000번 사이의 릴을 사용하는 것이 좋다. 이는 스풀에 감기는 PE라인(8~12호)의 권사량을 감안한 선택이다. 국내에서 부시리나 방어 등을 겨냥한다면 6,000~10,000번 사이의 릴 정도면 충분하다. 필요 이상으로 큰 릴을 사용하게 되면 오히려 낚시가 더 힘들어질 수 있고 장시간 파이팅이 이어진다면 어깨 부상을 초래할 수도 있다. 드랙 역시 10kg 전후의 파워 정도면 만족스러운 결과를 기대할 수 있다.

캐스팅(포핑) 전용 릴을 찾는다면 HG 혹은 XG(엑스트라 하드 기어) 타입을, 지깅 전용 릴을 원한다면 PG(파워기어) 타입을 사용하는 것이 좋다.

로드

80~200g 정도의 포퍼를 캐스팅하기 위해서는 7~10ft(약 210~330cm) 정도의 GT 전용 포핑 로드가 필요하다. 하지만 국내에서 GT 전용 포핑 로드를 사용해 부시리나 방어를 포핑하기에는 다소 무리가 있으므로 대신 60~100g 정도의 포퍼를 무난하게 사용할 수 있는 로드를 선택하는 것이 좋다.

국내에서 부시리, 방어 등을 대상어로 한 포핑 낚시를 주로 하고자 한다면 해외에서 참치나 GT 포핑을 목적으로 개발된 로드 대신 전문가의 경험을 바탕으로 약 60~130g 정도의 포퍼나 펜슬을 캐스팅하기에 적합하도록 설계된 캐스팅 전용 로드를 선택하는 것이 좋다.

물론 국내에서 사용할 봉돌이라 하더라도 해외 원정에서 50kg 미만의 참치를 랜딩하는 데 무리가 없는 정도의 로드여야 한다.

라인

PE라인은 각 회사별로 호수에 따른 인장 강도에 차이가 있을 수 있으므로 이를 정확하게 파악한 후 선택해야 한다. 국내에서 포핑을 한다면 원줄은 PE라인 4~8호, 쇼크리더는 80~100lb 정도가 알맞다. 해외 원정 GT 포핑에서는 PE라인 8~12호 정도를 원줄로 사용하고 쇼크리더는 100~220lb 정도를 준비하는 것이 좋다.

캐스팅의 장르

2

포핑 낚시

겨울이 지나고 봄꽃들이 꽃망울을 터뜨리기 시작할 무렵이면 바람도 북서풍 대신 남동풍이나 남서풍으로 바뀌어 간다. 이때쯤이면 차가운 표층수를 피해 깊은 물속을 유영하던 부시리나 방어 등의 회유성 어종들도 서서히 수면 가까이로 몰려들기 시작한다.

이 시기에 낚시를 한다면 메탈지그는 무거운 것보다 가벼운 것이 좋고 또 기왕이면 메탈지그보다는 물에 뜨는 포퍼나 펜슬 계열의 루어를 사용하는 것이 효과적이다.

그러므로 초봄 무렵에 출조를 나갈 때는 항상 톱워터 계열의 포퍼와 펜슬 그리고 이들을 활용해 캐스팅이 가능한 로드 등을 챙기는 것이 좋다.

포핑 낚시가 7~8월 사이의 무더운 여름에만 가능하다고 생각하는 사람들이 간혹 있다. 하지만 이는 편견이다. 미끼가 되는 어류들의 활동이 여름에만 있는 것은 아니기 때문이다. 베이트피시들의 분포도와 활성도는 사계절 내내 수시로 급변하고 심지어 한겨울 추위 속에서도 갈매기 떼의 움직임을 잘 관찰해 보면 표층에서 먹이활동(boil)을 활발히 하는 베이트피시들을 쉽게 찾아볼 수 있다. 따라서 갈매기가 몰려든 곳에는 방어 떼도 먹이를 찾아든 경우가 많다. 결국 포핑 낚시는 사계절 언제나 가능하다는 뜻이다.

이 계절에 남녘의 바다에서는 학꽁치가 제철이다. 방파제 등의 연안에서 20cm 이상 되는 학꽁치들을 흔하게 볼 수 있다. 학꽁치가 이렇게 많이 보인다는 것은 학꽁치를 먹이로 삼는 부시리나 방어 역시 우리 해역에 많이 들어와 있다는 뜻과 같다. 4월 말이 되면 동해 중부와 서해 중남부 일대의 원도권에 미터급이 넘는 대형 부시리, 방어가 포진하기 시작한다.

루어 낚시에는 나름의 철칙이 있다.

"Big Bait Big One"

큰 미끼에 큰 놈이 걸려든다는 뜻이다. 이 철칙을 항상 기억하고 있다가 부시리나 방어저럼 입이 작은 대상어에게 큰 사이즈의 포퍼를 사용하는 것이 부담스럽다고 느껴질 때 되새겨볼 필요가 있다. 대상어에 비해 포퍼가 커서 부담스럽다고 느껴지는 것은 사람의 편견일 뿐 대상어의 반응은 예상과 다른 경우가 많다. 부담스러워하기는커녕 심지어 자기 몸통보다 큰 루어를 덥석 물고 올라오는 녀석들도 허다하기 때문이다. 따라서 포핑 낚시에 한 발 더 다가서기 위해서는 이러한 편견은 일찌감치 떨쳐버리는 것이 좋다.

이는 필자가 빅게임 낚시에 입문하는 분들에게 가장 먼저 들려주는 말과도 일맥상통한다. 빅게임 낚시의 재미를 느껴보고 싶다면 루어나 지그의 크기에 대한 부담을 떨치고 적극적이고 능동적인 태도로 과감한 시도를 해 보는 것이 무엇보다 중요하다.

대상어의 활성도가 상승해 있는 정오 무렵에는 30~40cm 길이의 롱펜 계열이나 20~25cm 정도 되는 스몰마우스 계열을 활용해 보는 것이 좋다. 색상은 옐

로우와 핑크가 혼합된 계열이나 옐로우와 레드가 섞여 있는 것이 효과가 좋다.

파도가 없고 잔잔한 날씨라면 빅마우스 타입이나 프로펠러가 달린 프롭베이트, 스위셔 등을 추천한다. 파도가 적당히 치는 날이라면 빠른 반응을 보이는 펜슬 계열의 루어가 좋은데, 펜슬은 대체로 모든 상황에 무난하게 대처할 수 있기 때문이다.

또 마우스 타입의 포퍼가 없을 경우에는 플로팅 타입의 펜슬로도 포퍼처럼 수면에서 발파음을 내거나 크레이지 액션 등을 구사할 수 있는 등 활용 범위가 넓기 때문에 캐스팅에서는 펜슬이 가장 많이 애용될 수밖에 없다.

싱킹 타입의 펜슬은 맞바람이 불 경우 캐스팅 비거리에 이득을 볼 수 있고, 기본적으로 물에 빨리 가라앉기는 하지만 재빨리 끌어주면 수면에서 움직이는 플로팅 타입 같은 효과도 볼 수 있다. 따라서 싱킹 타입 펜슬의 적극적인 활용 또한 필자가 매우 권장하는 테크닉 중 하나이다.

톱워터 루어는 40~180g 정도의 무게가 적당하다. 그러나 대상어들이 보트의 엔진 소음과 움직임에 예민하게 반응한다면 배와 포인트 사이의 거리를 적당히 벌리는 것이 좋기 때문에 130~180g 정도로 약간 무게가 있는 포퍼를 사용해 멀리 캐스팅을 해야 한다. 하지만 대상어가 활성도도 높고 광범위한 지역에 분포되어 있는 시기라면 40~90g 정도 되는 가벼운 포퍼를 사용해도 충분하다. 반대로 대상어의 활성도가 떨어지고 매우 민감하게 반응하는 시기에도 역시 작은 크기의 포퍼와 펜슬을 사용하는 것이 좋다.

국내에서 부시리와 방어 등을 대상어로 하여 포핑 낚시를 할 목적이라면 원줄로는 PE라인 6~8호, 쇼크리더는 90lb(2.5cm) 정도, 포퍼와 펜슬에 사용할 트리플훅은 2/0~3/0 정도의 가벼운 것으로 준비하면 충분하다.

한 가지 덧붙이자면 트리플훅을 사용할 때 바늘의 강도에만 신경 쓰다보면 자칫 바늘의 무게를 간과하게 되는 수가 있다. 지나치게 무거운 바늘을 사용하게 되면 펜슬과 포퍼의 액션을 저해하는 요소로 작용할 수 있으므로 가급적이면 비중이 가벼운 훅을 사용하는 것이 좋다.

부시리 포핑 낚시 캐스팅(포핑)용 쇼크리더

PE라인과 쇼크리더는 궁합이 중요하다. 지깅 낚시를 할 때는 보통 10m 정도로 쇼크리더를 길게 연결하기 때문에 원줄에 비해 쇼크리더의 굵기가 굵거나 혹은 반대로 원줄에 비해 쇼크리더의 굵기가 가늘어서 다소 밸런스가 맞지 않는다 하더라도 연결 부위가 터지는 현상이 덜한 편이다. 그러나 캐스팅(포핑) 낚시를 할 때는 캐스팅 전용 로드의 길이를 기준으로 하여 약 2m 전후로 비교적 짧게 쇼크리더를 연결하는 편이기 때문에 원줄인 PE라인의 굵기와 쇼크리더의 굵기를 비슷하게 맞추어 연결해야만 매듭 부위가 터지는 사고를 예방할 수 있다.

한 가지 명심해야 할 것은 특별한 이유가 없는 한 쇼크리더는 반드시 나일론 소재를 사용해야한다는 점이다.

PE 원줄과 쇼크리더의 적정 조합(캐스팅/포핑 낚시)

PE 원줄	권장 쇼크리더 강도	소재
4호	50lb	나일론(NYLON)
5호	60lb	"
6호	70lb	"
8호	90lb	"

※낚시인의 테크닉 혹은 대상어에 따라 쇼크리더의 강도를 한 단계 윗강도의 사용도 가능하다. 쇼크리더의 강도를 높일수록 릴의 드랙을 조금씩 풀어서 대상어를 히트했을 경우 본인의 능동적인 대처가 필요하다.

부시리 포핑 낚시 해역별 시즌

국내에서 부시리, 방어 포핑 낚시가 가능한 포인트는 남해, 동해, 제주도권을 비롯해 서해까지 사실상 국내 전 해역이라고 할 수 있다. 지역에 따라 시즌에 약간씩 차이를 보일 수는 있으나 제주도를 제외한 나머지 지역의 시즌은 대체로 4월 중순부터 11월 초순까지로 볼 수 있다.

활성도가 저조한 상태의 부시리, 방어는 펜슬을 쫓아오기는 하는데 덥석 물지 않는 경우가 많다. 그런 경우에는 트리플훅보다 싱글훅을 사용하는 것이 보다 효과적이다. 필자는 싱글훅을 뒤쪽 고리에 한 개만 달거나 앞쪽 고리에 두 개 장착하는 방식을 추천한다.

동해의 대표적인 선상 포핑 낚시 포인트는 후포 앞바다의 왕돌초 주변 해역과 울산, 포항 근해, 8월 말부터 11월까지는 동해 중부 속초 앞바다까지 다양하게 나타난다. 남해는 부산, 거제, 여수, 통영, 여서도, 사수도 부근 해역에 4월 초순부터 11월까지 부시리, 방어가 왕성하게 출몰하여 포핑 낚시의 시즌을 형성한다.

서해는 남쪽의 가거도와 만재도를 시작으로 태도, 홍도, 흑산도, 군산권, 어청도, 외연도 근해까지 5월 말부터 9월까지 선상 낚시 혹은 갯바위 포핑 낚시의 시즌이 활성화된다.

제주도는 본섬 주변과 관탈, 추자도 근해에서 5월부터 시즌이 시작되어 12월까지 포핑 낚시로 대형 부시리와 방어를 만날 수 있다.

포핑 낚시 원줄과 리더의 굵기

서해와 동해 왕돌초처럼 수심이 낮고 '여'가 발달하고 바닥지형이 들쭉날쭉 거친 지형에서는 한 지역에서는 PE라인 6~8호 정도의 원줄에 90~160lb 정도의 쇼크리더를 기본으로 하되 사용할 포퍼의 무게를 감안해서 최종적으로 조정을 하면 된다.

130~250g 정도의 포퍼를 사용할 예정이라면 8~10호 정도의 PE라인에 100~220lb정도의 쇼크리더면 적절하고, 30~90g 정도의 가벼운 포퍼를 써야 할 상황이면 4~6호 정도의 PE라인에 30~80lb의 나일론 쇼크리더를 준비하는 것이 좋다.

포핑 낚시 액션

❶ 쇼트 포핑(싱킹 펜슬, 입작은 포퍼)

캐스팅 직후 수면에 닿자마자 아주 빠른 속도로 릴의 핸들을 감아들이며 로드를 앞뒤로 흔들어주면 마치 플로팅 타입의 펜슬처럼 연출할 수도 있고, 포퍼는 작은 파장을 자주 지속적으로 낼 수 있는 장점이 있다.

❷ 빅 포핑(빅마우스(big mouth) 포퍼, 플로팅 타입 펜슬)

캐스팅 직후 물의 파장이 가라앉은 다음 로드의 끝부분이 밑으로 향하도록 해서 릴의 핸들을 3회 감아 들이고 로드를 아래로 강하게 당겨주면 펜슬의 경우 수면 밑으로 파고들면서 물에 파열음을 일으킴과 동시에 스위밍 동작을 연출한다. 이 소리와 동작이 부시리와 방어가 펜슬을 살아 움직이는 베이트피시로

❶ 쇼트 포핑(싱킹 펜슬, 입 작은 포퍼)

낚싯대를 단속적으로 조금씩 챔질 하며 릴링

차각하게 만드는 역할을 하며, 포퍼는 큰 파장을 만들게 한다.

❷ 빅 포핑(빅마우스(big mouth) 포퍼, 플로팅 타입 펜슬)

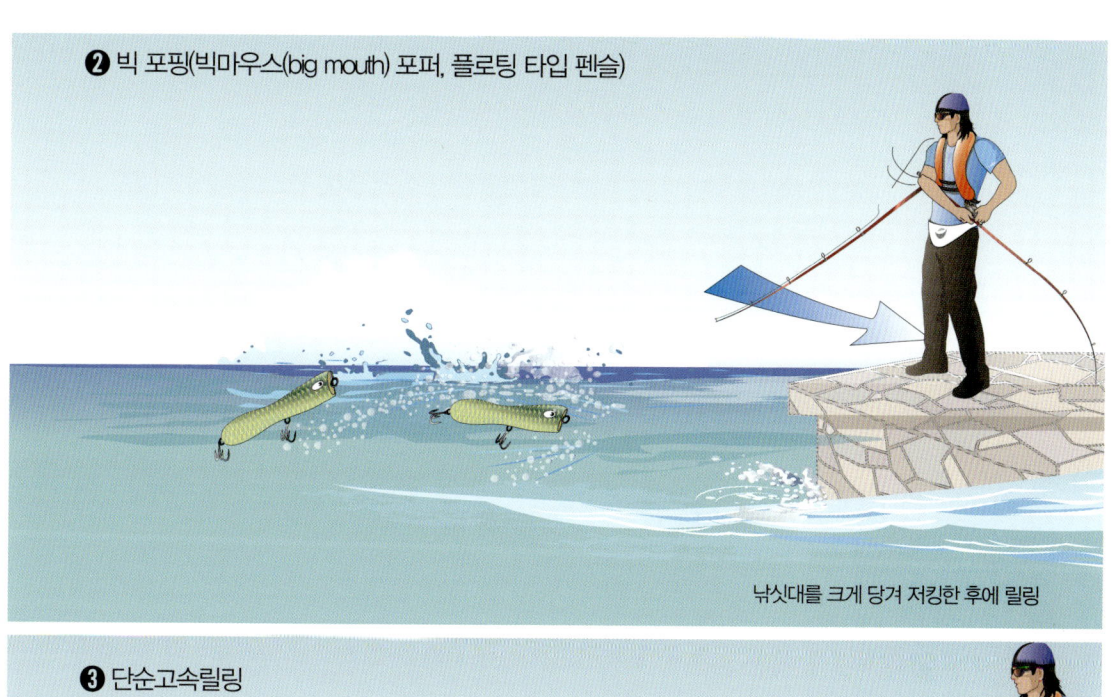

낚싯대를 크게 당겨 저킹한 후에 릴링

❸ 단순고속릴링

스프래쉬

고속릴링

쇼어게임

쇼어게임은 방파제나 갯바위 등 해안에서 멀리 캐스팅한 후 지그를 움직여서 대상어를 공략하는 지깅 낚시의 장르로 쇼어지깅이라고도 한다. 원하는 수심층으로 지그를 정확히 던져 넣는 캐스팅이 공략의 핵심이며 로드에 액션을 주어 지그의 자연스러운 움직임을 연출하는 것 또한 중요하다.

쇼어게임에서는 원투하기 좋은 80~200g 이하의 지그를 주로 사용한다. 따라서 제대로 즐기고 싶다면 길고 튼튼한 캐스팅용 로드를 갖추는 것이 좋은데 쇼어 캐스팅 전용으로는 주로 9~11ft 사이의 로드를 많이 사용한다.

갯바위 쇼어지깅

배를 타고 바다로 나가면 빠른 시간 안에 다양한 포인트를 탐색할 수 있다는 것이 장점이다. 반면 한 물때에 약 4시간 정도밖에 여유가 없다는 제약이 있으므로 폭넓은 탐색이 힘들다는 단점도 있다. 게다가 선상 낚시에 익숙하지 않은 초심자들은 흔들리는 배 위에서 중심을 잡고 정확하게 캐스팅까지 한다는 것이 쉽지가 않다. 따라서 포인트에 제대로 접근을 했다 해도 제대로 조과를 올리지 못하는 경우가 허다하다.

반면 갯바위에서는 긴 시간 동안 물때를 자세하게 탐색할 수도 있고 발을 땅에 딛고 있으므로 안정된 자세로 낚시를 할 수 있어 빅게임 낚시에 익숙하지 않은 낚시인들도 어렵지 않게 즐길 수 있다. 따라서 초심자들은 처음부터 욕심을 부려 무리하게 배를 타려고 하지 말고 쇼어지깅부터 시작하는 것이 좋다. 어지간한 갯바위는 모두 저렴한 도선 요금만 지불하면 찾아갈 수 있으니 장비 절감 면에서도 귀찮할 만하다. 게다가 상황을 잘 맞추면 대형어종은 물론이고 농어, 광어, 볼락 등 다양한 어종을 대상으로 루어 낚시도 함께 즐길 수 있다.

쇼어게임과 캐스팅 액션

● 일직선형(라이너성) 캐스팅

쇼어지깅에 쓰이는 메탈지그는 무게는 무겁지만 크기는 비교적 작은 편에 속하는 루어이기 때문에 캐스팅하기가 쉬운 편이다. 바람의 영향도 잘 받지 않을뿐더러 비거리가 길어서 멀리까지 날아간다. 하지만 또 무게 때문에 물속으로 가라앉는 속도가 빠른 편이므로 지그가 착수하면 곧바로 릴링을 할 수 있도록 미리 연습을 해 두어야 한다. 라인이 지나치게 풀려나가지 않도록 주의하는 것도 잊지 말아야 한다.

캐스팅을 할 때는 큰 포물선을 그리는 대신 일직선으로 던져야 하는데, 이때 페더링(Feathering)으로 라인이 과다하게 풀려나가지 않도록 제어를 잘 해야 한다. 로드의 탄성과 손목의 스냅을 이용하면서 어깨와 허리를 유연하게 움직여야 한다. 이러한 액션은 버티컬지깅에서 쓰는 베벨저크의 응용이라고 생각하면 이해가 쉬울 것이다. 지그를 바닥까지 내리지 않는다는 차이가 있을 뿐 나머지는 거의 흡사하기 때문이다.

쇼어지깅에서는 주로 회유어를 대상으로 하기 때문에 쉴 새 없는 빠른 릴링으로 대상어를 유혹하는 스킬이 필요하다. 저크앤 저크와 고속페달 릴링을 많이 사용한다. (액션은 292쪽 참조)

추자도 갯바위 쇼어게임

남서해권 최고의 어장, 추자도

낚시인의 입장에서 추자도를 표현하자면 한마디로 천혜의 군도라고 할 수 있다. 우리나라에는 낚시를 즐기기 좋은 도서 지역이 많이 있지만 그중에서도 특히 무인도가 비교적 해안에서 가까운 곳에 밀집되어 있는 추자도 권역은 밀물과 썰물의 조고 편차를 확실하게 느낄 수 있는 지역이며 이로 인해 바다의 다양한 환경을 체험할 수 있는 지역이기도 하다.

특히 가을이면 회유성 어종인 부시리, 방어, 농어 외에도 참돔, 감성돔, 돌돔 등의 다양한 대상어들을 만날 수 있는 것은 물론이고 늦가을에 백조기(굴비)의 풍어 소식까지 더해지면 그야말로 남서해권 최고의 어장이라고 할 수 있다.

추자도의 부시리와 방어 낚시

위치상으로 볼 때 추자도 근해는 일 년 내내 부시리, 방어의 시깅이나 캐스팅 낚시가 가능할 것 같아 보이지만 실제로는 수심 20m 전후의 낮은 수중 지형이라서 급한 조류의 영향을 직접적으로 받기 때문에 그렇지가 않다. 절명을 제외하고는 7월 초순경부터 부시리, 방어의 유입이 시작되고 9월 말에 절정을 이룬다. 11월 말경에 이르면 점차 수심이 깊은 물골을 끼고 있는 절명, 관탈 사수도, 제주 본섬 주변으로 어군이 분산된다.

필자는 매년 〈샤크〉 프로그램 촬영을 위해 조금 이른 시즌인 8월 말 경에 이곳을 찾곤 하는데, 이는 시즌이 절정에 이르기 전 미리 방송을 내보내 낚시인들에게 조금이나마 도움이 되고자 하는 이유에서이다.

4물에서 11물 정도의 사리물때 전후라면 추자도의 어느 갯바위에서든지 손맛을 볼 수가 있다. 특히 7물에서 9물때 사이의 중썰물 이후에 갯바위에 도착한다면 미터급 이상의 대물 부시리, 방어의 손맛을 느낄 수 있을 확률이 매우 높다.

가을철 부시리와 방어의 미끼

8월 말경부터 부시리, 방어가 주로 쫓는 미끼는 갈치와 학꽁치다. 회유성 어종의 회유 시기와 코스는 먹잇감의 그것과 일치하는데, 이 시기가 바로 갈치와 학꽁치가 추자도 인근에 줄몰하는 때이다.

일명 풀치라고도 불리는 갈치의 치어는 부시리, 방어가 가장 좋아하는 먹잇감으로, 지깅 낚시에 사용되는 슬림형 롱지그는 바로 이 갈치의 외형을 본따서 만들어졌다. 가을철에 지깅 낚시를 즐기고자 한다면 갈치를 닮은 롱지그는 필수라고 할 수 있다.

플로팅 타입의 펜슬과 미노우는 몸통에 밀러 타입의 홀로그램을 사용한 것이

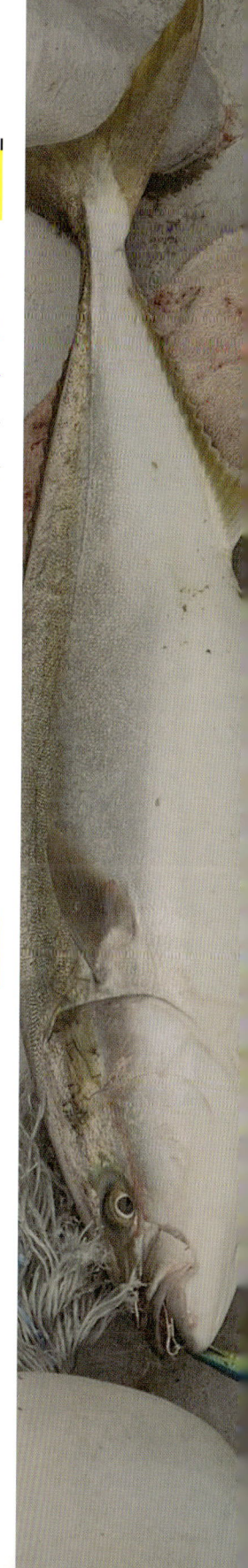

좋다. 컬러는 갈치의 몸통 색깔과 유사한 실버나 크롬 도금이 된 제품이 좋은데 특히 플로팅 타입의 펜슬을 사용할 경우 크롬 컬러가 매우 효과적이다.

부시리-갯바위 쇼어게임 VS 선상 낚시

추자도 인근에서 낚시를 즐기기에 어떤 방법이 더 적당할까. 물론 최상의 시나리오는 배를 대여해 물때에 맞춰 이곳저곳 옮겨 다니며 적당한 포인트를 탐색하는 것이다. 하지만 배를 빌리는 데는 비용이 만만치 않게 든다. 선비 경감을 위해 6명 이상이 단체로 배를 빌리는 경우도 많이 있지만 인원을 맞추는 일도 번거롭고 또 대부분의 배들은 4명 정도가 낚시를 하기에 적당하기 때문에 그 이상의 인원이 승선하게 되면 불편함이 따를 수밖에 없다.

이런 상황들을 고려한다면 갯바위 포인트에 내려서 물때 시간을 최대한 활용할 수 있는 쇼어게임 방식이 상대적으로 더 유리하다고 생각된다. 혼자, 혹은 두 명이 함께 할 수 있는 쇼어게임은 약 50,000원 정도의 도선 요금과 간단한 간식거리 정도만 챙기면 충분히 즐길 수 있기 때문에 경비 부담도 상대적으로 덜한 편이고 조용한 곳에서 한적하게 낚시를 즐길 수 있다는 것도 장점이다. 대물을 만날 확률 또한 매우 높은 편이다.

효과적인 루어 선택

추자도 인근에서는 캐스팅 비거리가 중요하다. 따라서 40~110g 사이의 펜슬을 활용하는 것이 좋은데 특히 캐스팅 전용 로드(포핑 로드)와 펜슬과의 무게 밸런스가 매우 중요하기 때문에 릴과 로드, 펜슬의 무게와 원줄의 호수 등을 경험자의 조언을 바탕으로 세팅하는 것이 바람직하다.

펜슬은 미노우 호로그램이 실버 계열이나 기뷰 느뉴위 계열을 필수도 준비해야 한다. 갯바위에서 맞바람이 불어 캐스팅 시에 영향을 받을 경우를 대비해 몸통이 작은 60g, 80g, 110g 정도의 싱킹 타입 펜슬 또한 꼭 챙겨야 한다.

펜슬은 하루 낚시를 기준으로 싱킹 타입 5개, 플로팅 타입 5개 등 최소 10개 정도는 준비하는 것이 바람직하다.

원줄과 쇼크리더

캐스팅 전용 스피닝릴은 8000HG나 14000XG와 같이 릴의 기어비가 아주 빠른 편인 제품을 준비하는 편이 좋다. 원줄은 8000HG 기준 PE 4호나 14000XG 기준 PE 5호, 쇼크리더는 80~100lb 사이의 나일론 제품을 택해 로드 길이를 고려, 약 1.5~2m 내외로 연결하면 무난하다.

PART 5
빅게임 낚시의 기술

매듭법

1

로드와 메탈지그, 원줄, 쇼크리더 등을 다 챙겼다면 이제 남은 것은 매듭법이다. 라인과 훅, 원줄과 쇼크리더, 라인과 스냅 도래 등을 연결하는 매듭법은 실전에 나서기 위한 마지막 준비라고 할 수 있다. 매듭이야 라인을 몇 번 꼬아서 단단하게 묶으면 되는 것인데 뭘 따로 익히기까지 해야 하나 싶을 수도 있다. 그러나 제대로 묶이지 않은 매듭은 실전에서 생각보다 쉽게 터지거나 풀어진다. 이 때문에 다 잡은 고기를 마지막 순간에 놓칠 수도 있다는 뜻이다. 따라서 매듭법은 낚시인이 기본적으로 익혀야 할 필수적인 스킬이라고 할 수 있다.

매듭법을 익히는 것은 생각보다 쉽지 않다. 오직 연습을 거듭하는 것만이 답이다. 처음에는 다소 어렵게 느껴지겠지만 피해갈 수 없는 과정이므로 연습을 통해 익숙해져야한다.

여기에 소개하는 매듭법들은 모두 지깅 낚시를 위해 필수적으로 익혀두어야 하는 것들이니 자투리 라인 등을 이용해 틈이 날 때마다 연습을 해보기 바란다.

다양한 매듭법을 많이 알고 있는 것보다는 한두 가지라도 정확히 알고 사용하는 것이 더 중요하다. 또 대형 어종을 상대하는 빅게임 낚시에서는 매듭을 지은 후 강하게 당겨서 최종적으로 확실하게 강도 테스트를 해 본 다음 본 게임에 나서도록 해야 한다.

훅 묶음법

어시스트훅 현장매듭 1

이 매듭법은 현장에서 급하게 사용하기 편리한 것이 장점인데, 마무리는 투박하지만 매듭의 강도는 매우 우수하다.

① 어시스트 전용 라인을 30cm 정도 준비한 후 12cm 정도 되는 곳을 접어 매듭을 한 번 짓는다.

② 매듭을 적당히 조여준 후 고리 속에 손가락을 넣어 다시 한 번 강하게 당겨 조인다.

③ 자투리 라인을 정리한 후 고리를 바늘 귀에 밀어넣는다.

④ 바늘을 바늘 귀 사이로 빠져나온 고리 안으로 통과시킨다.

지깅 낚시를 준비한다면 이 묶음법을 필수적으로 익혀두어야 한다. 지깅용 어시스트훅을 사전에 미리 준비하지 못했을 경우 태클 박스 안에 준비된 어시스트 라인과 바늘을 활용해 현장에서 대처가 가능하기 때문이다.

이 매듭법은 비교적 쉬운 편이라 매듭을 짓는 데 걸리는 시간이 짧다. 라인은 어시스트 전용을 사용하는 것이 좋으며 뻣뻣한 것보다는 부드러운 소재가 다루기 편하다.

굵은 라인으로 지은 고리도 통과할 수 있어야 하므로 바늘 귀가 큰 어시스트 훅을 사용해야 하며 지그의 크기에 따라 바늘에 라인을 감는 횟수를 달리해서 목줄의 길이를 조절한다. 매듭을 다 짓고 난 후에는 지그 위쪽 맬고리에 연결해 준다.

5

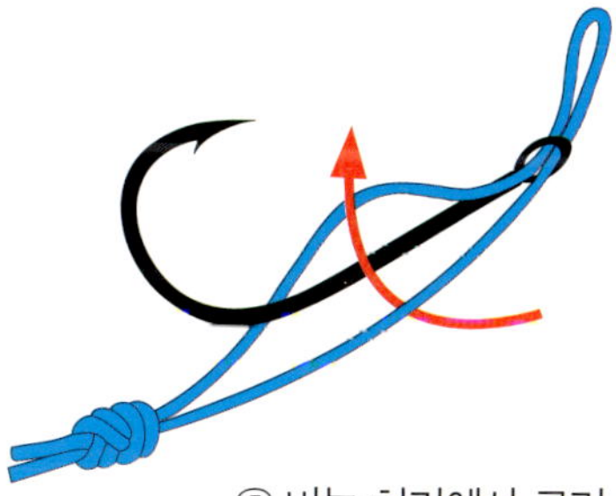

⑤ 바늘 허리에서 고리를 교차시킨다.

6

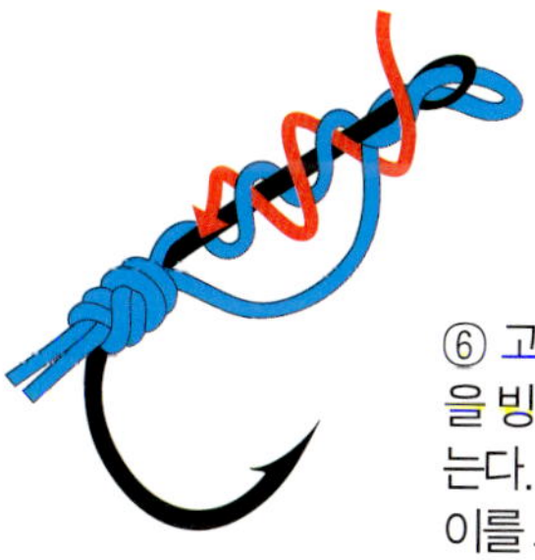

⑥ 고리의 한쪽에 바늘을 빙빙 돌려 라인을 감는다. 원하는 목줄의 길이를 고려하되 최소 3회 이상 감아준다.

7

⑦ 감긴 라인을 바늘 구멍 쪽으로 밀어 밀착시킨다.

8

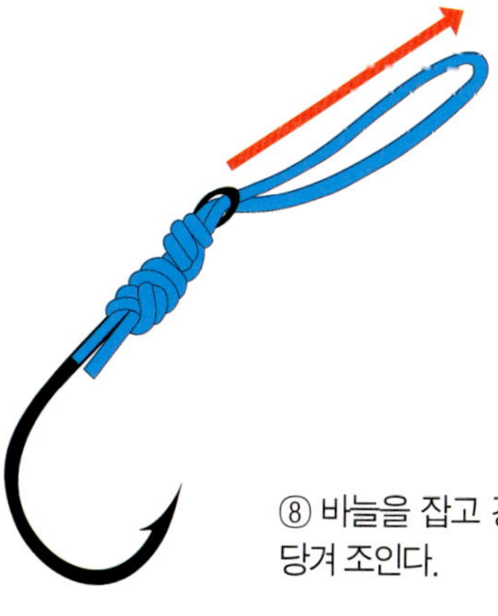

⑧ 바늘을 잡고 강하게 당겨 조인다.

어시스트훅 현장매듭 2

지깅 낚시에 사용되는 어시스트훅 묶음의 가장 기본이 되는 매듭법이다. 이 매듭법은 훅을 솔리드링에 묶는 방식이기 때문에 지그에 달린 스풀릿링에 훅을 연결하는 방법으로 적당하다. 매듭의 힘이 특히 강한 편인 이 방법은 매

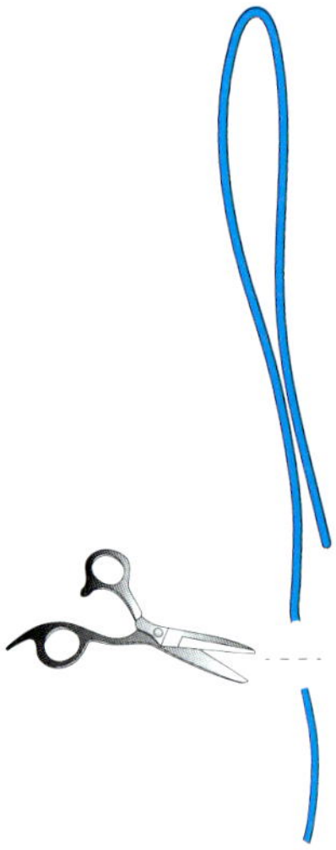

① 어시스트 전용 라인을 40cm 길이로 잘라 반으로 접는다.

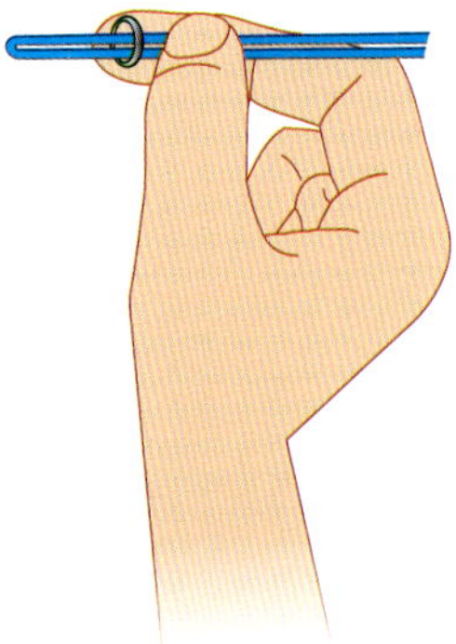

② 접힌 부분에 솔리드링을 통과시킨다.

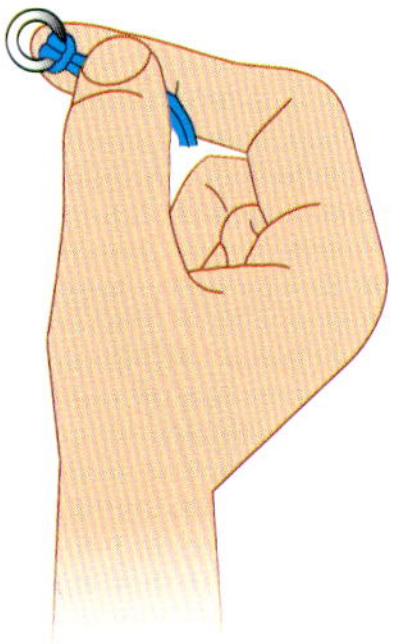

③ 고리를 만들어 솔리드링을 고정시킨다.

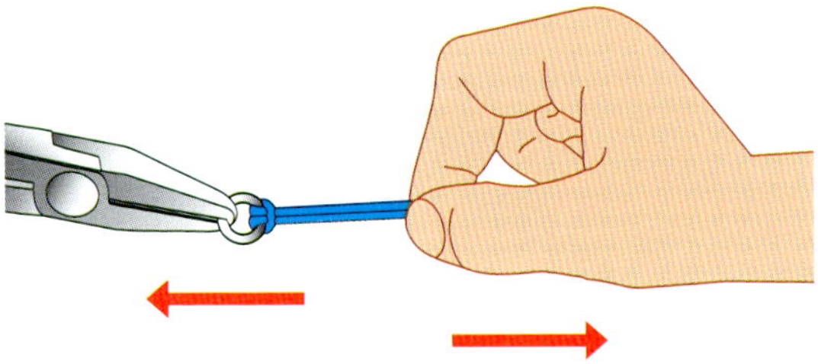

④ 플라이어로 솔리드링을 잡은 후 라인을 당겨 고리를 강하게 조여준다.

늘늘 시은 부위가 빳빳해서 지그의 엉키는 일이 적다는 것이 장점이다. 마무리 후 간결한 모습이 돋보이는 동시에 내구성이 뛰어난 올통한 매듭법이다. 솔리드링과 훅 사이의 어시스트 라인 구간을 전신 마감용 수축 듀브로 마무리 하면 더욱 완벽한 매듭이 될 수 있다.

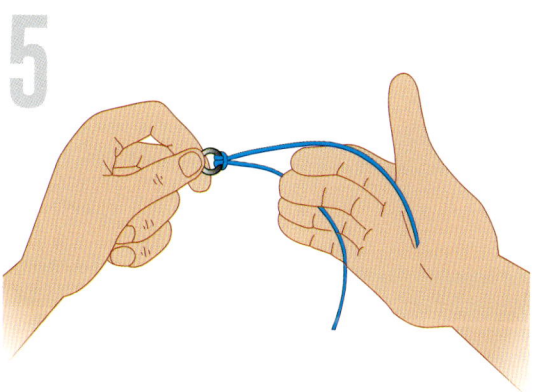

⑤ 한 손으로 솔리드링을 잡고 다른 손 중지와 약지로 라인을 잡는다.

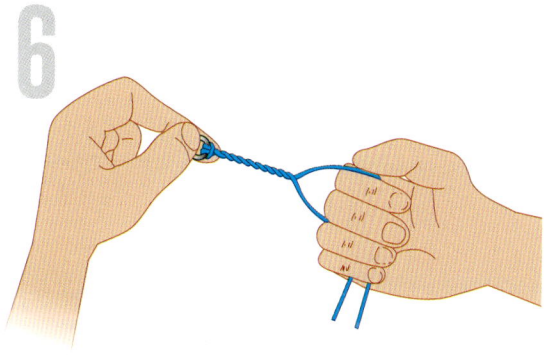

⑥ 한 손으로 솔리드링을 꽉 집고 다른 손으로 라인을 꼬아 나간다.

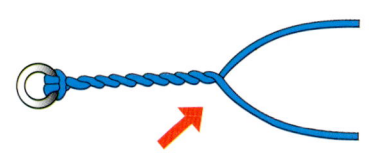

⑦ 라인을 잡은 손의 손목을 돌려가며 라인을 꼬고 링을 잡은 손으로는 꼬인 부분을 눌러주면서 원하는 길이만큼 라인을 꼬아 준다.

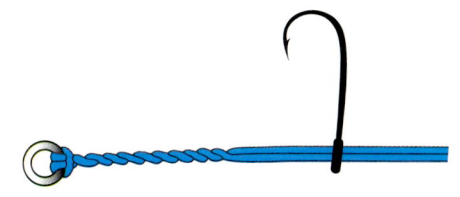

⑧ 라인의 끝을 훅 구멍 안쪽으로부터 통과시킨다.

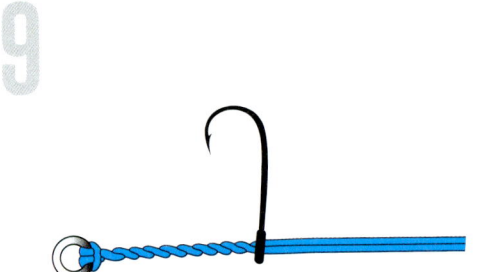

⑨ 훅의 구멍에 라인의 꼬임 끝부분을 맞춘다.

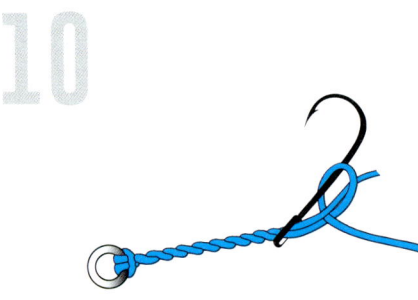

⑩ 라인 한 가닥으로 바늘과 나머지 라인을 감싸고 위쪽으로부터 돌려 감는다.(하프히치)

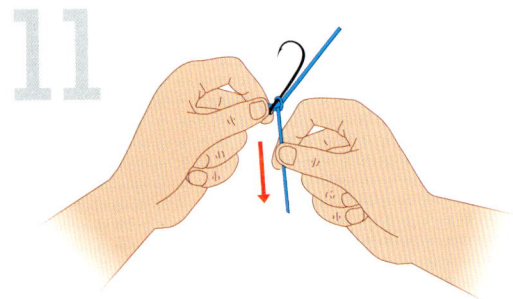

⑪ 누르면서 당겨 조인다.

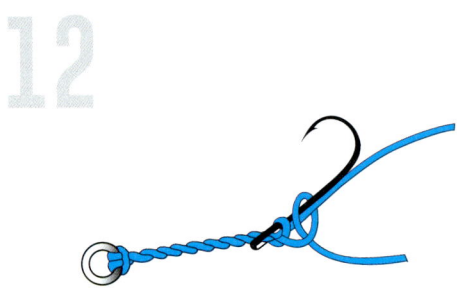

⑫ ⑩과 반대로 아래쪽으로부터 라인을 돌려 감는다.(하프히치)

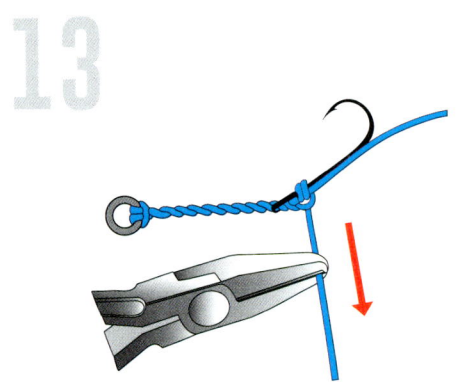

⑬ 플라이어를 이용해 세게 당겨 조인다.

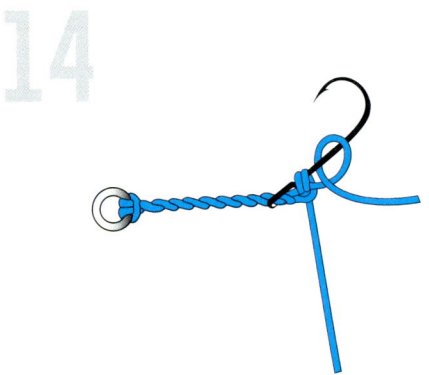

⑭ 다른 한 가닥을 이용해 훅 축 위로 상하교대 3회 하프히치를 실행한다..

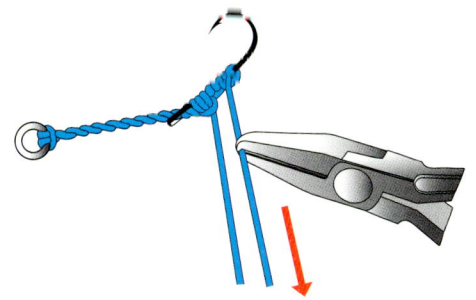

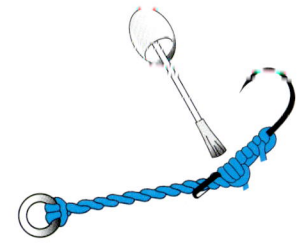

⑮ 하프히치를 할 때마다 플라이어를 이용해 세게 조여 준다.

⑯ 자투리 라인을 잘라내고 라이터로 끝부분을 지지거나 매니큐어로 보강한다.

지깅바늘 묶음법

바늘 귀가 있는 타입이 아닌 훅 아이 타입의 지깅 바늘을 이용할 때 필자가 활용하는 묶음법이다. 솔리드링과 훅을 묶을 라인, 보빈 홀더, 지깅 훅을 묶을 전용 어시스트 라인 등이 필요한데, 이 때 어시스트 라인은 속이 빈 튜브 형태로 되어 있는 할로우 라인(Hollow Line)이어야 한다.

준비물

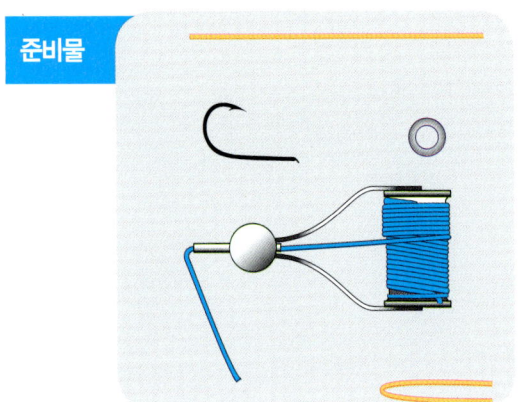

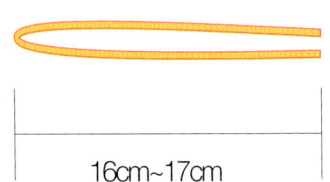

① 어시스트 라인은 최종적으로 바늘아이부터 솔리드링까지의 길이가 약 4.5~5cm 정도면 적당하므로 이를 고려해서 어시스트 라인으로 사용할 실을 접었을 때 약 16~17cm가 되도록 잘 라준다.

② 6호 정도 굵기의 일반 낚싯줄을 약 30cm 길이로 자른 후 반으로 접어 어시스트 라인 안으로 밀어 넣는다. 어시스트 라인의 접힌 부분을 약 5mm 정도 앞두고 낚싯줄을 어시스트 라인 밖으로 빼내는데, 이때 낚싯줄을 최대한 V자 모양으로 뾰족하게 접은 다음 밀어 넣어야 라인을 뚫고 나오기가 쉽다. (스킬훅이 없을 때는 일반 낚싯줄 사용)

③ 솔리드링을 어시스트 라인의 가운데 접힌 부분에 끼워넣는다.

④ 어시스드 라인 밖으로 튀어나와 있는 낚싯줄을 솔리드링을 가운데 둔 채 반대쪽 어시스트 라인 쪽에 건다.

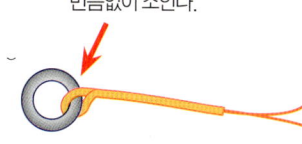

⑤ 낚싯줄을 잡아 당겨 낚싯줄 고리에 걸린 어시스트 라인이 낚싯줄이 튀어나왔던 부분으로 들어가도록 한다.

⑥ 이중으로 겹쳐진 어시스트 라인의 튀어나온 부분을 잘라 끝부분을 맞춰준 후 이중 어시스트 라인을 훅 아이의 안쪽에서 바깥쪽으로 통과시킨다.

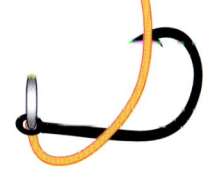

⑦ 어시스트 라인의 끝에서 약 5mm 안쪽을 훅 끝에 꽂은 후 천천히 통과시켜 훅 아이 바로 아랫부분까지 끼운다.

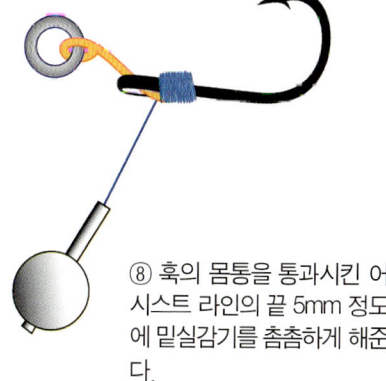

⑧ 훅의 몸통을 통과시킨 어시스트 라인의 끝 5mm 정도에 밑실감기를 촘촘하게 해준다.

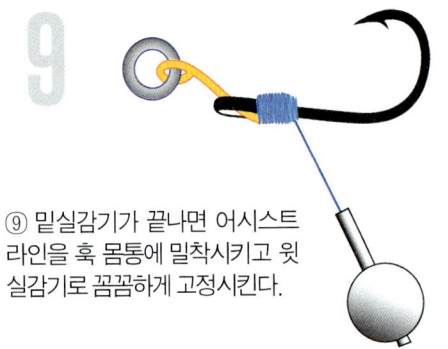

⑨ 밑실감기가 끝나면 어시스트 라인을 훅 몸통에 밀착시키고 윗실감기로 꼼꼼하게 고정시킨다.

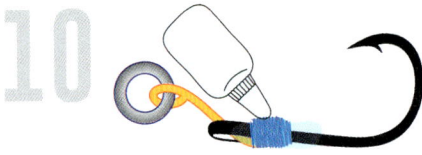

⑩ 밑실감기와 윗실감기가 끝나면 매듭을 지은 후 접착제를 발라 마무리 한다.

수축튜브

⑪ 접착제가 다 마르고 나면 전선 작업용으로 쓰이는 수축튜브를 이용해 외부의 자극이나 충격으로 인한 실풀림을 방지할 수 있도록 피복을 입혀준다.

쇼크리더 묶음법

비미니 트위스트

필자가 쇼크리더와 원줄을 연결할 때 자주 쓰는 방법으로, 연결 부위가 다소 투박해 보일 수는 있으나 인장 강도는 최고를 자랑하는 완벽한 매듭법이라 할 수 있다.

비미니 트위스트는 더블 라인을 만드는 데 유용한 매듭법이며 원줄과 쇼크리더의 매듭 강도 저하를 막아준다는 장점이 있다. 신속성, 강도 등의 면에서 효율적인 방법이므로 필수적으로 익혀두어야 한다.

매듭을 지을 때 고리의 지름이 넓어지는 경향이 있으므로 처음 줄을 돌려서 꼬아 줄 때 고리의 지름을 작게 하는 것이 중요하다.

※ 필자가 생각하는 가장 완벽한 PE라인과 쇼크리더 매듭법
비미니 트위스트로 PE라인을 더블라인으로 만든다 → PE라인을 더블라인 합치기를 한다 → 쇼크리더 연결은 국내 부시리, 방어 포핑, 지깅 시 전차매듭을 활용하고, 해외 참치낚시 시 루프클린치를 활용한다 (자세한 매듭법 설명은 뒷페이지에 순서대로 설명)

1

① 라인을 필요한 길이만큼 접어서 쥐고 고리에 손을 넣어 돌리면서 20~30회 정도 꼬아준다. (PE 라인은 30~50회 정도)

2

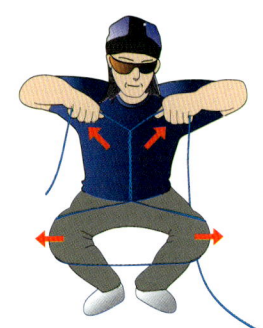

② 고리를 양 발 또는 무릎 사이에 끼우고 한 손에 라인을 하나씩 잡고 잡아당긴다.

3

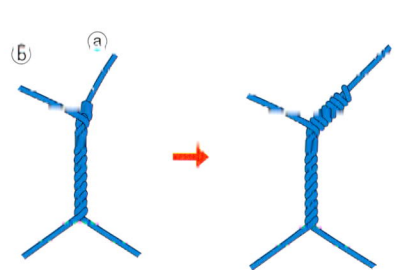

③ 양 발 또는 양 무릎을 천천히 벌리는 동시에 손으로 잡고 있던 ⓑ쪽 라인 하나를 살며시 풀어주면 ①에서 꼬아두었던 라인이 자연스럽게 풀리며 서로 감긴다.

4

④ 꼬아 놓았던 라인이 완전히 감기면 고리의 한쪽 라인에 돌려 묶는다.

5

⑤ 묶은 라인을 다시 고리 전체에 감으며 매듭을 짓는다.

6

⑥ 안돌리기 2회로 다시 라인을 매듭짓는다.

7

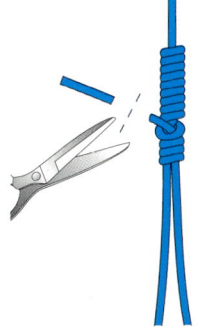

⑦ 자투리 라인을 정리한다.

더블라인 합치기

이름 그대로 더블라인을 합칠 때 이용되는 매듭법이다. 더블라인을 한 줄로 합쳐 단단하게 만든 후 쇼크리더와 연결한다. 두 줄을 합쳐서 꼬아줄 때 팽팽하게 당겨 주어야 꼬임이 흐트러지지 않는다.

1
① 완성된 더블라인 고리의 중앙을 잘라 두 줄로 만든다.

2
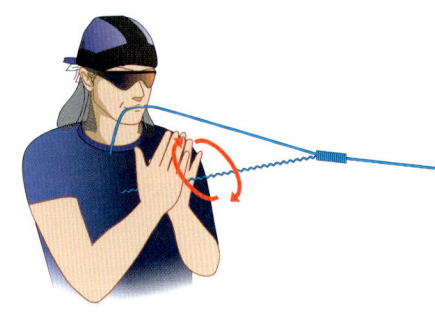
② 양쪽 줄을 각각 오른쪽 방향으로 비벼 꼬아 준다.

3
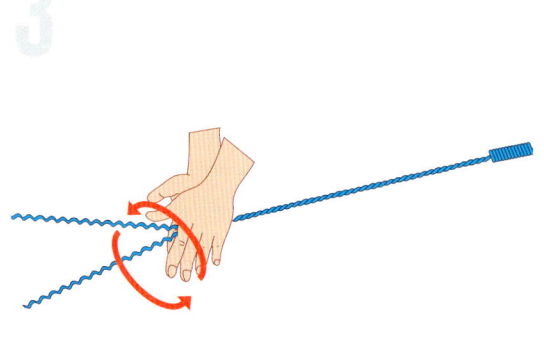
③ 두 줄을 합쳐 팽팽하게 잡은 후 왼쪽으로 비벼 꼬아 준다.

4
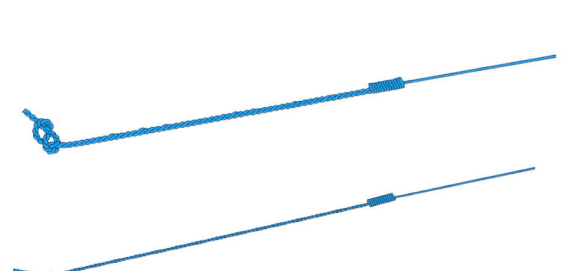
④ 끝 부분에 매듭을 지은 다음 다시 한 번 묶어준다.

기차 매듭(전차 매듭)

매듭이 죄여질 때의 모습이 마치 기차 같다고 하여 기차 매듭, 또는 전차 매듭이라고 불리는 이 매듭법은 비미니 트위스트 작업을 한 PE라인의 겹치기 부분과 쇼크리더를 연결할 때 주로 사용되는데, 라인과 라인을 연결하는 대표적인 매듭이라고 할 수 있다. 어떤 소재의 라인이라도 확실하고 간편하게 묶을 수 있다는 것이 장점인데 굵기가 서로 다른 라인을 연결할 때도 유용하다. 단 미끄러운 소재의 라인일 경우 감는 횟수를 늘려주어야 한다.

1

① 연결하고자 하는 두 라인의 끝부분을 겹친 다음 한쪽 라인으로 3회 이상 안돌리기로 묶는다.

2

② 나머지 라인도 ①과 같은 방법으로 3회 이상 안돌리기를 이용해 묶는다.

3

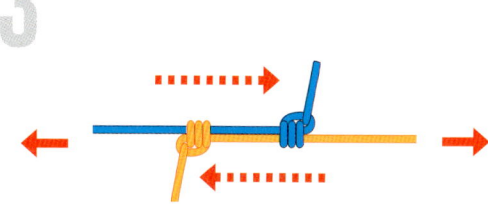

③ 양쪽 라인을 바깥쪽으로 서서히 당겨 두 매듭이 가운데에 모이게 한다.

4

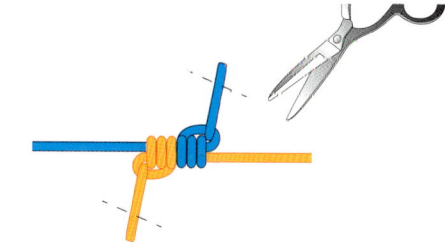

④ 자투리 라인을 잘라 정리한다.

루프 클린치

지깅 낚시에 입문하는 많은 분들의 고민거리가 쇼크리더와 합사의 연결 매듭이다.

본 매듭법은 준비된 루프 고리쇼크리더를 PE라인 끝부분에 팔자 매듭방식으로 간단하게 루프(고리)를 만들어서 간편하게 연결되는 방식으로 앞으로 가장 널리 보급될 새로운 방식의 매듭법이다. 필자는 참치 낚시를 할 때 주로 본 매듭방식을 사용한다. 캐스팅(포핑) 낚시에 적극 권장한다.

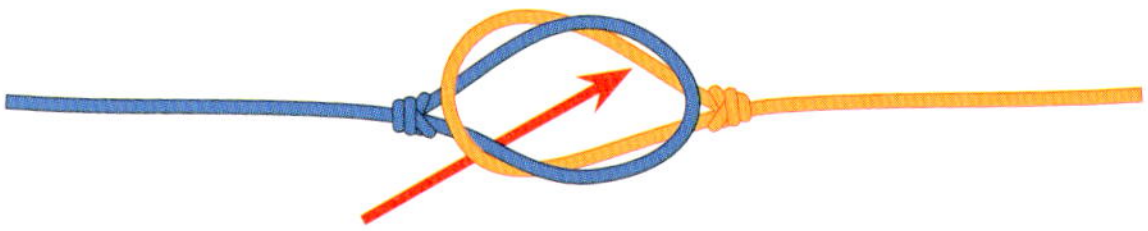

① 한쪽 루프를 다른 한쪽 루프에 통과 시킨다.

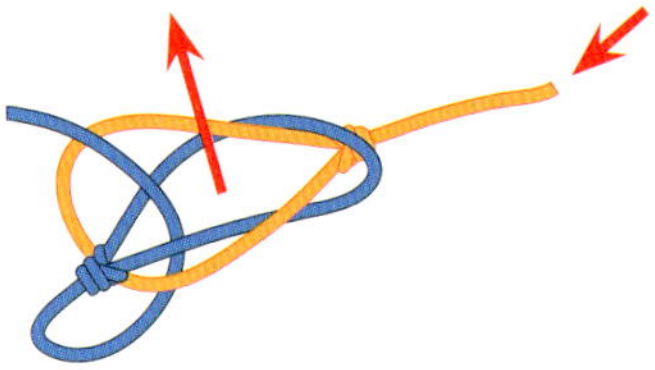

② 양쪽 라인 중 쇼크리더 라인 끝을 그림과 같이 통과시킨다.

③ ②번과 같이 2~3회 통과 시킨다.

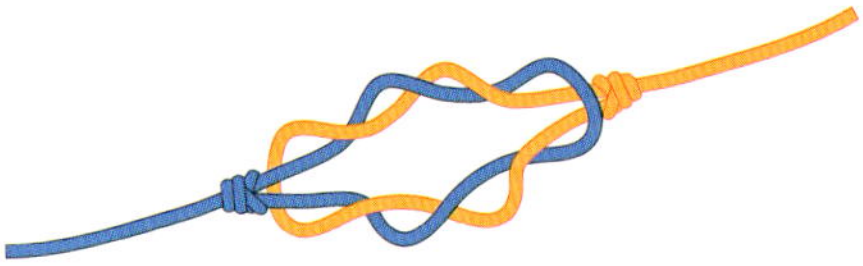

2~3회 통과시킨 상태

④ 양쪽을 잡아 당기면 완성이다.

스프레드 스플라이스

이 매듭법은 초보자가 시도하기에는 다소 어렵고 시간도 많이 걸리는 편이다. 그래서 제대로 활용하기 위해서는 연습 시간이 상당히 필요하다. 게다가 대부분의 경우 비교적 쉽고 간단한 비미니 트위스트를 많이 이용하기 때문에 활용도는 떨어지는 편이다. 그러나 더블라인 매듭법 중 가장 강한 매듭 강도를 보

1
① 라인을 여유 있게 준비해서 반으로 접은 다음 한쪽 줄을 다른 쪽 줄에 돌려 감아 세 가닥의 라인을 만든다.

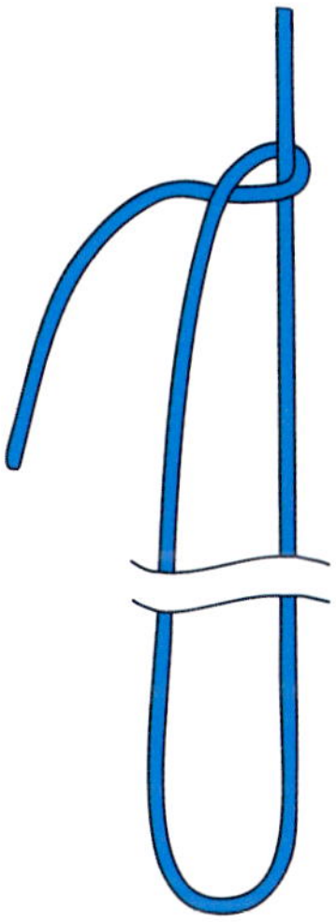

2
② 오른쪽 줄을 가운데 줄 위로 넘기며 교차시킨다.

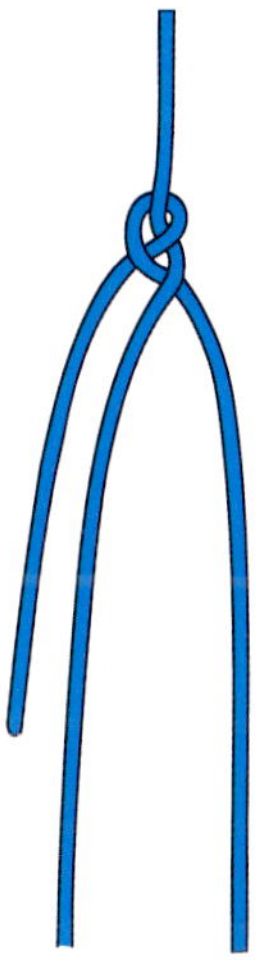

3
③ 왼쪽에 있던 줄을 가운데 줄 위로 넘기며 ②와 같은 방법으로 교차시킨다.

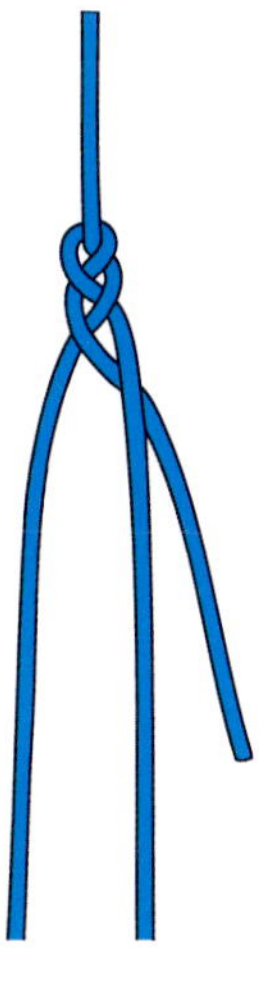

4
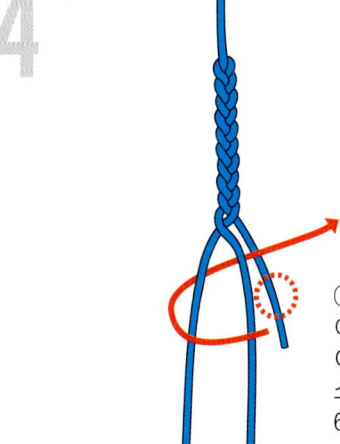

④ 라인을 단단하게 조여가며 ②와 ③을 되풀이한다. 일반 라인은 최소 30회, PE라인은 최소 60회 정도 반복한다.

이기 때문에 만약의 경우를 대비해 반드시 익혀둘 필요가 있다. 여자아이의 머리를 땋는 것과 비슷한 방법이라고 생각하면 이해가 쉬운데, 강하게 당기며 땋아주는 것이 요령이다.

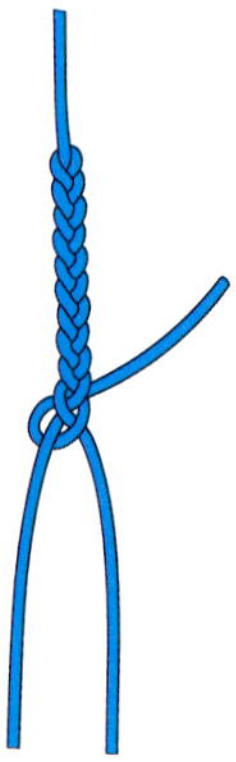

⑤ 땋은 부분이 풀리지 않도록 단단하게 당긴다.

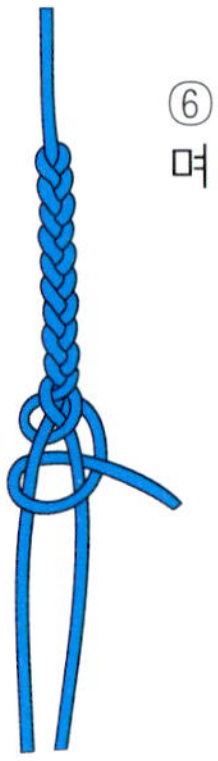

⑥ 마지막 라인을 감으며 묶는다.

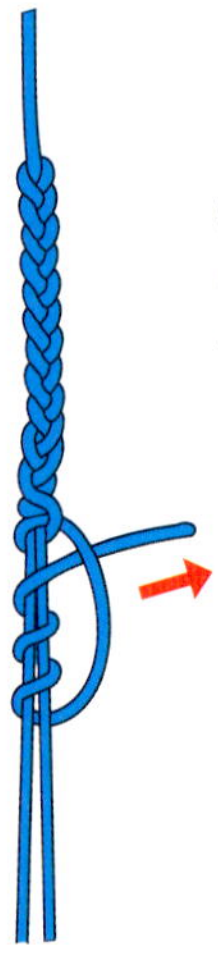

⑦ 안돌리기 3회로 다시 라인을 단단하게 매듭짓는다.

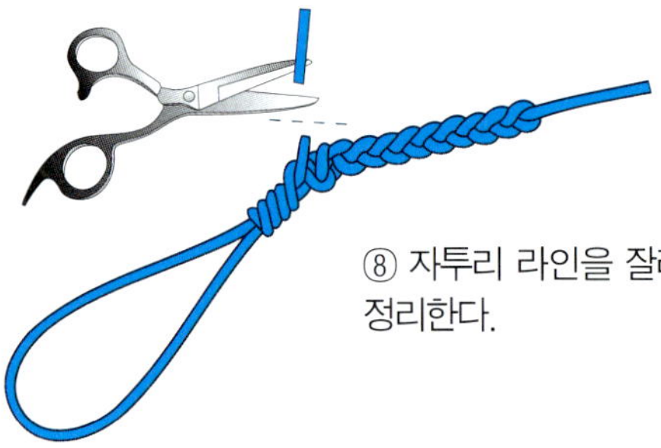

⑧ 자투리 라인을 잘라 정리한다.

개량 피셔맨즈 노트

PE라인에 쇼크리더를 연결할 때 사용하는 매듭법으로, 비게인 캐스팅 낚시에서 특히 많이 이용된다. 마지막에 침을 발라주는 것은 마찰열로 인해 라인의 강도가 저하되는 것을 막기 위해서이다.

1

① 쇼크리더를 3회 감아 고리를 만든다.

2

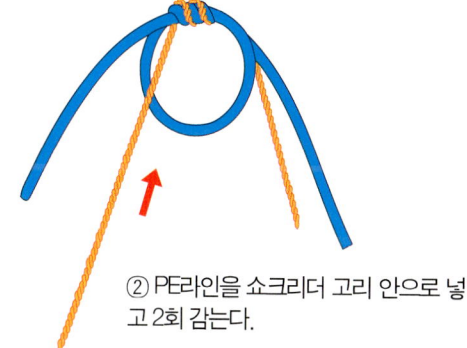

② PE라인을 쇼크리더 고리 안으로 넣고 2회 감는다.

3

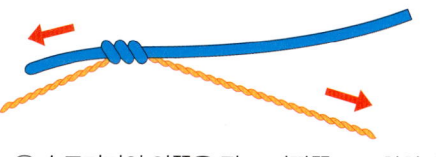

③ 쇼크리더의 양쪽을 잡고 바깥쪽으로 천천히 당긴다.

4

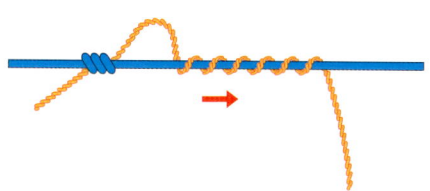

④ PE라인으로 작은 고리를 만든 다음 쇼크리더에 5회~6회 정도 감는다.

5

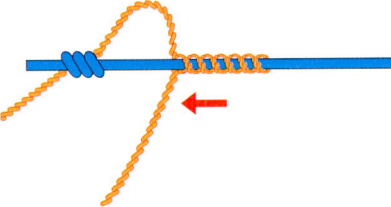

⑤ ④와 반대 방향으로 5회~6회 감아 내려온다.

6

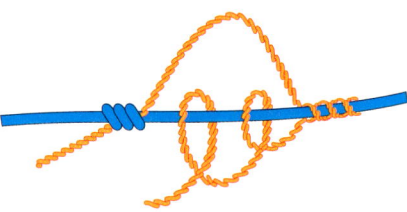

⑥ ④에서 만들어 놓은 고리에 PE라인 두 번 돌려 매듭을 짓는다(하프히치).

7

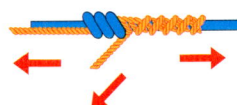

⑦ 매듭을 완성하기 전에 침을 발라 준 다음 화살표 방향으로 강하게 잡아당겨 고정시킨다.

8

⑧ 자투리를 자르고 라이터로 지져 마무리한다.

FG노트

PE라인과 쇼크리더를 연결할 때 쓰는 매듭법으로 매듭의 강도가 매우 강한 편이다. 직접 두 라인을 연결하는 방법이기 때문에 복잡한 타잉시스템을 준비할 필요가 없다. 바다 루어 낚시에 많이 이용되는 편이므로 꼭 익혀두는 것이 좋다. 묶는 방법을 충분히 연습해 두지 않으면 실전에서 매듭이 풀리기 쉽기 때문에 반드시 훈련을 꼼꼼하게 해 두어야 한다.

매듭 부위에 실리콘 윤활제를 발라두면 강도를 보존하는 데 도움이 된다. 만약 실리콘 윤활제를 준비하지 못했다면 침이라도 발라두는 것이 좋다.

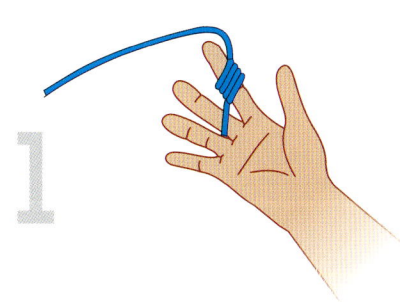

① 오른손 검지에 PE라인을 10~12회 정도 감는다.

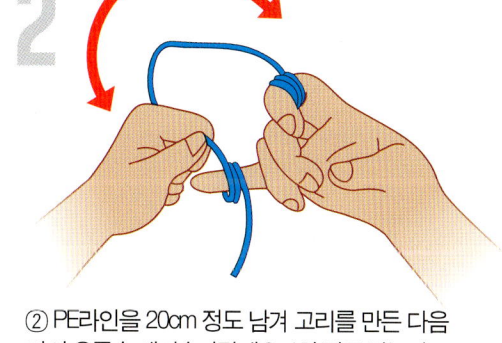

② PE라인을 20cm 정도 남겨 고리를 만든 다음 다시 오른손 새끼손가락에 3~4회 정도 감는다.

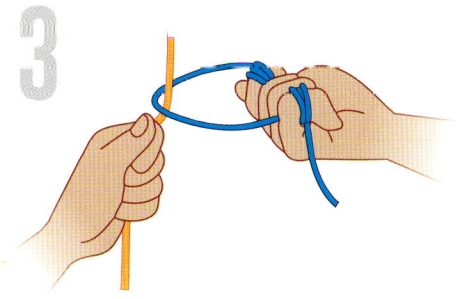

③ 오른손 손바닥이 위를 향하게 한 다음 그림처럼 쇼크리더를 PE라인 고리 사이로 통과시킨다.

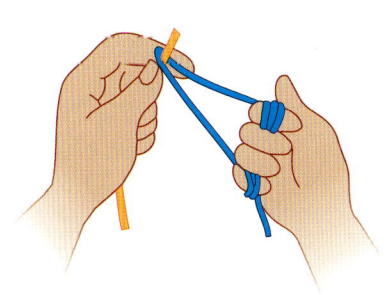

④ 왼손으로 쇼크리더와 PE라인을 꽉 붙잡는다.

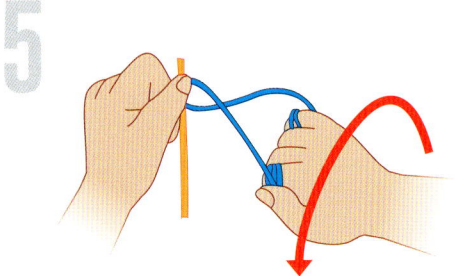

⑤ 오른손을 손바닥이 아래로 향하도록 뒤집는다.

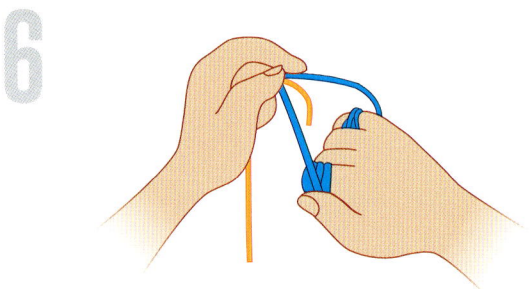

⑥ PE라인을 쇼크리더 고리 안으로 넣는다.

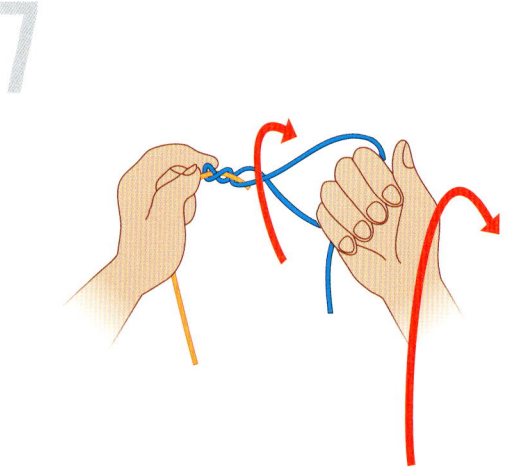

⑦ 오른손을 다시 반대로 뒤집는다. ③~⑦의 과정을 7~9회 정도 반복한다.

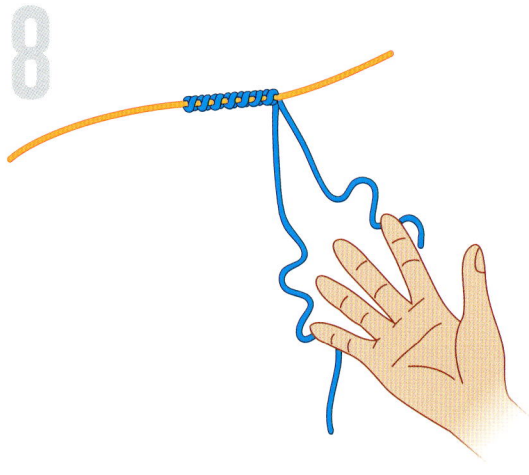

⑧ 손가락에 감았던 PE라인을 풀어준다.

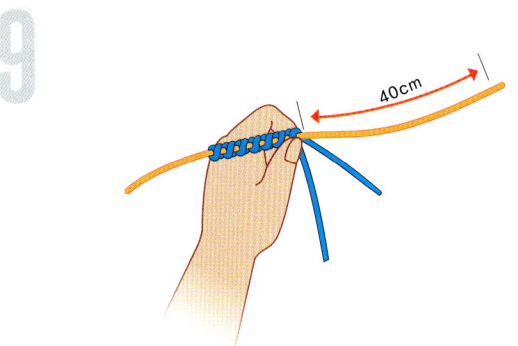

⑨ 쇼크리더에 감긴 PE라인이 풀리거나 흐트러지지 않게 꼭 붙잡고 조심스럽게 40cm 정도 위쪽으로 이동시킨다.

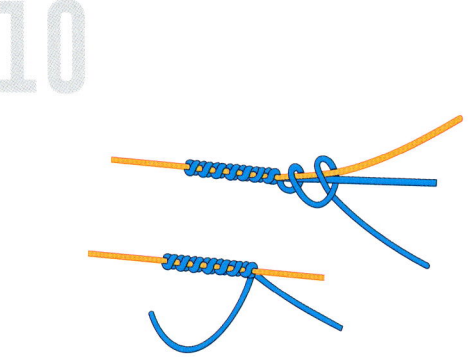

⑩ 줄이 풀리지 않게 단단히 잡고 PE라인으로 하프히치를 1번 해준다.

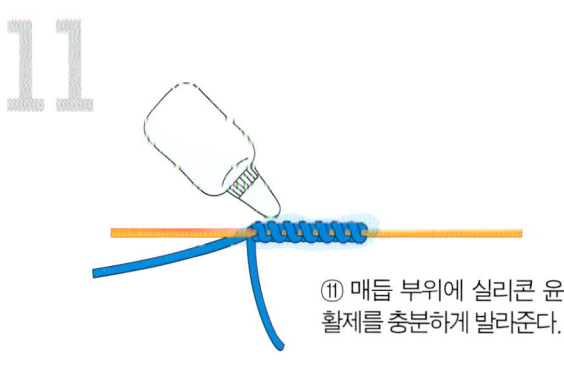

⑪ 매듭 부위에 실리콘 윤활제를 충분하게 발라준다.

⑫ 손을 다치지 않도록 장갑을 낀 다음 오른손에는 PE라인, 왼손에는 쇼크라인과 PE라인 자투리를 잡고 꽉 조인다.

⑬ 입에 PE라인의 자투리를 물고 오른손에 PE라인, 왼손에 쇼크리더를 잡고 각각의 라인을 최대한 잡아당겨 조인다.

⑭ PE라인과 자투리에 실리콘 윤활제를 바른다. 그런 다음 쇼크리더 본줄을 오른쪽 발등에 감아 팽팽하게 당기고 PE라인과 쇼크리더 끄트머리를 왼손으로 한꺼번에 잡은 후 그 위로 하프히치를 20번 실시한다.

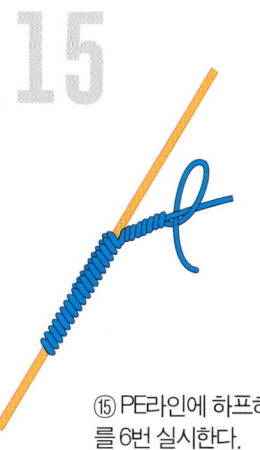

⑮ PE라인에 하프히치를 6번 실시한다.

⑯ 안돌리기 4회로 매듭을 짓는다.

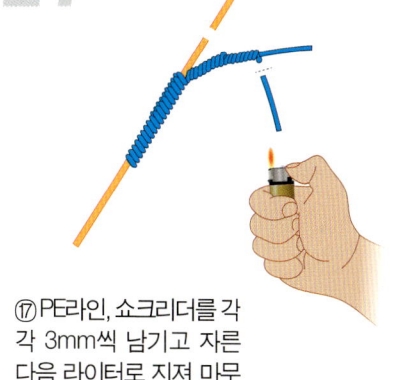

⑰ PE라인, 쇼크리더를 각각 3mm씩 남기고 자른 다음 라이터로 지져 마무리한다.

PR노트

보빙과 보빙 홀더라는 도구를 이용하는 매듭법이다. PE라인과 쇼크리더를 연결할 때 주로 쓰이는데 캐스팅 낚시보다는 부시리나 방어 등을 잡는 지깅 낚시에 많이 활용된다.

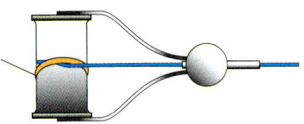

① 보빙 홀더에 PE라인을 끼운다. 라인이 빠지지 않게 고무줄이나 테이프 등으로 고정시킨다.

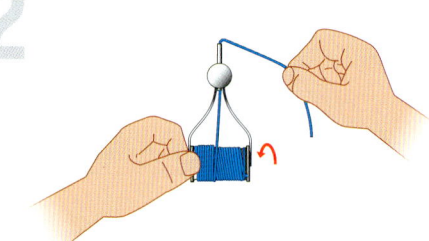

② 보빙에 원줄을 20회 정도 감는다.

③ 보빙홀더 한 쪽 다리에 PE라인을 5회~6회 감는다.

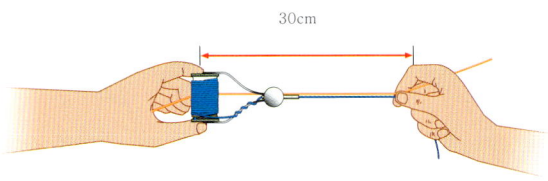

④ PE라인과 쇼크리더를 30cm 정도 길이로 나란히 잡는다.

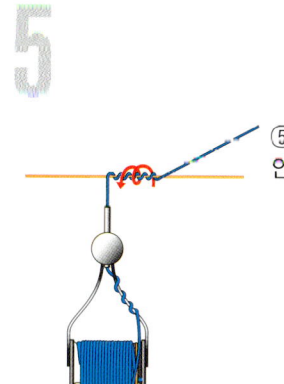

⑤ 쇼크리더에 PE라인을 5~6회 감는다.

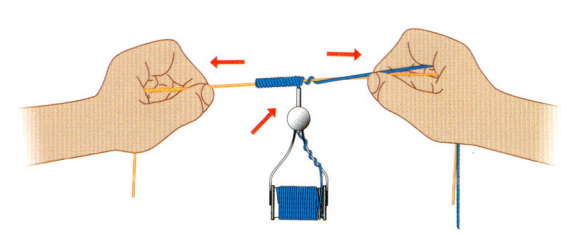

⑥ PE라인과 쇼크리더가 흐트러지지 않게 붙잡고 다시 되돌아가며 3~5회 감는다.

⑦ 보빙홀더 입구 쪽으로 감아둔 라인을 바짝 밀어붙인다.

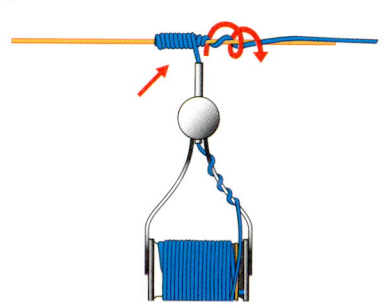

⑧ PE라인과 쇼크리더를 그림처럼 양손으로 붙잡는다.

⑨ 보빙 전체를 돌리면서 줄이 가지런히 감기도록 한다. PE라인이 3호 또는 4호일 경우 8cm 정도, 5호 또는 6호라면 10cm 정도 감는다.

⑩ 끝이 풀리지 않게 잘 잡고 보빙과 보빙홀더에 감긴 줄을 푼다.

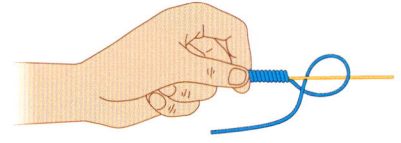

⑪ 하프히치로 한 번 묶어준다. 그다음 좌우 번갈아가며 7~8회 정도 하프히치를 실시한다.

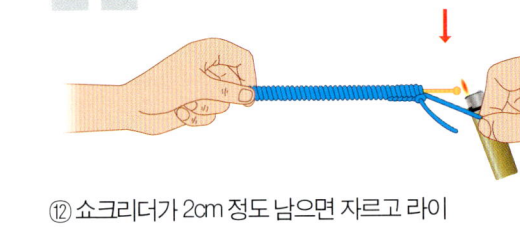

⑫ 쇼크리더가 2cm 정도 남으면 자르고 라이터로 끝을 지진다.

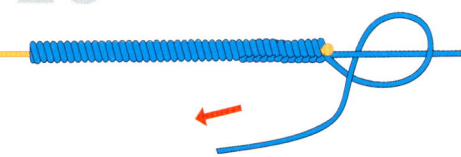

⑬ PE라인의 좌우를 번갈아가며 하프히치를 7~8회 정도 실시한다.

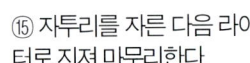

⑭ 줄이 풀리지 않게 잘 묶는다.

⑮ 자투리를 자른 다음 라이터로 지져 마무리한다.

도래 묶음법

프리노트

도래 묶음법은 루어와 라인을 연결할 때 사용되는 전통적인 매듭법이다. 스냅이나 스풀릿링을 사용하지 않을 때 유용하게 활용할 수 있다. 처음 매듭을 만들 때 모양을 잡은 고리가 최종적인 고리의 크기와 위치가 되므로 신중하게 결정해야 한다.

1

① 루어의 맬고리에 라인을 끼워 넣고 느슨하게 매듭을 짓는다.

2

② 그림처럼 라인의 끝부분을 매듭 사이에 집어넣는다.

3

③ 라인을 잡아당긴다.

4

④ 라인의 끝부분을 안돌리기로 3~4회 감아 매듭 짓는다.

5

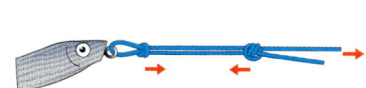

⑤ 줄을 잡아당기면 두 매듭이 가운데로 움직인다.

6

⑥ 자투리 라인을 잘라 정리한다.

행맨즈노트

다른 매듭법에 비해 라인의 소모가 큰 편이나 현장에서의 활용도가 높은 편이다. 광어 다운 샷, 농어 루어 낚시 등 16~30lb 정도의 쇼크리더를 사용하게 될 경우에 적합하다.

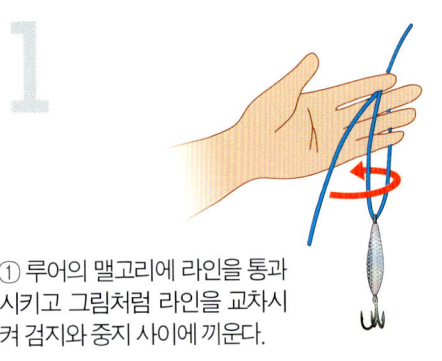

① 루어의 맬고리에 라인을 통과시키고 그림처럼 라인을 교차시켜 검지와 중지 사이에 끼운다.

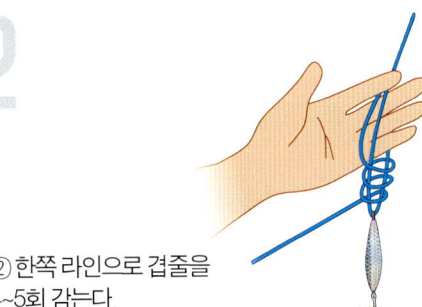

② 한쪽 라인으로 겹줄을 4~5회 감는다.

③ 감은 라인을 중지와 약지 사이에 끼운다.

④ ③에서 점선으로 표시되어 있는 부분을 반대편 손으로 잘 잡아 빼낸다. 중지와 약지에 끼운 라인이 빠지지 않도록 조심한다.

⑤ 양쪽 라인을 번갈아 당기며 조인다.

⑥ 자투리 라인을 잘라 정리한다.

오프쇼어 스위벨노트

시깅 낚시, 트롤링 낚시 등에 주로 이용되는 매듭법이다. PE라인을 도래에 직접 묶어도 잘 풀어지지 않는다는 장점이 있다. 단 60lb 이상의 쇼크리더를 사용할 때는 매듭이 두꺼워지는 것이 단점이다. 따라서 50lb 미만의 가는 쇼크리더를 사용할 때 활용하면 좋다.

1

① 라인을 반으로 접은 다음 매듭을 짓는다.

2

② 도래에 고리를 통과시킨다.

3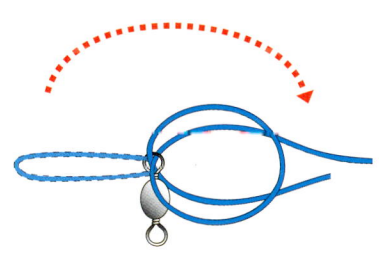

③ 통과시킨 고리를 도래 위로 젖는다

4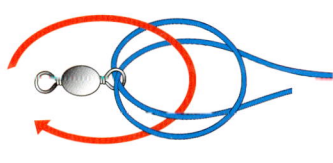

④ 도래를 고리 안으로 4~5회 돌려 라인을 감는다.

5

⑤ 매듭 부위에 침을 살짝 바른 다음 양쪽 라인을 잡고 당겨서 조인다.

6

⑥ 도래 쪽으로 매듭이 모이면 완성이다.

잰식 스위벨노트

굵은 라인을 이용할 때 활용하기 좋은 매듭법으로 매듭의 강도가 매우 강한 편이다. 별다른 도구 없이 맨손으로도 매듭을 지을 수 있는데, 쇼크리더의 굵기를 감안하여 도래의 크기를 결정해야 한다. 5호 이상의 볼베어링 도래를 사용할 때나 30~90lb정도의 쇼크리더를 이용할 때 주로 활용되며, 캐스팅 위주의 포핑 낚시를 할 때 유용하다.

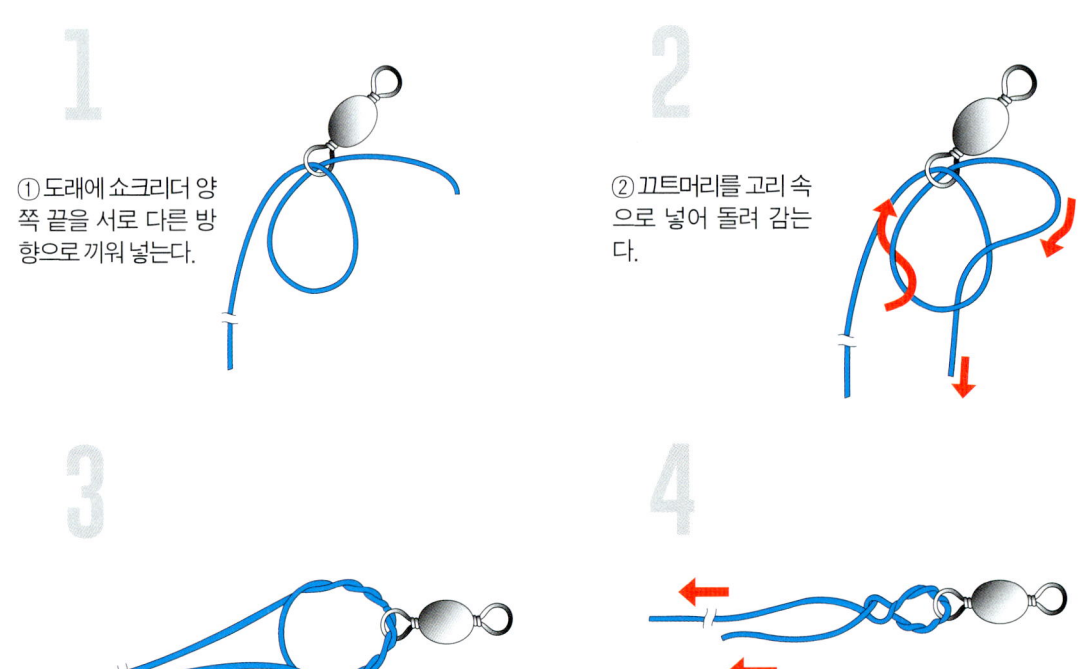

① 도래에 쇼크리더 양쪽 끝을 서로 다른 방향으로 끼워 넣는다.

② 끄트머리를 고리 속으로 넣어 돌려 감는다.

③ ②의 방법으로 라인을 고리에 5~6회 정도 감아준다.

④ 매듭이 뒤틀리지 않게 천천히 라인을 잡아당긴다.

5

약 25cm

⑤ 두 라인을 25cm 정도 꼬아준다.

6

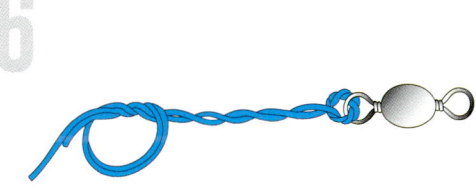

⑥ 두 번 돌려 매듭 짓는다.

7

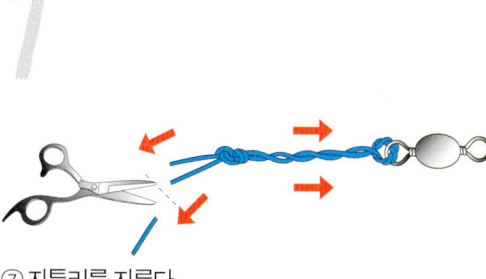

⑦ 자투리를 자른다.

8

⑧ 루어를 끼운다.

바나나리그(튜빙노트)

캐스팅이 잦은 포핑 낚시에서 볼베어링스위블을 사용하지 않고 루어 앞쪽의 고리에 직접 연결하거나 솔리드링, 8자링을 사용할 때 매우 유용하다.

고무 튜브를 덧씌워 매듭의 강도를 높이는 매듭법이다. 도래를 활용하지 않고 포퍼나 펜슬, 미노우 메탈지그의 라인 아이에 직접 라인을 연결할 때 사용되며 루어(메탈지그)의 액션이 자연스러워지게 하는 장점이 있다. 그러나 되도록 이면 도래를 사용하는 것이 좋다.

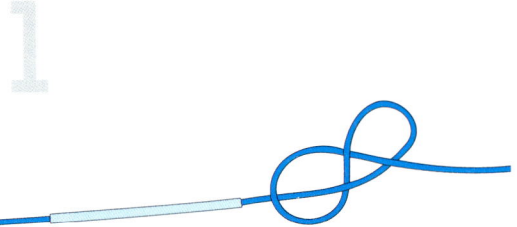

① 쇼크리더에 4cm 정도의 고무 튜브를 끼운 후 8자 매듭을 만든다.

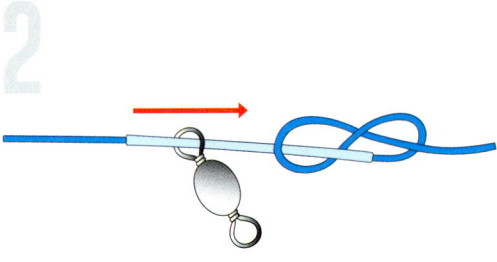

② 어시스트훅 또는 도래를 고무 튜브 위로 끼워 넣는다.

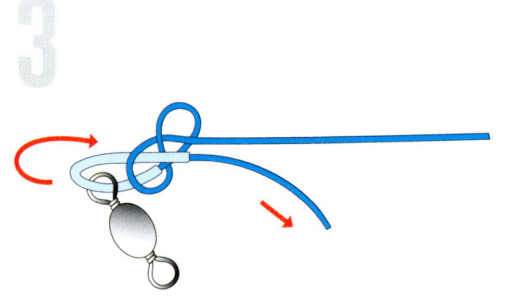

③ 쇼크리더의 끝을 8자 매듭의 아래쪽 고리 안으로 넣는다.

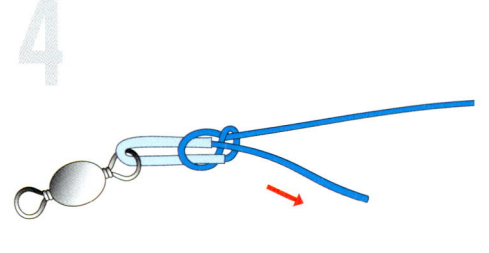

④ 고리를 살짝 조여 준다.

※ 튜브를 끼워 사용하는 이유는 쇼크리더가 도래의 솔리드링이 직접적인 마찰력을 줄여서 내구성을 강하게 해주기 위함이다.

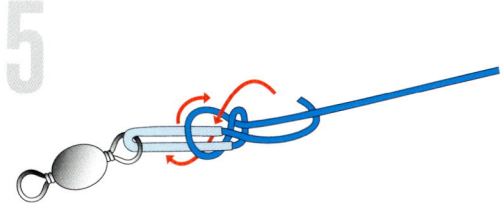

⑤ 쇼크리더의 끄트머리를 튜브 뒤쪽을 통해 안으로 넣은 다음 왼쪽 고리를 따라 감은 후 오른쪽 고리를 통과시킨다.

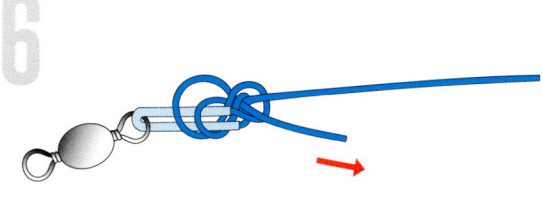

⑥ 왼쪽 고리에서 튜브가 빠지지 않게 조심하면서 강하게 매듭을 조인다.

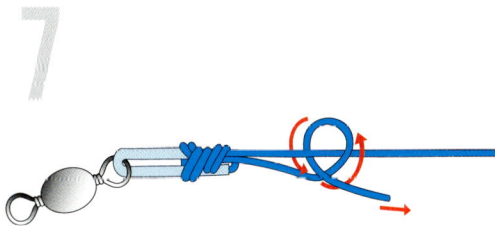

⑦ 끄트머리에 남은 줄로 하프히치를 7~10회 정도 실시한다.

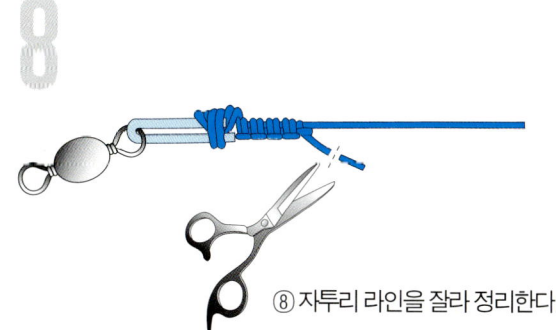

⑧ 자투리 라인을 잘라 정리한다.

TN노트

단순하지만 잘 풀리지 않는 매듭법으로, 날카로운 이빨을 가진 고기들을 상대할 때 좋다. 굵은 쇼크리더를 사용할 때도 어렵지 않게 매듭을 지을 수 있다. 마지막에 하프히치를 해야 하므로 처음부터 쇼크리더를 여유있게 잡고 시작하는 것이 좋다. 필자가 권장하는 16~130lb 정도의 쇼크리더를 사용한 고강도 매듭에도 적합하다.

① 도래 고리에 쇼크리더를 겹치지 않게 조심하며 두 번 감아 고리를 만든다.

② 쇼크리더의 끄트머리를 감아 돌린 다음 쇼크리더로 만든 고리 안으로 통과시킨다.

③ 매듭들이 겹치지 않게 조심하며 쇼크리더를 조인다. 플라이어로 강하게 잡아당겨 마무리한다.

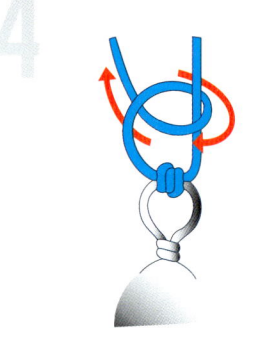

④ 끄트머리 라인으로 하프히치를 한 번 실시하고 꽉 잡아당겨준다.

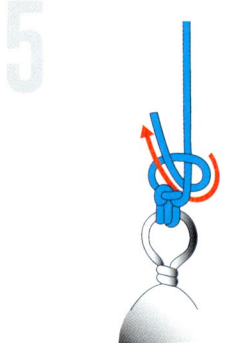

⑤ 줄을 바꾸어 반대로 하프히치를 실시하고 ④와 ⑤의 과정을 6~8회 정도 반복한다.

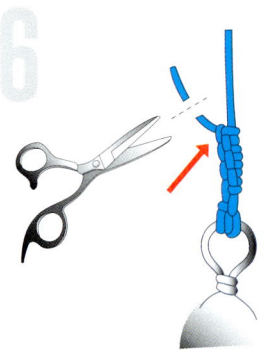

⑥ 자투리를 자른다. 이때 자투리의 끝을 깨물어두면 매듭이 풀리는 일이 적어진다.

알루미늄 미니 슬리브 압착

지깅 낚시와 캐스팅 낚시에 모두 유용한 매듭법이다. 전용 슬리브와 플라이어를 활용해 초보자도 간단히 매듭을 만들 수 있고 매듭의 강도도 높은 편이므로 익혀두는 것이 좋다. 슬리브는 쇼크리더의 굵기를 고려하여 선택하되 반드시 전용 도구를 준비해야 한다. 트롤링 낚시와 포핑 낚시 등에 적합한 매듭법인데 특히 와이어 쇼크리더를 사용할 때 유용하다. 100~250lb 정도의 쇼크리더를 사용할 때 활용하면 좋다.

① 고무튜브와 알루미늄 슬리브, 알루미늄 슬리브 전용 플라이어를 준비한다.

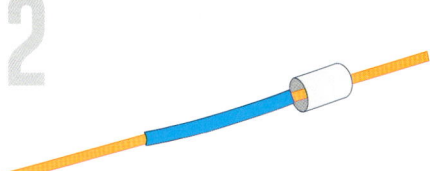

② 쇼크리더에 슬리브와 고무튜브를 끼워 넣는다.

③ 도래 또는 스플릿링을 고무 튜브 위에 끼운다.

④ 고무 튜브를 반으로 접고 그림처럼 쇼크리더를 슬리브에 끼워 고리를 만든다.

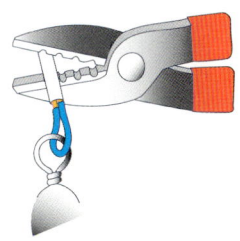

⑤ 알루미늄 슬리브 전용 플라이어로 슬리브를 눌러 고정시킨다.

⑥ 알루미늄 슬리브 전용 플라이어로 두 번 정도 더 눌러 마무리한다.

릴 스풀 원줄 연결법

PE라인은 표면이 매끄러워 단단히 묶어도 매듭이 풀리는 경우가 종종 있다. 이때 라인의 끝부분에도 매듭을 지어두면 라인이 미끄러지면서 매듭이 풀리는 것을 어느 정도 방지할 수 있다.

라인이 헛돈다 싶을 때는 스풀 표면에 테이프를 붙여두면 도움이 된다.

안돌리기 묶음법

① 스풀에 PE라인을 한 번 감는다.

② 헛돌기 쉬우므로 PE라인을 스풀에 한 번 더 감아준다

③ 짧은 라인으로 긴 라인을 걸어 고리를 만든 다음 짧은 라인의 끄트머리를 고리 속에 끼워 넣고 3~4회 감는다.

④ 그림처럼 위쪽의 고리에 넣고 조인다.

⑤ 자투리 라인을 잘라 정리한다.

클린치노트

① 스풀에 PE라인을 1~2회 감는다.

② 짧은 라인을 그림처럼 긴 라인에 위에 얹는다.

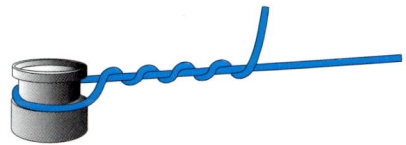

③ 짧은 라인을 긴 라인에 4~5회 정도 감아준다.

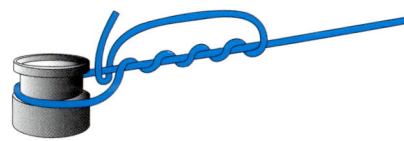

④ 짧은 라인의 끝을 스풀 쪽 고리에 끼운다.

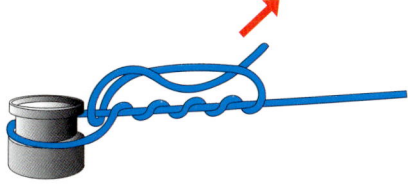

⑤ 짧은 라인의 끝을 큰 고리에 통과시 키며 강하게 잡아당긴다.

⑥ 자투리 라인을 잘라 정리한다.

파지법

2

낚시의 핵심은 역시 기술이다. 제아무리 훌륭한 도구들을 준비하고 매듭을 야무지게 묶어두었어도 제대로 된 캐스팅과 액션을 구사하지 못한다면 루어를 대상어 근처에 던져보지도 못할 공산이 크다. 그러니 채비를 들고 무작정 바다로 향하기 전에 로드를 바르게 쥐는 법부터 시작해 원하는 곳에 루어를 던질 수 있는 캐스팅 방법과 대상어를 효율적으로 유혹할 수 있도록 루어에 움직임을 주는 방법 등을 충분히 익히도록 하자.

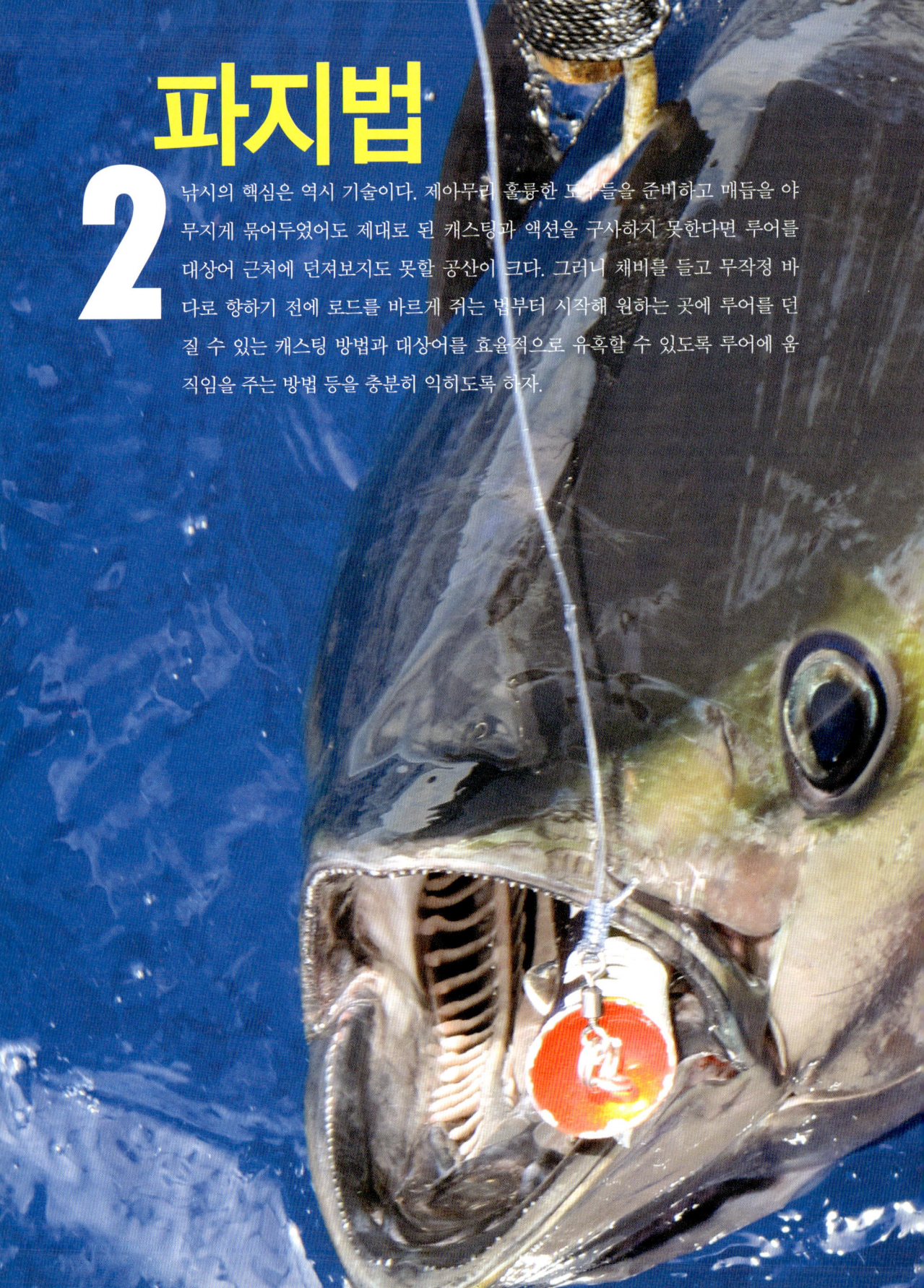

타구나 펜싱, 배드민턴, 검도 등 고유의 장비를 사용하는 스포츠를 시작할 때 가장 먼저 배우게 되는 것은 바로 장비를 올바로 쥐는 방법일 것이다. 장비를 잡는 법부터 잘못되었다면 실력을 발휘하기는커녕 그 스포츠의 묘미를 제대로 느끼기도 힘들 것이 분명하기 때문이다.

낚시 또한 마찬가지다. 우선 로드를 바른 방법으로 잡는 것부터가 낚시의 시작이라고 할 수 있다. 낚시에서 로드를 잡는 방법을 파지법이라고 한다. 파지법을 바르게 해야 로드를 손에서 미끄러뜨리지 않으면서 제대로 된 손맛을 느낄 수가 있다.

오른손잡이의 경우 오른손으로 릴시트를 잡고 왼손으로 로드 끝부분을 잡는 자세가 기본이다. 베이트로드와 스피닝로드는 사용되는 낚시의 장르가 서로 다른 만큼 파지법 또한 차이가 있는데 하나씩 살펴보기로 하자.

액션에 유리한 지깅릴 파지법

중대형 베이트 캐스팅 지깅릴의 파지법이 손의 피로도와 저킹 액션 연출에 미치는 영향은 상당하다. 릴을 어떻게 파지하고 있느냐와 핸들을 잡은 손의 미세한 위치에 따라 리드미컬한 저킹 동작의 연출 여부가 달려 있다.

또 릴의 핸들 노브를 잡은 손의 각도와 자세가 바르지 않은 상태로 장시간 저킹을 하게 되면 다양한 근육통이 유발될 수 있으며 엘보근 손상 등의 부상을 입을 수도 있다. 특히 1시간 이상 이어지는 참치 등 대형 어종과의 파이팅에서는 바르지 못한 자세가 근육 경련의 주요 원인이 되기도 한다. 따라서 정확한 파지법을 숙지하고 상황에 맞게 응용하는 것이 중요하다.

지깅용 베이트 캐스팅릴 대형 T형 핸들 파지법

핸들 노브를 손으로 강하게 쥐어 잡지 않도록 주의해야 한다. 손바닥 안쪽에 약간의 공간을 만든다 생각하고 엄지를 제외한 네 손가락으로 핸들의 밑부분 안쪽을 살짝 감싸듯 파지한다.

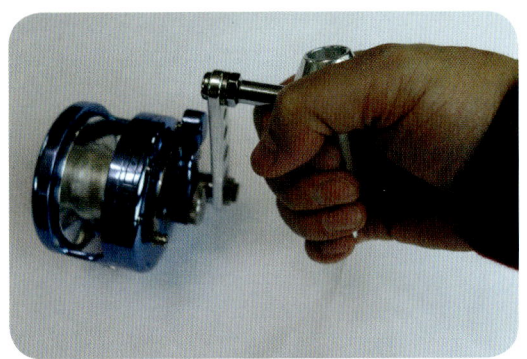

베이트 캐스팅릴 타원형 노브 타입 핸들 파지법

노브 전체를 손으로 감싸 쥐는 것은 바람직하지 않다. T형 노브를 파지하는 방법과 비슷하게 타원형 노브를 세로로 세워서 오른손 안쪽으로 감싸 쥐듯 파지하되, 강한 힘으로 쥐지 않도록 주의한다. 손바닥 안쪽에 약간의 여유 공간을 만들어 주는 것이 요령이다.

레벨와인더가 없는 지깅 전용 릴 라인 회수 레벨링 방법

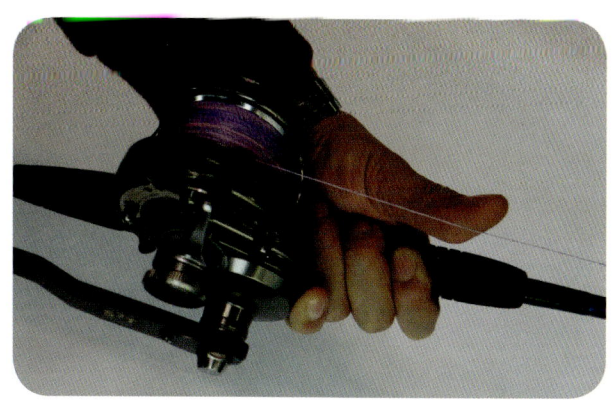

지깅 낚시 입문자들 중에는 라인 레벨와인더가 없으면 불편해하는 사람들이 많다. 그러나 낚시 도중 일어나는 약간의 불규칙한 와인딩은 그다지 큰 문제가 되지 않는다. 포인트를 옮기기 위해서 메탈지그를 완전히 회수한다거나 혹은 낚시를 마감하는 단계 등 원줄을 스풀에 정갈하게 정리할 필요가 있을 때만 왼손의 엄지를 이용해 좌우를 고르게 레벨링 해주면 된다.

중대형 베이트 지깅릴 저킹 동작 시 파지법

지깅용 베이트릴을 로드의 릴시트에 장착하여 사용할 때 왼손으로 파지하는 방법이 잘못된 채로 장시간 저킹을 하게 되면 손목과 팔의 근육에 상당한 스트레스를 주게 되고 이로 인해 근육의 피로도가 상승해 근육 경련과 엘보의 원인이 되기도 한다.

바른 파지법은 로드의 트리거 부분과 릴을 동시에 손바닥 위에 올려놓고 편하게 감싸쥐는 것이다. 손가락을 힘주어 벌린 채로 릴을 감싸 쥐게 되면 손가

락과 인대에 상당한 피로감이 더해진다. 따라서 손바닥 위에 말랑말랑한 홍시 하나를 올려놓았다는 기분으로 홍시가 터지지 않도록 조심히 감싸듯이 파지를 하는 것이 좋다.

스피디한 핸들링을 위한 포핑(캐스팅)용 스피닝릴의 파지법

▶ 타원형 노브

왼손 엄지와 검지 사이에 타원형 노브의 끝이 살짝 노출되도록 살며시 잡는

계란흰을 감싸듯!

다. 계란을 세워서 윗부분이 살짝 드러나도록 조심스럽게 감싸 쥔다는 느낌을 상상하면 된다.

▶ **라운드 타입 노브**

노브를 왼손 안쪽으로 숨기듯 동그랗게 감아쥔다. 펜슬을 최대한 빨리 끌어주어야 할 때처럼 스피디한 핸들링을 하기에 유리한 파지법이다.

3 캐스팅

올바른 파지법으로 로드를 쥐었다면 그다음은 채비를 자신이 원하는 곳까지 던져 넣고 본격적으로 낚시를 시작할 차례다. 이때 자칫 캐스팅에 실수를 하면 주변 사람의 옷 등에 훅이 걸리는 민망한 상황을 연출할 수도 있고, 심할 경우 부상자가 발생할 수 있으며, 멀리 던진다고 힘 있게 캐스팅한 채비가 바로 코앞에 떨어지는 웃지못할 상황이 벌어질 수도 있다. 이런 상황을 피하려면 충분한 캐스팅 연습은 필수다. 그러나 실제 낚시를 하다보면 날씨나 파도 등의 상황이 항상 일정한 것은 아니기 때문에 연습한 대로 잘 되지 않을 수도 있다. 따라서 실전을 통해 캐스팅의 숙련도를 높여가는 과정이 반드시 필요하다.

부시리, 방어의 포핑 낚시에 나서기 위해서는 반드시 캐스팅하는 법을 충분히 익혀야 한다. 부시리, 방어의 캐스팅 낚시에 사용되는 포퍼와 펜슬은 무게가 약 40~130g에 이르고, 훅 또한 와이어를 이용해 연결해야 할 만큼 강한 것을 사

용이므로 캐스팅에 미숙한 채로 선상낚시나 쇼어게임에 나서게 되면 자칫 본인은 물론이고 주변 낚시인들에게 치명적인 위협이 될 수 있기 때문이다.

낚시는 장르가 다양하고 각 장르마다 사용하는 로드의 길이나 휨새, 탄력 등이 조금씩 차이가 나기 때문에 각기 그에 알맞은 캐스팅 방법이 있다. 그러나 캐스팅 하는 자세는 약간씩 차이가 나더라도 기본이 되는 요소들은 모두 동일하다.

사용할 로드의 길이에 따라 로드 그립의 위치가 다르고, 사용하는 스피닝릴의 크기에 따라 릴풋(Reel Foot)을 중심으로 엄지를 제외한 네 손가락의 위치가 달라진다. 부시리, 방어의 포핑(캐스팅) 낚시에 사용되는 스피닝릴은 주로 6000번 이상 8000번 정도인데, 로드를 다룰 때 가장 핵심이 되는 오른손 그립의 제일 중요한 요령은 스피닝릴의 릴풋 앞쪽에 네 손가락이 위치해야 한다는 것이다. 그 이유는 캐스팅 직전에 원줄을 걸어주는 역할을 하는 검지의 위치가 스피닝릴의 라인 롤러의 위치와 동일해야 하기 때문이다.

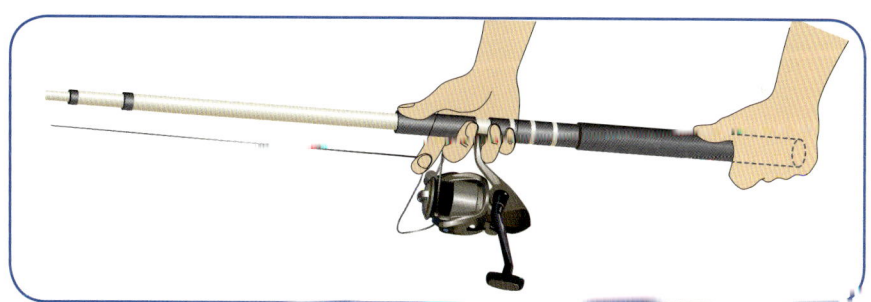

오버헤드 캐스팅

오버헤드 캐스팅은 캐스팅의 가장 기본이 되는 스킬이다. 오버헤드 캐스팅을 할 때 오른손은 오른쪽 귀에서 약 5cm 정도의 간격을 유지해야 하는데 이때 오른손 그립의 위치는 머리에서 주먹 한 개 정도 위쪽이 적당하다. 이때 스피닝릴은 하늘을 향하도록 정확하게 세워주고 오른손은 검지부터 네 손가락 전체, 그리고 엄지까지 강하게 릴 시트를 쥐어 잡아야 한다.

위의 사진은 선상에서 펜슬의 무게를 최대한 활용해 풀스윙 하기 위해 캐스팅 하고자 하는 방향의 반대쪽 난간 밖으로 펜슬을 늘어뜨리고 있는 모습이다.

캐스팅 직전 펜슬을 로드의 가장 큰 가이드가 있는 쪽, 즉 오른손 가까운 쪽으로 최대한 많이 늘어뜨린 다음 마치 도리깨질을 하듯 최대의 원을 그리며 캐스팅한다. 가벼운 포퍼나 펜슬을 사용할 때 캐스팅 비거리를 최대한 늘릴 수 있는 방법 중 한 가지이다. 맞바람 시에 장거리 캐스팅에도 유리하다.

위 사진은 캐스팅이 이루어지기 직전의 순간으로, 펜슬을 주시하느라 몸이 오른쪽으로 틀어져 있는 상태지만 스트로크로 로드가 머리 위로 넘어오는 순간부터는 정확하게 자세를 바로 잡아야 한다. 사진에서 오른손이 빈틈없이 로드 그립(릴풋 앞쪽)을 쥐고 있는 모습을 확인할 수 있다. 왼손은 사진에서처럼 오른쪽 겨드랑이 밑으로 로드를 끌어당길 준비를 취하고 있어야 한다.

위 사진은 캐스팅이 완벽하게 끝나기 직전의 자세이다. 캐스팅이 완벽하게 마무리되기 위해서는 왼손이 잡고 있는 로드의 그립이 오른쪽 겨드랑이 밑으로 들어와 로드가 수평을 이루어야 한다.

로드는 수평을 이루고 오른손의 그립은 릴풋 앞쪽에 위치하고 있다. 혹시 캐스팅 시 실수가 있을 수도 있으므로 이때 로드를 놓치지 않도록 왼손으로 로드의 밑부분을 힘주어 잡고 있어야 한다.

펜슬이 허공에서 자연스럽게 180도로 궤적을 그려야 한다는 느낌으로 로드를 부드럽게 끌어 당겨야 한다. 이때 주의해야 할 점은 캐스팅의 중심이 오른손이 아니라는 것이다. 오른손은 로드가 그리는 궤적의 중심점이 된다고 생각해야 한다. 대신 로드의 밑을 잡고 있는 왼손을 오른쪽 겨드랑이 밑으로 끌어당기며 로드로 반원을 그린다는 느낌으로 캐스팅을 해야 한다.

로드가 백핸드 상태에서 앞쪽으로 넘어오는 순간부터 캐스팅이 끝나는 마지막 순간까지 머리는 수직으로 세우고 있어야 하며 어깨는 좌우가 수평을 유지하는 상태에서 앞뒤는 직각을 이루어야 한다. 절대 자세가 흐트러지지 않도록 주의해야 한다.

캐스팅 직전에는 가장 먼저 스피닝릴의 베일이 오픈되어 있는지 확인을 해야 하고 두 번째로는 펜슬의 바늘이 배의 난간이나 로프, 혹은 주변에 있는 사람에게 위험하지 않은지 반드시 살펴보아야 한다. 따라서 캐스팅 직전에는 반드시 뒤쪽으로 시선을 돌려볼 필요가 있다.

스피닝릴의 베일이 오픈되어 있는지 다시 한 번 확인한 다음 캐스팅 직전에 릴을 머리 위쪽으로 주먹 한 개 정도의 공간을 두고 들어올린다. 캐스팅이 이루어지는 순간에는 어깨가 좌우 수평을 이루도록 바른 자세를 취해야 한다.

캐스팅 과정에 필요한 사항들을 아무리 열심히 숙지했다 해도 흔들리는 배 위에서 이를 정확하게 구현하는 것은 쉬운 일이 아니다. 따라서 캐스팅이 익숙치 않은 초심자들은 배에 오르기 전에 미리 땅 위에서 충분히 연습을 해 두어야 한다.

언더핸드 캐스팅

언더핸드 캐스팅은 배 위에서 활용할 수 있는 캐스팅 방법이다. 또는 배 위가 아니더라도 좌우나 뒤쪽에 여유 공간이 없을 때도 유용하다. 로드를 밑으로 힘껏 내렸다가 튕기는 힘으로 채비를 멀리 날려 보내면 된다.

4 드랙

드랙의 개념과 중요성

드랙이란 릴의 스풀 샤프트 한쪽에 카본, 천연 콜크, PE 소재의 워셔 등이 여러 겹으로 겹쳐 있는 부분을 가리키는데, 대상어와의 파이팅 시 라인이 급격하게 풀리는 것을 막아주는 브레이크 기능을 하는 동시에 라인에서 발생하는 마찰열을 줄여주는 역할도 한다. 드랙 노브(Drag knob)를 조였다 풀기를 반복하면서 라인이 감기는 속도를 조절해 격렬한 파이팅 속에서 로드와 낚시인을 보호해주는 장치인 것이다. 따라서 근본적으로 대형 어종을 안전하게 제압하는 데 도움을 주고자 하는 것이 이 장치의 본래 목적이라고 할 수 있다.

그런데 의외로 드랙을 그저 릴의 부속물 정도로만 인지하고 적당히 맞추어만 둘 뿐 제대로 사용해 본 적이 없다고 하는 낚시인들이 많다. 심지어 사용법 자

레버드랙

스타드랙

체를 아예 모르는 사람들도 상당수다. 그러나 진정한 프로 낚시인이라면 릴의 드랙 성능을 제대로 파악하고 능숙하게 사용할 수 있어야 한다. 드랙을 어떻게 사용하느냐에 따라 대상어종을 제압하고 랜딩하는 과정에 차이가 크게 나기 때문이다.

만약 이제껏 드랙을 제대로 사용해 보지 않았다면 지금부터라도 드랙의 중요성을 인식하고 그 사용법을 익히도록 하자. 분명 훅셋의 성공률이 현저한 차이를 보일 것이다.

드랙의 활용법

드랙은 약하게

소형 릴을 사용하는 일반적인 낚시에서는 드랙의 역할이 크지 않다. 그러나 빅게임 낚시나 배스, 쏘가리 등을 대상어로 하는 루어 낚시에서는 드랙의 정밀한 조정이 조과를 좌우한다고 해도 과언이 아니다. 특히 100kg 이상의 참치 같은 초대형 어종을 노릴 경우에는 드랙의 능숙한 사용 여부가 성공적인 랜딩의 핵심이나 마찬가지다.

드랙은 대상어종에 따라 맞추는 것이 아니라 릴을 장착한 로드의 휨새 강도에 맞추는 것이 바람직하다. 로드에 릴을 장착하고 가이드에 원줄을 통과시킨 다음 원줄의 끝을 기둥에 묶어 고정한 뒤 로드를 최대한 당겨본다. 로드가 꺾여서 부러지기 직전을 100으로 본다면 약 80 정도 당겼을 때를 최대 휨새로 보고 이 상태에서 드랙이 조금씩 풀리는 정도로 세팅하는 것이 기본이다.

구분 대상어종	PE라인(원줄)	쇼크리더(목줄)	조력 (실제 사용 드랙)
부시리, 방어(지깅)	3~5호	50~80lb(10m)	3~10kg
대구(지깅)	1~3호	30~60lb(2m)	3kg
부시리, 방어(포핑)	3~8호	701~1301lb(2.5m)	3~12kg
참치류(지깅)	5~6호	90~200lb(15m)	15kg

빅게임에서는 드랙 파워 체크용 저울을 이용해 드랙의 파워를 목적에 맞게 정확히 조절하고 낚시를 시작하는 것이 매우 중요하다.

일단 낚시를 시작한 후 입질이 오고 후킹에 성공한 다음 파이팅으로 이어지는 일련의 과정에서는 한 마리의 대상어를 낚는 도중에도 필요한 드랙의 파워가 순간순간 달라진다. 그러나 어느 순간에 몇 kg의 드랙 파워가 필요한지를 수치로 단정 지어 말하기는 어렵다. 같은 로드와 드랙을 사용하더라도 그것을 활용하는 개인의 능력에 따라 적절한 드랙의 파워에 차이가 있을 수 있기 때문이다.

따라서 본인에게 맞는 드랙의 파워는 본인이 직접 체득하는 것이 가장 좋다. 그러나 순간순간 급변하는 불규칙한 상황에 맞추어 드랙의 파워를 가감하는 능력은 현장에서 다양한 어종들을 직접 상대하며 쌓은 경험을 통해 체득하는 것이므로 노하우를 쌓기까지 꽤나 오랜 시간이 필요하다.

우선 기본적으로 명심해야 할 사실은 드랙 노브를 조절할 때 항상 지나치게 급격한 조절은 자제하되 필요에 따라 서너 단계 정도를 순간적으로 올리거나 내릴 수 있는 순발력을 갖추어야 한다는 것이다. 초반부터 드랙의 파워를 무리하게 올리는 것은 금물이다. 최소한의 파워로 시작해 최고치의 파워가 필요한 순간까지 중간중간 조절을 해가며 드랙을 사용해야 한다.

스스로 자신에게 맞게 드랙의 파워를 조정할 수 있는 수준에 도달하기 전까지는 여기서 제시하는 가이드 라인을 참고로 하면 도움이 많이 될 것이다.

드랙이 강하면 대상어 반발력이 두 배

대상어와의 파이팅 시 필요한 드랙의 파워를 4단계로 나누어 제시하자면 다음과 같다.

1단계는 부시리와 방어를 기준으로 생각했을 때 바이트, 즉 입질이 온 다음 후킹을 하기까지로 볼 수 있고 이때 필요한 초기의 드랙 파워는 약 7kg 정도가 적당하다.

2단계는 후킹이 완벽하게 이루어지고 나서 대상어와 힘을 겨루는 시기로, 드랙을 살짝 풀어 파워를 약 5kg 정도에 맞추는 것이 좋다.

3단계는 런닝(Runnig) 단계로 대상어와 낚시인 사이의 기 싸움이 치열하게 이루어지는 시기다. 흥분해서 실수를 하기 쉬운 단계이므로 드랙의 파워를 약 7~9kg 사이로 무난하게 맞추어두고 드랙을 여유있게 다루어야 한다. 조급한 마음에 드랙을 성급하게 조절하는 것은 절대 금물이다.

낚시를 마무리하는 마지막 단계인 랜딩 직전에는 드랙의 최대 파위를 약 9~12kg 정도에 맞추고 대상어가 머리를 반대쪽으로 틀지 못하도록 지속적인 프레스를 가해야 한다.

낚시의 과정을 대략 이렇게 4단계로 나누어 후킹이 이루어진 순간부터 랜딩을 성공적으로 마칠 때까지 긴장을 늦추지 않고 매 순간 순발력 있게 드랙의 파워를 조절할 수 있는 실력을 갖추어야 한다. 드랙 세팅의 변화를 주지 않은 채

후킹에서 랜딩까지 무리 없이 성공하기란 거의 불가능하기 때문이다.

노리는 대상어가 대형일수록 초반은 드랙의 세팅을 가볍게 해야 한다. 그래야 반발력을 줄여 원줄이나 쇼크리더가 터지거나 로드가 부러지는 사고를 방지하여 안전한 파이팅을 할 수 있기 때문이다.

짜릿한 손맛을 볼 수 있는 기회는 누구에게나 찾아오지만 그 기회를 완벽한 성공으로 이끌 수 있는 것은 준비된 낚시인들뿐이라는 사실을 명심하고 미리미리 드랙을 능숙하게 다룰 수 있도록 사용법을 익혀 두자.

드랙의 능동적 활용

드랙을 자유자재로 다룰 수 있는 요령을 익히는데 왕도는 없다. 드랙의 조절은 상황에 따라 순간순간 감각적으로 이루어져야 하는데 이러한 감각을 키우기 위해서는 부단한 연습과 충분한 실전 경험 말고는 달리 방법이 없다는 뜻이다. 자신의 드랙이 가진 최저 파워부터 최고 파워까지를 충분히 파악하고자 한다면 오랜 시간 자신의 손으로 직접 드랙을 조이고 풀어보는 것이 최선이자 유일한 방법이다.

처음부터 드랙의 파워를 최대치로 올리고 시작하면 되지 않겠냐는 생각은 어림도 없다. 초반에는 반드시 드랙의 파워를 가볍게 조절해야 한다. 무작정 드랙의 파워를 높게 설정해 두면 대상어의 반발력 또한 그만큼 높아지기 때문에 원줄이나 쇼크리더가 터지는 원인이 될 수 있기 때문이다.

릴에 맞는 적정한 드랙을 사용하는 것도 중요하다. 자신이 가진 릴의 드랙 파워가 최대 20kg이라고 가정한다면 이를 파이팅 시에 한계까지 끌어다 쓰는 것은 무리다. 드랙 한계의 80% 정도인 약 16kg 정도의 파워만 사용하고 나머지

4kg 정도는 여유로 남겨 놓는다고 생각해야 한다. 그러므로 자신이 가진 드랙으로 실제 원하는 만큼의 파워를 낼 수 있는지도 잘 따져볼 필요가 있다.

지깅 낚시나 포핑 낚시를 할 때는 만드시 시깅용 장갑을 착용한 상태로 파이팅에 임해야 한다. 급박한 상황에서 드랙 파워의 가감이 빠르게 이루어져야 할 경우 스풀을 손으로 잡고 드랙을 조절해야 하기 때문이다. 실전에서는 이러한 순발력이 매우 중요한데 자칫 맨손으로 스풀을 잡았다가는 큰 부상을 입을 수도 있다.

급박한 상황이 아니더라도 드랙의 파워를 섬세하게 조절하기 위해서는 손을 스풀에 일부 접촉한 상태로 유지하는 것이 좋다. 손으로 전해져오는 대상어의 반발력을 감지해 그에 알맞게 드랙의 파워를 조절해야 하기 때문이다.

드랙 파워 조절에 실패해 원줄이나 쇼크리더가 터지는 일이 생기면 다 잡은 것이나 다름없는 대물을 눈앞에서 허무하게 놓치는 안타까운 일을 경험하게 될 공산이 크다. 후회는 아무리 빨라도 결국은 늦을 수밖에 없으니 낚시인이라면 미리 드랙 조절 테크닉을 키워두는 것이 좋을 것이다.

드랙워셔 소재별 장단점

드랙의 역할을 이해하기 위해 자동차를 예로 들어 보자. 자동차에서는 브레이크 라이닝과 패드의 역할이 매우 중요하다. 이러한 부품들을 정품으로 사용하지 않으면 브레이크를 밟을 때 요란한 소음이 발생한다거나 위험한 상황에서 제동 거리가 길어지고 정지 모션이 불규칙해질 수 있다. 그래서 주행 성능이 뛰어난 자동차일수록 중요해지는 것이 바로 브레이크 관련 장치들이다.

낚시에서 이런 역할을 하는 것들이 바로 릴의 드랙이다. 특히 대형 어종을 대상어로 하는 지깅 낚시나 포핑 낚시일수록 릴의 드랙 성능이 조과를 좌우한다고 해도 과언이 아니다. 이러한 드랙의 성능은 드랙 워셔의 소재에 따라 달라지기 때문에 드랙 워셔의 소재별 특성과 장단점을 잘 알고 있어야 한다.

천연 콜크는 빅게임 전용 릴에 사용되는 드랙 워셔 소재 중 최고의 내구성을 자랑한다. 워셔와 드럼 사이에서 발생하는 고열을 분산 흡수하는 능력이 뛰어나 강한 마찰에서도 무리 없이 브레이크 기능을 발휘하기 때문에 대형 베이트 릴에 주로 사용된다. 출고 당시 기본적으로 장착되어 있는 카본 워셔에 천연 콜크 소재의 튜닝을 더하면 드랙이 본래 성능의 두 배 이상을 발휘하도록 할

수 있다.

드랙워셔 소재	내구성	내열도	마찰력
콜크드랙	A	B	A
카본드랙	A	A	B
콜크 / 카본	A	A	A
카본 / 메탈(brass)	A	B	C
카본/콜크/메탈	AA	AA	AA

카본 소재는 어지간한 고급형 스피닝릴과 베이트릴에 모두 사용되고 있다. 카본 원판과 카본 섬유를 합한 형태의 워셔를 여러 겹으로 겹쳐 카본 워셔끼리의 마찰에서 발생하는 열로 인한 카본의 블랙 결정화를 방지하도록 만들어져 있다. 마찰열을 분산시키는 역할을 하는 그리스를 워셔 사이에 발라주면 처음 세팅한 드랙의 힘을 보다 장시간 고르게 유지시킬 수 있다. 그리스는 90도 이상의 열을 견딜 수 있는 내열도가 높은 것은 사용하는 것이 좋다.

액션

5

지깅 낚시를 위한 모든 채비를 완벽하게 갖추었다면 그다음은 지그에 달아 있는 미끼 같은 움직임을 줄 수 있는 액션을 익힐 차례다. 릴을 감는 속도에 변화를 주거나 로드를 적절히 움직여 지그에 생동감 있는 움직임을 주는 것이다.

사실 낚아 올릴 준비를 아무리 열심히 해 두었어도 정작 대상어를 유혹해 훅을 물도록 만들 수 없다면 아무런 소용이 없다. 액션의 준비 자세부터 응용 동작에 이르기까지 차근차근 익혀 보자.

지깅 준비 자세

버티컬지깅은 낚시인의 피로도를 경감시키고 장비의 파손을 방지하기 위해 로드의 파지법부터가 여타의 낚시 장르와 사뭇 다른 점이 많다. 일반적으로 가장 효율적인 자세는 다음과 같다.

그립을 겨드랑이에 낀 자세

지깅 전용 로드를 사용할 때는 로드를 겨드랑이에 끼워 고정하는 것이 가장 기본적인 자세다. 그립이 긴 로드를 겨드랑이에 끼우게 되면 양손이 비교적 자유로워 지깅 액션을 취하기 편한 상태가 된다. 파이팅을 할 때에도 로드를 세우지 않고 기본 자세를 그대로 유지하는 것이 좋다. 이 자세는 짧은 로드를 사용할 경우에도 충격을 흡수해 로드의 파손을 상당 부분 막아주기 때문에 효율적이다.

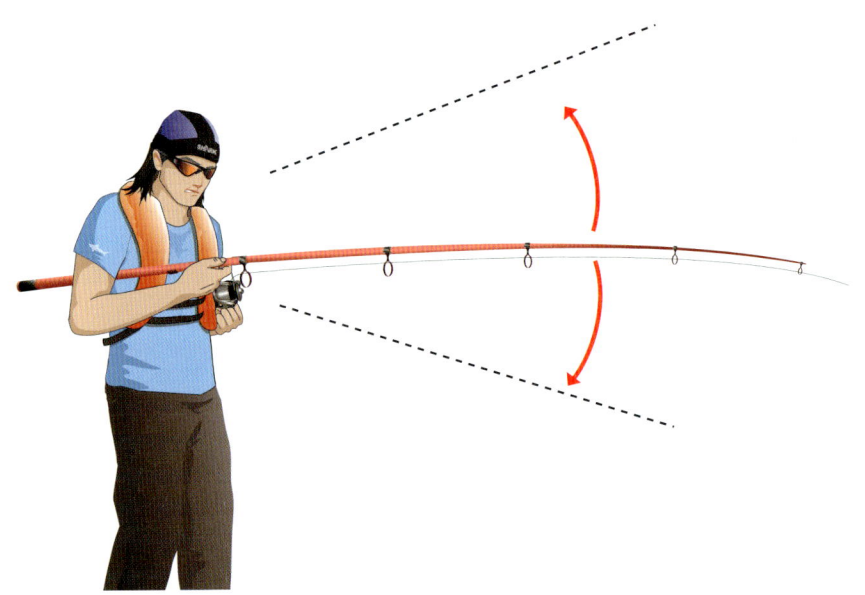

파이팅벨트를 활용하는 자세

무거운 지그에 액션을 주거나 대형 어종과의 파이팅이 예상될 때 적합한 자세다. 그립을 겨드랑이에 낀 자세로 낚시를 하다가 파이팅이 시작될 조짐이 보인다면 심벌을 파이팅벨트에 끼워 자연스럽게 자세를 변화시키면 된다.

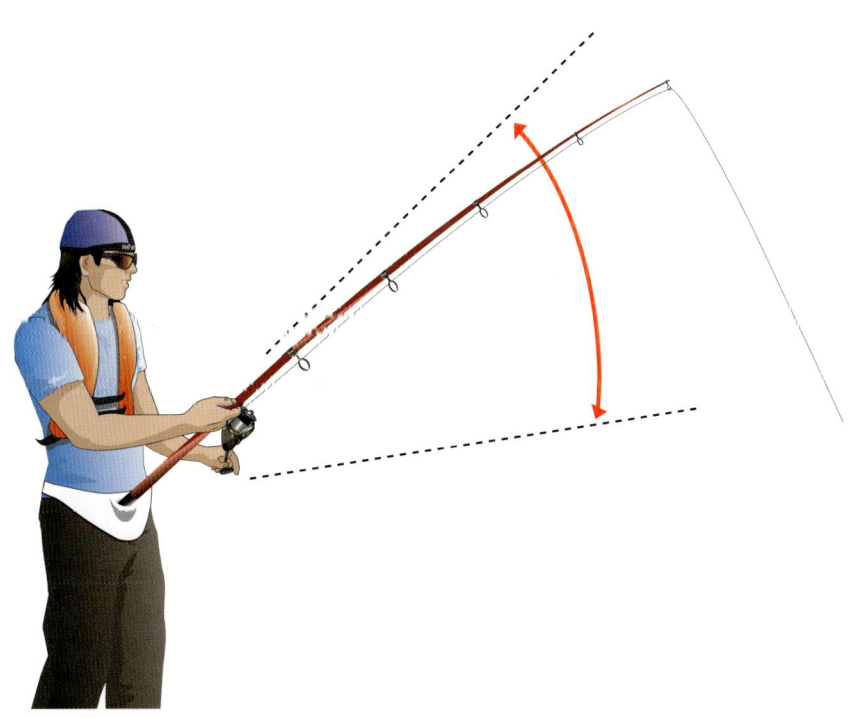

지깅 액션

폴링

채비를 캐스팅한 후 물속으로 자연스럽게 가라앉히는 과정을 폴링이라고 한다. 지그는 무조건 가라앉는 것이 아니냐고 생각할 수도 있지만 본인이 원하는 포인트에 정확하게 가라앉히기 위해서는 적절한 기술이 필요하다. 대표적인 폴링스킬로는 프리폴링, 커브폴링 등이 있다.

프리폴링은 캐스팅을 한 후 라인에 장력을 주지 않고 지그를 수직으로 가라앉히는 것을 말한다. 릴에서 라인이 쉽게 풀릴 수 있도록 한 다음 지그가 착수하면 로드를 내려주어야 한다.

커브폴링은 캐스팅 후 라인에 장력을 주어 지그가 곡선을 그리며 가라앉게 만드는 방식이다. 지그를 입수시킨 다음 라인을 정지시키고 로드의 끝을 세워주면 라인에 힘이 실리면서 지그가 수직으로 하강하는 대신 둥글게 곡선을 그리며 포인트로 들어간다.

커브폴링

프리폴링

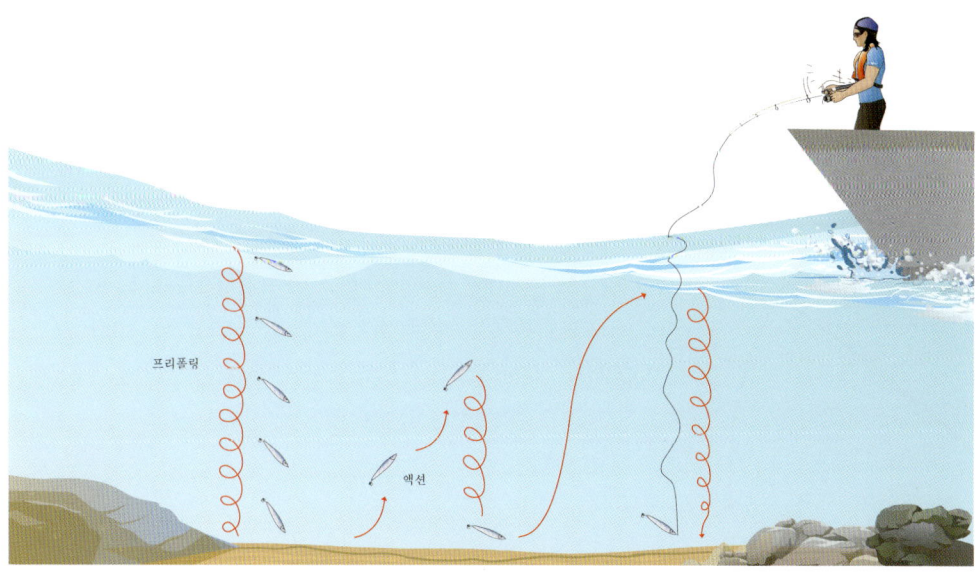

저킹

저킹은 로드를 강하고 빠르게 쳐올리는 동작으로 지깅 액션의 기본이라고 할 수 있는데 크게 숏저킹과 롱저킹으로 나뉜다. 무생물인 지그를 살아있는 먹잇감처럼 생동감 있게 보이게 하려면 폴링 이후에 이루어지는 저킹에 세심하게 신경을 써야 한다.

숏저킹은 말 그대로 로드를 짧고 강하게 쳐올리는 방법으로 커브 폴링에 이어서 사용하면 효과적이다. 롱저킹은 강한 힘으로 로드를 위로 높게 쳐올리는 액션으로 보통 프리폴링 이후에 많이 사용한다. 롱저킹을 하면 지그가 물속에서 점프를 하는 것처럼 위로 튀어 올랐다가 천천히 다시 폴링하는 모습을 볼 수 있다.

저킹 종류에 상관없이 로드를 위로 힘껏 쳐올린 다음 동작을 잠시 멈추는 순간에 입질이 오는 경우가 많다. 따라서 항상 라인이 늘어져 있지 않도록 신경을 써야 한다. 그렇다고 수시로 라인을 릴로 감으라는 뜻은 아니다. 로드로 액션을 취한 다음 액션으로 인해 늘어진 만큼의 라인만 릴로 거두어들이는 것이 자연스럽다.

롱저킹 요령
① 낚싯대를 최대한 내리면서 릴의 핸들을 3~4회 빠르게 감아준다.
② 낚싯대를 위로 강하게 혹은 부드럽게 최대한 위로 들면서 저킹해준다.
③ 낚싯대를 내리고 다음 저킹 동작이 취해질 때까지 메탈지그가 자연스럽게 떨어지도록 한다.(프리폴링)

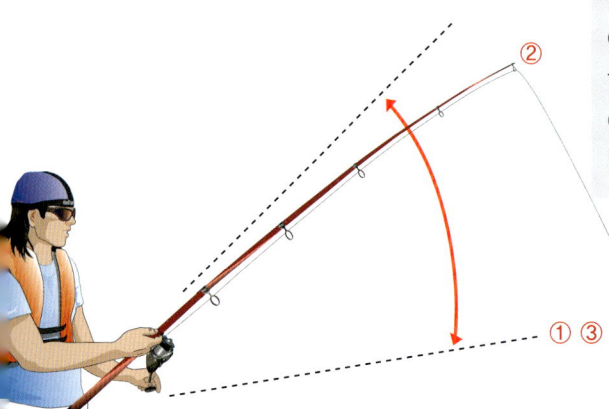

숏저크

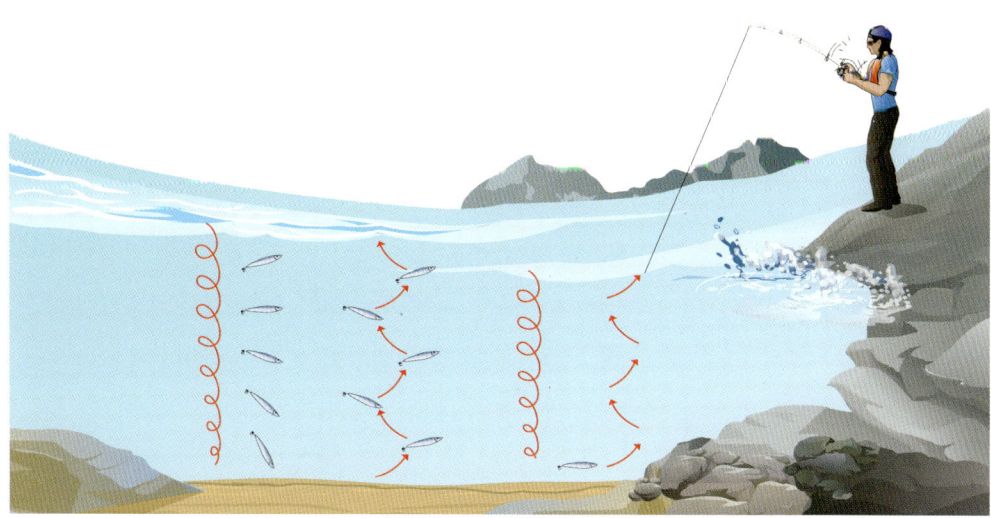

롱저크

하이피치 숏저크

하이피치 숏저크는 로드를 한 번 채듯이 위로 당긴 다음 릴의 핸들을 재빨리 감는 액션을 연속적으로 반복하는 것을 말한다. 한 번 저킹을 할 때마다 릴을 1회에서 3회 정도 감는 것이 좋다. 반복되는 일련의 과정이 리듬을 타고 매끄럽게 이어지도록 해야 한다.

주로 저중심형 지그를 사용할 때 많이 이용하는 저킹 방법인데 이때 저킹의 폭을 작게 하되 빠르고 연속적으로 액션을 이어가는 것이 중요하다. 저중심형 지그 대신 좌우 비대칭형 메탈지그를 사용하면 지그가 소용돌이치며 움직이는 듯한 모습을 연출할 수 있다.

페달저크

페달저크는 로드를 채는 동작과 릴을 감는 동작을 연속으로 이어가는 액션이다. 로드를 위로 들어 올릴 때는 릴의 핸들을 몸쪽에서 바깥쪽으로 향하게 한다는 느낌으로 아래로 돌리고, 로드를 아래로 내릴 때는 릴의 핸들을 반대로 밑에서 위로 놀려준다. 마치 자전거 페달을 돌리듯 양 손을 교대로 오르내리며 움직이게 되는 액션이다. 릴을 많이 감아야 하므로 기어비가 높은 릴을 사용하는 것이 좋다.

원피치원 저크

원피치원 저크는 로드를 한 번 저킹할 때마다 릴을 한 바퀴씩 감아주는 과정을 연속해서 반복하는 액션이다. 양손이 동시에 오르내리는 자세이므로 로드와 릴의 핸들 움직임이 서로 연동해서 이루어진다. 이 방법을 써서 저킹을 하게 되면 지그가 옆으로 미끄러지듯 슬라이딩을 하는 모습을 보이는데 이밖에도 저크의 폭과 라인의 상태, 릴링 속도 등에 따라 다양한 모습을 연출할 수 있다.

베벨저크

베벨저크는 지그를 사선으로 끌어주는 액션이다. 조류 등에 의해 라인이 쓸려 지그와 라인이 수직 상대를 이루지 못하는 상황에서 주로 사용된다. 로드를 한 번 크게 저킹하여 조류의 상태를 점검한 후 상황에 맞추어 릴링의 정도를 결정하는데, 베벨저크를 이용해야 할 상황이라면 한 번 저킹 할 때마다 릴의 핸들을 2회에서 4회 정도 감아주는 것이 적당하다. 지그가 사선으로 올라오는 동안 대상어가 있는 수심층에서 상대적으로 오래 유영하게 된다는 장점이 있다.

요요잉

지그가 요요처럼 위 아래로 움직이는 동작을 반복하게 만드는 저킹 액션을 요요잉이라고 한다. 지그를 바닥까지 가라앉혔다가 1~2m 정도 감아올린 후 로드를 이용해 30~50cm 정도의 폭으로 오르내리게 연출하는 방법이다. 바닥층이나 암초 근처에 있는 대구나 넙치, 능성어, 우럭 등의 어종을 공략할 때 이용하면 효율적이다.

리프트 앤 폴

리프트 앤 폴은 지그를 바닥까지 떨어뜨렸다가 끌어올리고 다시 떨어뜨리기를 반복하는 액션이다. 지그가 바닥에 닿으면 로드를 순간적으로 90도까지 위로 들어 올렸다가 빠르게 떨어뜨리는 동작을 반복한다. 이렇게 하면 지그가 마치 바닥을 딛고 뜀을 뛰는 것처럼 20~100cm 정도를 오르내리게 된다.

슬로우지깅을 할 때 많이 이용되는 액션이며 바닥 상황에 따라 라인을 적절히 풀어주거나 감아주는 등의 응용을 할 수 있다.

저크 앤 저크

저크와 릴링을 연속으로 이어가는 액션이다. 지그가 착수를 한 순간이나 또는 목표 수심만큼 가라앉았다 싶은 순간에 로드를 강하고 폭넓게 당겨 저킹을 하면서 그 사이 늘어진 라인을 재빠른 릴링으로 거두어들이고 또다시 로드를 당겨 저킹하는 동작을 반복한다.

저킹의 폭과 여유분의 라인을 감아들이는 속도의 차이에 따라 지그의 움직임이 달라진다.

고속 페달릴링

로드를 재빠르게 살짝살짝 챈다는 느낌으로 움직이며 빠르게 릴링을 하는 액션이다. 얼핏 버티컬지깅의 페달저크와 비슷한 것처럼 보이지만 로드를 크게 움직이는 대신 살짝 흔드는 정도라는 점에서 차이가 있다. 이 액션은 지그에 불규칙한 움직임을 연출해 지그가 마치 대상어들에게 마치 쫓겨 도망가는 작은 물고기처럼 보이게 하는 효과가 뛰어나다. 지그의 동작을 좌우하는 것은 릴링의 속도와 로드를 흔드는 정도이므로 상황에 맞추어 낚시인이 적절히 조절하면 된다.

포핑 액션

포핑

포핑은 로드를 순간적으로 세워 수면으로 끌어들이는 동작이다. 그러면 수면에 물보라와 "폭"하는 파열음이 나면서 중대형 회유어들을 유혹한다. 순간적으로 로드를 끌어들이는 동작이 끝나면 잠시 멈춤 후 풀린 라인을 재빠르게 감아들여야한다. 이와 같은 동작을 반복적으로 리드미컬하게 하는게 좋다.

멈춤   멈춤

워킹 더 독

워킹 더 독은 루어가 마치 개가 목을 흔드는 것처럼 움직이게 된다 해서 붙여진 이름이다. 캐스팅 후 수면의 파문이 사라지면 느슨해진 라인을 릴로 감은 뒤 로드를 아래쪽으로 가볍게 끊어서 쳐주면 되는데, 잠깐씩 멈추었다가 같은 동작을 반복하면 된다.

도망치는 멸치 떼에 채비를 캐스팅해 넣은 다음 빠르게 워킹 더 독 액션으로 로드를 움직여 주면 중대형 회유어들의 손맛을 제법 쏠쏠하게 볼 수 있다.

고속 릴링

재빨리 릴을 감아올려 라인과 지그를 거두어들이는 동작이다. 주변을 광범위하게 탐색할 때 주로 이용된다. 릴링을 할 때 지그가 물의 저항을 받아 액션을 취하게 되는데, 릴을 빨리 감아들이면 움직임이 격해지고 감는 속도를 늦추면 움직임이 작아진다.

이때 주의할 것은 릴링 시 로드와 라인이 일직선이 되어서는 안 된다는 것이다. 로드와 라인이 일직선을 이룬 상태에서 릴링을 하게 되면 대상어가 지그를 공격하며 입질을 할 때 로드에 탄력을 주기가 힘들고 지그가 탁 튀어올라 버리는 수가 있다.

포인트에 따라 로드를 세우거나 내리면서 지그가 통과하는 수심층을 조절하는 것이 중요한데 이때 지그의 종류별로 라인을 감는 속도에 따라 유영하는 층이 달라지기도 한다. 플로팅 미노우는 라인을 천천히 감으면 수면의 상층을, 빨리 감으면 일정 깊이에 도달하여 유영을 한다. 반대로 싱킹 미노우의 경우는 라인을 천천히 감으면 일정한 수심층을 유영하지만 빨리 감으면 위로 부상하는 모습을 보인다.

랜딩 액션

랜딩은 후킹한 고기를 물밖으로 건져 올리는 것을 말한다. 낚시를 하면서 가장 긴장감과 스릴이 넘치는 순간은 누가 뭐래도 대상어와 한 판 승부를 겨루는 파이팅 시기일 것이다. 초보 낚시인들이 가장 실수를 많이 하는 때도 바로 파이팅이 이루어지는 도중이다. 아무래도 눈앞에 고기가 모습을 드러내게 되면 흥분을 하게 되는 것이 인지상정이기 때문이다. 그래서 빨리 낚아 올려야겠다는 마음이 앞서 무리하게 랜딩을 시도하다가 로드가 부러지거나 라인이 끊어지는 사고가 자주 일어난다. 아무리 마음이 급하더라도 흥분을 가라앉히고 훅에 걸린 녀석과 밀당을 한다는 마음으로 서서히 끌어올리며 랜딩을 준비해야 실수가 적다.

적절한 챔질과 밀당으로 고기를 수면 위까지 끌어올렸다면 랜딩의 절반은 성공한 것이나 다름없다. 물밖으로 모습을 드러낸 대상어를 뜰채 등을 이용하여 완전히 밖으로 끌어내면 비로소 완벽한 랜딩이다.

훅업

로드를 위로 재빗 힘껏 당겨 액션을 취하면서 손끝에 정신을 집중하다 보면 대상어가 누이를 부는 것을 느낄 수 있다. 강한 입질일 때도 있고 약하게 느껴질 때도 있는데, 이때 바로 챔질을 하여 훅이 물고기 입에 확실히 걸리도록 하는 것이다.

위 사진은 필자가 캐스팅 직후 펜슬을 빠른 속도로 리트리브하던 도중 방어의 바이트가 이루어져 순간적으로 훅업을 강하게 연출하고 있는 장면이다. 미터급 방어가 펜슬을 물고 빠른 속도로 뛰어 올라왔을 때, 머리를 틀기 전에 로드의 끝을 위로 들어 올리면서 릴의 핸들을 두 바퀴 감고 다시 로드를 밑으로 강하게 내려서 훅업 동작을 취하기 직전의 순간이다. 바이트가 이루어졌을 때 훅업을 강하게 성공시켜 두지 않으면 랜딩 도중에 훅이 빠져버리는 일이 비일비재하다. 따라서 입질이 들어오면 순간적으로 빈틈없는 훅업 동작으로 이어져야 하기 때문에 로드와 릴의 파지 방법과 위치가 상당히 중요하다.

이렇게 펜슬을 순간적으로 빠르게 감아올릴 때에는 로드의 그립을 겨드랑이 밑에 바짝 끼우고 릴의 핸들을 돌려주어야 로드를 쥐고 있는 오른손의 피로감을 현저하게 줄일 수 있다.

파이팅

위 사진은 훅업이 완벽하게 이루어지고 난 후 방어를 뱃전 가까이 끌어와 랜딩을 시도하기 직전의 모습으로, 미터급 방어와의 막바지 힘겨루기에 들어가는 순간을 포착했다. 낚시인이라면 이때가 바로 엔돌핀이 최고로 치솟는 가장 짜릿한 순간이 아닐 수 없다.

바면 이 순간은 낚시인들에게 가장 위험한 순간이기도 하다. 이때 로드를 치켜세우거나 드랙을 너무 강하게 맞추어 놓으면 부시리, 방어가 순간적으로 배 밑전에 쳐박히는 경우가 생기는데, 그런 일이 발생하면 로드는 100% 부러진다고 보아야 한다. 정말 최악의 순간이 아닐 수 없다.

랜딩

지깅(포핑) 낚시를 처음 시작하는 초심자들은 랜딩 시에 팔꿈치를 굽혀 손으로 로드를 잡아당기는 실수를 하는 경우가 많다. 그래서 입문 과정에서부터 유경험자로부터 정확한 정보를 얻고 충분한 교육을 받는 것이 중요하다.

팔꿈치를 쭉 펴서 상체와 로드가 약 70도 정도를 유지한 상태에서 상체와 오른손이 쥐고 있는 프론트 그립, 오른쪽 팔이 정확하게 정삼각형 모양을 이루게 자세를 잡아야 힘을 덜 들이고 안정적인 랜딩을 할 수 있다.

위의 사진에서처럼 로드를 쥐고 있는 오른손은 팔꿈치를 굽히지 않고 일자로 편 상태에서 무릎은 약 35도 정도의 각도를 이루도록 살짝 구부리고 상체는 앞으로 약 20도 정도 숙여주는 것이 좋다.

바다 위에 떠 있는 배는 언제든 파도의 영향으로 출렁일 수 있으므로 왼손은 항상 배의 난간을 잡을 수 있도록 준비를 해야하는데, 드랙이 급하게 필요할 경우 왼손이 릴 스풀 앞쪽을 잡고 드랙 역할을 해야 할 수도 있다.

뜰채 사용법

일련의 과정을 거쳐 고기가 수면 위로 모습을 드러냈다면 무사히 랜딩시키는 일만 남았다. 작은 고기라면 랜딩 액션만으로도 충분히 물밖으로 끌어낼 수 있지만, 사이즈가 어지간히 있는 어종을 낚았다면 뜰채의 도움이 필요하다.

얼핏 바가지로 물 퍼내듯 뜰채로 고기를 떠내면 되는 것 아니겠냐고 편하게 생각하기 쉽다. 그러나 뜰채의 사용에도 꽤 요령이 필요하다. 다 잡은 고기를 눈앞에서 놓치는 허망함을 느끼고 싶지 않다면 뜰채의 사용법도 꼼꼼하게 익혀둘 필요가 있다.

우선 뜰채를 조심스럽게 물속에 넣은 다음 로드로 고기를 이끌어 뜰채 안으로 유인해야 한다. 이때 반드시 고기가 머리부터 들어갈 수 있도록 방향을 조정해야하는데, 몸통이 절반쯤 들어갔다 싶으면 뜰채를 천천히 끌어당기면서 몸통 전체가 뜰채 안에 담기도록 해야 한다. 고기가 안전하게 뜰채 안에 담긴 것을 확인한 다음 뜰채를 들어올리면 파이팅이 깔끔한 성공으로 마무리 되는 것이다.

이때 로드를 쥐고 있는 낚시인은 대상어의 머리가 뜰채 입구로 들어가기 시작하면 로드를 살짝 내려서 낮춰주는 것이 좋다. 그래야 대상어가 자연스럽게 뜰채 안으로 들어갈 수 있다.

인증과 손질법

낚시를 하면서 가장 행복하고 보람찬 순간은 아무래도 막 고기를 낚아올린 순간일 것이다. 그 순간의 행복과 보람을 오래 간직하는 방법으로 인증 사진만 한 것이 없다. 멋진 인증샷을 남길 수 있는 요령과 이후 고기를 손질하는 방법까지 알아보기로 하자.

인증

인증 사진을 남길 때 가장 중요한 것은 누가 어떤 도구를 사용해 어디에서 어떤 고기를 잡았는지가 한 장 안에 다 담길 수 있도록 해야 한다는 것이다. 또 낚아올린 고기의 눈이 선명하게 잘 나와야 좋은 인증 사진이라고 할 수 있다.

손질

힘든 파이팅을 거쳐 손에 들어온 고기를 맛 볼 차례다. 낚시터 근처의 횟집에 부탁해 손질을 하는 간편한 방법도 있겠지만 직접 잡은 고기인 만큼 손질을 직접 해 보는 것도 낚시의 재미다. 그러나 자칫 어설픈 손질로 고기를 망칠 수도 있으므로 미리 손질 요령을 익혀두도록 하자.

피 빼기

피 빼기 작업은 낚아 올린 고기가 죽기 전에 곧바로 해주는 것이 좋다. 말끔하게 손질한 다음 냉장 보관을 해 두면 다음 날까지 회로 즐길 수 있는 신선함이 유지된다.

고기를 손질할 때는 먼저 칼등으로 대가리를 쳐서 기절을 시켜야 한다. 그런 다음 칼을 아가미 안쪽으로 깊숙이 집어넣어 목뼈 쪽에 있는 대동맥을 자르고 이어서 꼬리 쪽 대동맥도 잘라준다. 동맥을 모두 자른 후 물칸에 담가두면 삼투압에 의해 피가 깨끗하게 빠진다.

내장 제거하기

피를 뺀 다음 할 일은 내장을 제거하는 것이다. 특히 여름철에는 고기가 고래회충 등에 감염되어 있을 가능성이 있으므로 손질할 때 반드시 내장을 먼저 제거해야 한다. 아가미부터 항문으로 이어지는 배 선제를 갈라야 내장을 쉽게 제거할 수 있다.

내장 제거를 마친 고기는 얼음과 함께 아이스박스에 담아둔다. 이때 얼음이 녹은 물이 고기에 닿으면 고기의 맛이 떨어지므로 손질한 고기는 신문지나 수건 등에 싼 다음 비닐봉지 등에 넣어 밀봉해 두는 것이 좋다.

7 빅게임 노하우

낚시는 필요한 장비를 갖추고 스킬을 익혔다고 해서 모든 준비를 완벽하게 마쳤다고 할 수 없는 게임이다. 낚시는 자연의 품에서 이루어지는 스포츠이기 때문이다. 따라서 물때, 날씨, 포인트 등을 제대로 파악하지 못한다면 호기롭게 집을 나섰다가 빈손으로 돌아오는 일이 생길 수도 있다. 그러므로 출발 전에 반드시 이러한 상황들을 꼼꼼하게 체크해 보아야 한다.

물때

물때 관련 용어

물때와 관련된 용어들을 살펴보자.

먼저 밀물은 다른 말로 늘어나는 물, 들어오는 물, 혹은 들물이라고도 하며 전문 용어로는 창조라고 한다. 말 그대로 바닷물이 해안 쪽으로 밀려들어오는 것을 뜻한다. 썰물은 밀물과 반대되는 현상으로 빠지는 물, 줄어드는 물, 날물 등으로 불린다.

조석은 달과 태양의 인력으로 인해 지구의 해수면이 주기적으로 높아졌다 낮아지기를 반복하는 현상을 말한다. 만조는 해수면이 최고조에 달한 상태를 뜻하는데, 바꾸어 생각하면 썰물이 시작되기 직전이라는 뜻도 된다. 간조는 반대로 물이 가장 많이 빠져나간 상태를 말하고 역시 반대로 말하면 물이 들어오기 직전이라는 말이기도 하다.

조류는 밀물과 썰물의 차이에서 생겨나는 물의 흐름을 가리키는데 그중 본류는 우리나라 해역의 밀물과 썰물이 흘러가는 기본적인 방향을 의미한다.

흘러가던 본류가 지형지물에 부딪히거나 떠밀려 거꾸로 흐르는 역류 현상을 반류라고 하며 이럴 때 생기는 소용돌이는 와류라고 한다. 본류에 떠밀려 옆으로 비켜가는 물살의 흐름은 간류라고 하고 격조는 조류가 암초 지대를 지날 때 생겨나는 파장으로 다른 말로 급조라고도 한다.

사리는 만조와 간조의 수위 차가 크게 나고 이로 인해 조류의 흐름도 빨라지는 시기로 음력 15일, 30일 경이다. 조금은 사리와 반대로 만조와 간조의 수위 차가 작고 조류의 흐름도 약해지는 시기이며 음력 8일과 23일 경이다. 무시는 조금 다음 날로, 조금 때와 비슷한 수위를 보이며 조류 속도 또한 약하다.

물때의 의미와 중요성

물때를 이해하지 못하고서는 제대로 바다 낚시를 할 수가 없다. 사전에 아무리 완벽한 준비를 갖추었더라도 물때가 맞지 않는다면 만족스러운 조과를 거두기 힘들기 때문이다. 그렇다면 낚시인이 반드시 알아야 할 '물때'란 도대체 무엇인가.

물때는 쉽게 말해 바닷물의 움직임을 의미한다. 알다시피 지구와 태양, 달 사이에는 서로를 잡아당기는 만유인력이 존재한다. 이 힘이 균형을 이루면서 지구는 태양의 주위를, 달은 지구의 주위를 돌고 있는데 이런 과정에서 서로의 인력에 밀고 밀리며 바닷물에 움직임이 생기게 되는 것이다.

바다에서는 하루 두 번 간조와 만조가 번갈아 나타나고 한 달에 두 번씩 사리와 조금이 반복된다. 만조에서 간조를 지나 다음 만조가 돌아오기까지는 약 11시간 20분 정도가 걸린다. 따라서 만조와 간조는 매일 일정한 시간에 나타나는 것이 아니라 날마다 조금씩 차이가 난다. 이 차이는 보름을 주기로 반복된다.

이 보름의 주기를 1물부터 15물로 구분하며 이 중 물이 가장 많이 들어오고 나가는 때를 '사리', 반대로 물이 가장 적게 들어오고 나가는 때를 '조금(小潮)'이라고 한다.

바다에 사는 어류들은 이 주기적인 해수면의 오르내림에 민감하게 반응한다. 따라서 물때에 따른 고기들의 움직임을 잘 파악하고 있어야 만족스러운 조과를 올릴 수 있는 것이다.

물때표 읽는 법

물때표란 지역별, 날짜별로 바닷물이 움직이는 규칙을 알아보기 쉽게 만들어 둔 표이다.

물때표에서 가장 먼저 기억해야 할 것은 음력 8일과 23일이다. 이 때를 조금으로 보고 보름(음력 15일)과 그믐(음력 30일)을 사리로 설정한다. 한 달이 29일인 경우에는 5물과 6물을 합쳐 사리라고 보아야 한다.

만조(밀물)와 간조(썰물)는 하루 2번 6시간 주기로 반복된다.

밀물 때 해수면이 가장 높아지는 순간을 만조라고 하고 반대로 썰물 때 해수면이 가장 낮아지는 순간을 간조라고 하는데, 이를 표시하는 것이 조석표다. 보통 만조에서 간조까지는 약 6시간 12분 정도 소요되고 이는 매일 약 50분씩 늦추어진다.

9일과 24일, 즉 조금 다음 날은 '무시'라 하며 1일과 16일은 각각 7물에 해당한다. 무시 다음 날로부터 1물, 2물, 3물의 차례로 계산하다가 8일, 23일 조금의 바로 앞날을 13물로 설정하면 된다.

우리나라에서는 매달 1물에서 15물(조금)까지가 두 번씩 반복된다. 부산-제주-목포에 걸친 남해안 전역에서는 무시를 따로 계산하지 않지만 목포 부근의 서해권은 15물(조금) 다음 날을 무시로 계산한다. 따라서 남해권보다 1물때가 늦어지기도 하기 때문에 지역에 따라 물때표 계산에 약간씩 차이가 생기기도 한다.

같은 지역권이라고 하더라도 조류가 발생하는 위치나 방향이 달라지면 물때가 달라질 수도 있으므로 물때 시간은 반드시 지역별로 표시된 것으로 살펴보

예) 오전 12시가 만조인 경우 오후 6시가 간조(물이 완전히 빠져서 정지되어 있는 상태)

낚시에 적합한 시간은 주로 오전 7시~11시와 오후 1시~5시로 훌륭한 조과를 기대할 수 있는 최적의 시간이다.

물때표 표기방법

명칭	턱사리	한시리	목사리	어깨사리	허리사리	한꺽기	두꺽기	선조금	앉은조금	한조금	한매	두매	무릎사리	배꼽사리	가슴사리
음력일	01일	02일	03일	04일	05일	06일	07일	08일	09일	10일	11일	12일	13일	14일	15일
물때	7물 ●	8물 ●	9물 ◐	10물 ◐	11물 ◐	12물 ◐	13물 ◐	조금 ◐	무시 ◐	1물 ◐	2물 ●	3물 ○	4물 ○	5물 ○	사리 ○
음력일	16일	17일	18일	19일	20일	21일	22일	23일	24일	25일	26일	27일	28일	29일	30일
물때	7물 ○	8물 ○	9물 ◐	10물 ◐	11물 ◐	12물 ◐	13물 ◐	조금 ◐	무시 ◐	1물 ◐	2물 ●	3물 ●	4물 ●	5물 ●	사리 ●

아야 한다. 물때 시간은 조류와 연관되어 있어 바다 낚시의 조과에 절대적인 영향을 끼치므로 낚시에 나서기 전에 반드시 숙지해야 한다는 사실을 다시 한 번 명심하기 바란다. 특히 간조에서 만조, 다시 간조로 이어지는 물돌이 시기가 어업과 낚시의 조과에 미치는 영향이 지대하다는 것은 이미 많은 어업 종사자들과 낚시인들의 경험을 통해 밝혀진 바 있다.

우리나라는 세계에서 다섯 번째로 섬이 많은 나라이며 만조와 간조의 수위 차이 역시 세계 최고 수준이다. 섬이 많고 조류의 수위 차가 크다는 것은 그만큼 어류의 먹이가 되는 미생물이 풍부하고 조류의 강약이 크게 차이가 난다는 뜻이므로 바다 낚시를 즐길 수 있는 천혜의 요건을 갖춘 셈이라고 할 수 있다.

낚시를 하기 가장 좋은 물때

앞에서 살펴보았듯 해수면이 최고조에 이른 시기를 만조라고 하고 해수면이 가장 내려가 있는 때를 간조라고 한다. 만조와 간조가 반복되는 과정에서 물살의 흐름도 빠르기를 달리하는데, 그 속도가 가장 빠른 시기가 사리이고 반대로 유속이 가장 느린 시기는 무시 또는 조금이다.

1물	2물	3물	4물	5물	6물	사리물때 (조류의 흐름이 가장 강함)			10물	11물	12물	13물	14물	15물
						7물	8물	9물						
						바다루어, 지깅 낚시에 가장 좋은 물때								

물고기들은 유속이 빠를 때 보다 활동적으로 움직인다. 그래서 간만의 차가 크고 유속이 빠른 사리 때가 낚시하기에 좋다. 반면 조금, 즉 음력 8일이나 23일경은 유속이 느리고 민물이 거도 없어 고기들이 활동성이 떨어지므로 만족스러운 조과를 기대하기 힘들다. 그러니 출조 전에는 반드시 물때부터 확인하는 습관을 들여야 한다.

지깅 낚시나 캐스팅 낚시를 하기에 가장 좋은 물때는 사리 물때다. 주로 5물부터 9물까지가 간조와 만조의 조석 편차가 크고 유속이 빠른 시기이므로 참고하는 것이 좋다. 하지만 사리 물때라 할지라도 만조와 간조의 정점에 해당하는 정조 시간을 전후하여 약 한 시간 정도는 유속이 크게 빠르지 않으므로 휴식을 취해주는 것이 현명하다.

사리 물때 중에서도 조류가 가장 강한 때는 7물과 8물이며 그중 조류가 최고조에 달하는 시기는 만조와 간조의 중간 무렵이다. 만약 만조가 오전 6시경이

었다면 간조는 오전 12시경이 될 것이며 그렇다면 이날 조류가 가장 강한 시간대는 대략 오전 8시부터 10까지라는 뜻이다.

조류가 빠르다고 무조건 낚시하기에 유리한 것은 아니다. 오히려 수심이나 갯바위의 조건 등에 따라 낚시가 불가능하거나, 한다 해도 좋은 조과를 기대하기는 어려울 수도 있다. 특히 선상 낚시보다는 갯바위에서 즐기는 쇼어게임이 물때의 영향을 더 크게 받기 때문에 쇼어게임을 준비 중이라면 반드시 현지의 정보를 참고할 필요가 있다.

날씨와 계절

날씨

구름이 약간 끼어 햇빛이 없고 바람이 조금 분다 싶은 스산한 날씨에는 표층에서 가까운 셀로우 층에 고기들이 놀고 있을 가능성이 크다. 따라서 수심이 얕은 곳에 캐스팅을 하면 꽤 손맛을 기대할 수 있다. 표층에서 먹이 활동을 하는 모습이 눈에 띄지 않더라도 탑워터 루어 또는 슬로우 타입의 가벼운 지그를 캐스팅 기법으
로 끌어주거나 사이드로 천천히 지깅을 시도해 보는 것이 좋다. 이런 날씨에는 블루나 블랙, 그린 등 지나치게 화려하거나 밝지 않은 컬러의 메탈지그를 사용하는 것이 효과적이다.

가랑비가 내리거나 눈이 오는 등 기압이 낮은 상황에서는 낚시하기가 쉽지 않을 거라 생각하는 사람들이 많다. 하지만 이런 날씨라도 바람만 도와준다면 예상외의 출중한 조피를 거두는
수 있다. 메탈지그는 어두운 색이나 화려하지 않은 컬러를 주로 이용하되 축광이나 야광 기능이 있는 것을 활용하는 것이 좋다. 수심이 깊은 곳을 공략할 때는 야광 효과가 약한 것이 좋고 수심이 얕은 곳을 공략할 때는 야광효과가 강한 것이 좋다.

구름 한 점 없이 화창한 날씨에는 대상어가 바닥권부터 표층까지 고루 분포할 확률이 높은데 조류의 흐름에 따라 시간대별로 조과의 기복이 크게 오르내릴 수 있다. 햇살이 강한 날에는 빛의 난반사를 잘 활용할 수 있는 실버 계열의 밀러 홀로그램을 이용한 메탈 지그가 효율적이다.

바람

바람도 조과를 결정하는 중요한 요소 중의 하나이다. 바람의 영향으로 수온이 변하는 것은 물론이고 파도의 높이까지 달라질 수 있기 때문이다. 따라서 우리나라 해안에 부는 바람에 대해 미리 알아두는 것이 좋다.

동풍은 계절에 관계없이 저기압일 때 동쪽에서 서쪽으로 부는 바람을 말한다. 동풍이 강하면 파도가 높아져 낚시하기에 적합하지 않다.

하늬바람, 갈바람이라고도 불리는 서풍은 주로 봄과 가을에 많이 분다. 서풍의 영향은 계절에 따라 달라지는데 봄에는 수온을 떨어뜨려 어류의 활동을 느리게 만들지만 가을에는 반대로 물속 용존산소량을 높여 어류들의 활동을 활발하게 만드는 역할을 한다.

마파람이라고도 하는 남풍은 남쪽에서 북쪽으로 부는 바람으로 주로 여름에서 가을까지 많이 분다.

북풍은 나쁜 말로 된바람, 삭풍이라고도 하는데 북풍이 불면 파도가 높아진다는 위험이 있기는 하지만 수온을 올려주는 역할을 하기도 한다.

계절

겨울철에는 캐스팅 낚시를 하기 어렵다고 생각하는 사람들도 있다. 하지만 부시리나 방어 등을 대상어로 하는 캐스팅 낚시는 사계절 언제나 가능하다. 이들 어종은 한겨울에도 다른 계절과 마찬가지로 활발하게 먹이 활동을 하기 때문이다. 기온이 내려가 수면이 차갑기 때문에 부시리나 방어가 표층까지 떠오르지 않을 것이라고 생각하기 쉽지만 막상 경험해 보면 그렇지도 않다.

또 표층에서 먹이 활동이 목격되지 않더라도 지그를 드리우면 반응을 보이는 경우가 많다. 먹이 활동을 보이지 않을 때는 플로팅 타입의 포퍼를 사용하면 유용하다.

지역 \ 시기	1~3월	4~6월	7~9월	10~12월
시기와 지역별 어종 활동 사항				
제주도	부시리, 방어, 대삼치, 옥돔 등	부시리, 방어, 참돔, 능성어 등	부시리, 방어, 줄삼치 등	줄삼치, 방어, 광어 등
서해 중남부	농어, 참돔, 우럭, 광어 등	농어, 참돔, 부시리 등	농어, 부시리, 방어, 광어 등	삼치 등
남해 전지역		부시리, 방어, 우럭, 쏨뱅이 등	부시리, 방어 참돔 광어 쏨뱅이 등	부시리, 방어, 참돔, 우럭, 농어, 삼치, 쏨뱅이 등
동해 중남부	대구	부시리, 방어 등	부시리, 방어, 삼치, 참치 등	부시리, 방어, 삼치 등

국내 해안별 특성

서해안

우리나라 연안에서는 하루 두 번 반복되는 밀물과 썰물의 수위가 매번 같지 않고 차이가 나는 일조부등 현상이 크게 두드러지지는 않으나 조차가 큰 편이어서 조고의 부등 현상이 다소 크게 나타나는 편이다.

또 해수면의 높이가 가장 낮아진 상태인 저저조에서 곧바로 해수면의 높이가 가장 높은 상태인 고고조에 이르는 특징이 있다. 고고조는 봄부터 여름철까지는 낮에, 가을부터 겨울까지는 밤에 나타난다.

평균 해수면의 높이는 2월에 가장 낮고 8월에 가장 높으며 그 차는 약 0.5m에 달한다. 평균 고조 간격은 서해 남부에서는 약 11시간이고 이는 북쪽으로 가면서 점차 증가해 목포 부근에서는 약 12시간, 군산 부근에서는 약 13시간, 인천 부근에서는 약 14.5시간이다.

사리 때 저조와 고조의 해수면 높이 차는 서해 남부에서는 약 3.0m 정도지만 이 차는 북쪽으로 갈수록 커져 목포항 부근에서는 약 3.5m, 군산 부근에서는 약 6m, 인천 부근에서는 약 8m에 달한다. 기록상으로는 아산만에서 8m가 넘는 차이를 기록한 것이 최대라고 한다.

동해안

동해안은 조석의 차가 매우 적어서 조차도 0.3m 내외에 불과하다. 일조부등 현상이 두드러지게 나타나는 편이고 만조와 간조가 하루에 한 번밖에 일어나지 않을 때도 있다. 그러나 봄 가을철 삭, 망 이후에는 하루 두 번의 고조와 저조가 나타난다.

평균 고조 간격은 대부분 약 3시간 정도지만 남쪽으로 내려갈수록 이 간격이 급격히 늘어나 부산항 부근에서는 약 8시간 정도에 이른다. 사리 때 포항항 부근의 감포 이북은 조차가 약 0.3m 이하이며 포항항 부근은 0.2m에도 못 미쳐 우리나라 해안 중에서 조차가 가장 작은 곳이다. 조차는 울산에서 고리, 부산 등 남쪽으로 향하며 점차 다시 커지는데 각각 약 0.5m, 0.7m, 1.2m 정도를 나타낸다.

평균 해수면은 3월에 가장 낮고 8월에 가장 높으며 포항 및 묵호항 등에서는 해수면이 조석 이외의 영향으로 오르내리는 해면 부진동 현상으로 인해 조석에 의한 승강보다 더 큰 폭의 조차를 나타내는 경우도 있다.

남해안

남해 동부의 해안은 일조부등 현상이 매우 적고 비교적 규칙적으로 하루 두 번 간만의 차를 보인다. 일조부등 현상은 하루 두 번 일어나는 만조의 높이에 따라 약간씩 나타나기도 한다. 고고조가 나타나는 시기는 봄철에는 오전, 여름철에는 야간, 겨울철에는 주간이다.

남해 서부 해안에서도 일조부등 현상은 크게 두드러지지 않는다. 저저조 다음에 고고조로 이어지는 모습이나 고고조가 일어나는 시각 등은 동해안 지역과 거의 비슷하다. 평균 고조 간격은 동부 지역에서는 8시간 정도이며 이는 서쪽으로 갈수록 증가해 남해 중부에서는 약 9시간, 남해 서부에서는 약 11시간 정도의 간격을 보인다. 구체적으로 여수는 약 8시간 45분, 완도 약 9시간, 제주 약 10시간 31분 정도이다.

조석의 차는 부산에서는 약 1.2m 정도지만 서쪽으로 갈수록 증가해 여수에서는 약 3m, 완도에서는 약 3.1m지만 제주에서는 약 2m 정도이다.

평균 해수면은 2월에 최저를 보이고 8월에 최고를 찍으며, 그 차는 약 0.3m 정도이다.

PART 6
빅게임 낚시 국내 어종별 공략

방어, 부시리, 잿방어

습성

방어와 부시리, 잿방어는 모두 농어목 전갱이과에 속하는 등푸른 생선이다. 우리 바다의 대표적 난류성 회유어종인 이들은 모두 재빠른 움직임을 자랑하는 바다 속 스프린터라고 할 수 있다. 식탐이 강한 어식성 어종으로 포식을 한 상태에서도 루어를 난폭하게 공격하는 습성이 있어 루어 낚시의 대상어로 인기가 높다. 또 적정 수온을 따라 봄과 여름엔 북상하고 가을과 겨울에는 남쪽 해역을 유영하는 까닭에 연중 낚시가 가능하다는 것도 장점이다.

아래 사진으로 보아 알 수 있듯이 생김새가 모두 엇비슷하다. 특히 방어와 부시리는 겉모양이 거의 흡사해서 일반인들은 물론이고 어지간한 전문가들도 구별이 쉽지 않다. 그래도 자세히 들여다보면 각각의 차이가 눈에 들어오므로 미리 어종별 특징을 익혀두는 것이 좋다.

부시리는 방어에 비해 등지느러미가 큰 편이다. 방어의 위턱은 직각으로 각이 져 있으나 부시리의 위턱은 비교적 둥글다. 몸통에 노란 줄무늬에 옆 지느러미가 걸쳐 있으면 부시리, 밑에 있으면 방어다. 얼핏 방어로 착각하기 쉬운 잿방어는 자세히 보면 몸 색깔이 방어에 비해 전체적으로 회색빛을 띠고 몸체의 생김새도 약간 차이가 있다.

무엇보다 이들 세 어종은 서로 제철을 맞이하는 때가 다르다. 매년 11월 제주 모슬포 방어에서 방어가 끼어 축제를 연다는 사실에서 알 수 있듯이 방어의 제철은 겨울이다. 반면 부시리의 제철은 여름이며 잿방어는 가을에 제철을 맞는다.

부시리의 위턱은 비교적 둥글다

빙어의 위턱은 직각

채비

방어나 부시리, 잿방어 등의 어종과 승부를 겨뤄보고 싶다면 빅게임 지깅 낚시가 제격이다. 특히 부시리의 경우 미터급이 비교적 흔한 편이어서 1m 50cm 정도 되는 대물도 심심찮게 올라오는 편이다.

로드는 물론 지깅 전용으로 택하되 길이는 5ft에서 6ft 사이의 것이 좋다. 이때 릴의 선택을 놓고 고민을 하는 낚시인들이 많다. 베이트릴과 스피닝릴 중 어떤 것이 좋겠느냐는 것이다. 필자는 대부분의 경우 스피닝릴을 추천한다. 수직으로 메탈지그를 내리는 버티컬지깅을 해야 할 상황도 생기고 또 간혹 원거리 캐스팅이 필요할지도 모르는 등 여러 가지 변수에 대응하자면 스피닝릴이 더 적합하기 때문이다.

PE라인 3~5호 정도를 원줄로 하고 쇼크리더는 50~90lb 정도로 하여 채비를 준비하는 것이 좋다. 부시리나 방어, 잿방어 등을 상대할 때는 메탈지그를 표층에서부터 중층, 바닥층까지 고루 내려가며 주변을 탐색해 보아야 할 때가 종종 있다. 따라서 이에 대비해 다양한 종류의 메탈지그를 준비해야 한다. 대상어들이 표층에 떠 있을 경우를 대비해 포퍼와 펜슬 같은 탑워터 루어도 갖추어 두는 것이 좋다.

그러나 만약 출조지가 서해라면 상황이 약간 다르다. 서해는 제법 깊은 곳이라고 하더라도 수심이 50m 전후이기 때문에 조류의 영향을 감안해도 200g 이상의 무거운 메탈지그는 그다지 필요가 없다. 따라서 서해의 외연도 근해나 어청도 근해에서 낚시를 할 생각이라면 100~180g 정도의 메탈지그면 충분하다.

전남 남해안과 부산의 남해권 역시 마찬가지다. 이 지역들 역시 다도해인 만큼 수심이 20~80m에 불과해 급한 조류를 감안한다 하여도 무거운 메탈지그를 사용할 필요가 크지 않다. 따라서 이 지역에서는 길고 무거운 메탈지그보다는 200g 미만의 비교적 짧고 가벼운 대칭형 메탈지그가 유용하게 쓰이는 편이다.

또 바닥에 가라앉는 속도가 빠른 비대칭형 지그는 회유성 어종인 부시리나 방어, 잿방어 등의 어종에게는 유인 효과가 떨어지는 면이 있으므로 조류가 급한 지역에서는 낙엽이 떨어지듯 천천히 유영하며 가라앉는 슬라이더 형태의 메탈지그가 더 효율적일 것이다.

제주도 근해는 수심이 40~100m 사이이기 때문에 주로 150~300g 정도의 메탈지그를 많이 사용하는데 슬라이더 액션을 연출하기 좋은 6:4 정도의 비교적 길지 않은 슬림형 메탈지그가 유용하다.

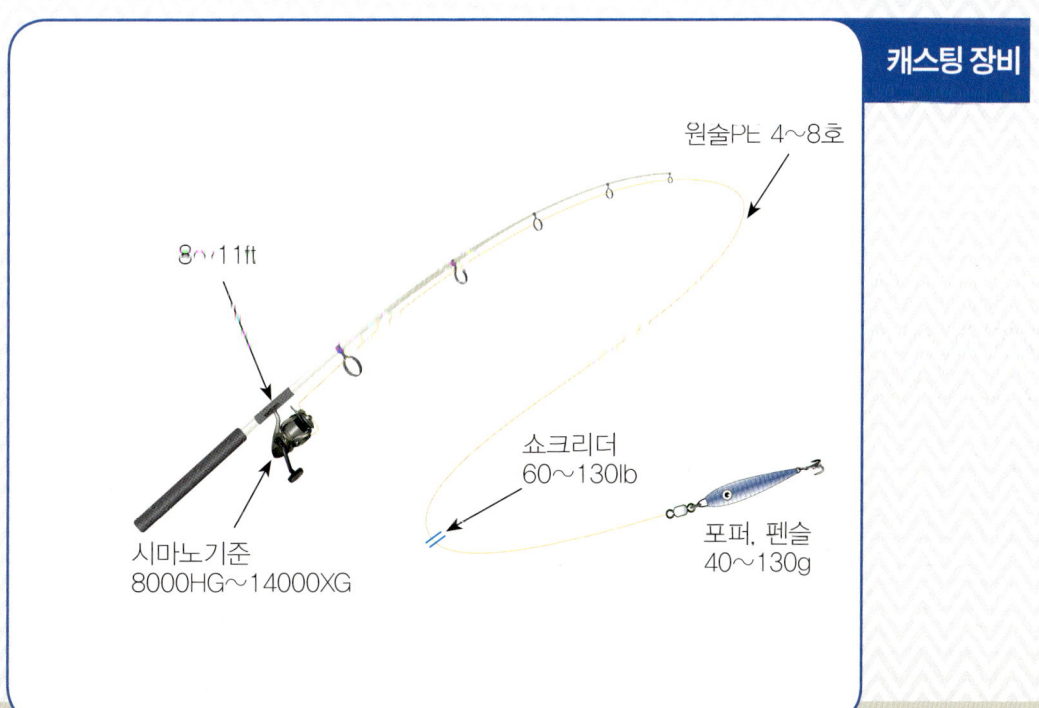

캐스팅 장비

지깅 낚시 장비

포인트

방어, 부시리, 잿방어 등을 잡으려면 우선 이들의 먹이가 몰려 있는 장소를 찾아야 한다. 주로 암초가 발달되어 있고 조류의 흐름이 활발한 곳에 플랑크톤이 풍부한 편이다. 따라서 이런 곳에 작은 고기들이 모여서 먹이 활동을 하고 있을 확률이 높고, 그렇다는 것은 작은 고기들을 먹고 사는 방어나 부시리, 잿방어 등이 몰려 있을 가능성도 크다는 뜻이다.

이러한 포인트는 멸치 떼 같은 작은 고기들이 튀어 오르는 모습이나 갈매기 떼가 몰려 있는 모습 등으로 확인할 수 있다. 겉으로 드러나지 않는 어군들은 어군탐지기 등을 이용하여 확인할 수 있다. 그러나 어군을 확인했다고 해서 모두 포인트로 삼아 낚시를 할 수 있는 것은 아니다. 물때나 조류, 수온 등이 맞지 않는다면 대상어를 잡기가 힘들기 때문이다.

제주도의 경우 북서쪽을 따라 추자도 질명까지 이어지는 코스가 부시리와 방어의 회유 코스인데 9월부터 12월까지 최고의 활성도를 보이다가 1월 이후에는 서서히 빠져나가 중뇌, 대관탈 부근에서 노니는 편이다. 제주도 근해에서는 일 년 내내 부시리나 방어를 대상으로 한 지깅 낚시가 가능하지만 1~2월경에는 조과의 기복이 심한 편이다.

액션

방어, 부시리, 잿방어 등을 노린다면 하이피치 숏저크나 페달저크, 원피치원저크 등의 액션을 활용하는 것이 좋다. 부시리가 수면 가까이서 먹이 활동을 하고 있다면 포퍼나 펜슬베이트를 활용해 베벨저크 액션을 시도해 보는 것도 좋다.

책속 부록

부시리, 방어 낚시의 포인트, 시즌, 장비의 기준

부시리와 방어는 전체적으로 긴 방추형에 한쪽으로 치우친 체형을 하고 있다. 등 위쪽이 살짝 초록빛을 띠며 아랫배는 흰색과 은백색으로 덮여 있다. 측면에서 보면 윗입술 끝부터 등이 끝나는 꼬리 윗부분까지 노란색의 띠가 나타나는데, 부시리한테서 조금 더 선명하게 보인다.

부시리와 방어는 위턱의 모서리 부분을 통해 확실히 구분할 수 있다. 위턱 모서리가 직각이면 방어, 둥글면 부시리다.

이들은 난류성 어종으로 우리나라 해역에서 산란을 하는데 제주도 지역을 중심으로 1월부터 4월 사이에 이루어진다. 생후 약 1년이면 25~30cm 가량 성장하고 최대 약 140cm까지 자란다.

부시리, 방어의 평균 이동 속도는 참치와 비교해도 될만큼 과히 어류중에 최고 수준이라 할 수 있다. 또 부레가 없는 회유성 어종이면서도 수심에 관계없이 유영 속도가 매우 빠른 것이 특징이다. 이는 수심이 깊은 곳에서부터 얕은 곳까지 수압의 변화에 큰 영향을 받지 않고 빠른 속도로 먹이활동이 가능하다는 뜻으로, 가히 바닷속 포식자라 불릴 만하다 하겠다.

서식이 가능한 최적의 수온은 13~19도 사이이며 산란은 분리부성란 형태로 이루어지는데 18~19도 정도의 수온이면 약 3일 만에 부화를 하고 2년 정도 자라야 50cm 정도에 이른다.

회유성 어종 중 가장 크고 빠른 것은 단연 참치다. 그리고 그 뒤를 잇는 것이 바로 방어, 부시리라고 할 수 있다. 평균 수온 18~22도를 보이는 남태평양의 모든 해안에서 고루 모습을 드러내고 있어 참치 다음으로 빅게임 낚시 마니아들에게 큰 즐거움을 주는 어종이다. 우리나라에서는 약 14년 전부터 바다 루어 선상 낚시 분야에서 다양한 장르의 낚시가 개발되면서 이들 어종이 각광을 받기 시작했다.

위 속에 먹잇감을 가득 채우고도 메탈지그나 포퍼, 펜슬 등의 인조 미끼에 미친 듯이 달려드는 모습으로 보아 부시리와 방어는 어류들 중 가장 호기심이 왕성하고 활달한 축에 속한다고 짐작할 수 있다. 그러한 포식자로서의 본능을 일깨워 공격을 유도하는 것이 바로 바다 루어, 지깅, 포핑 낚시 등의 기본 원리이며 부시리, 방어의 본능을 자극하기 위한 인조 미끼들은 해마다 발전을 거듭하고 있다.

우리나라 해역에서 이루어지는 지깅 낚시는 부시리와 방어를 주 대상어로 하는데 전 세계 어느 곳을 가도 우리나라처럼 다양한 크기의 부시리, 방어 손맛을 볼 수 있는 곳은 흔치 않다. 그만큼 우리나라는 부시리와 방어의 개체수가 풍족하다는 뜻이다.

우리나라에서 부시리, 방어 지깅 낚시의 붐이 일기 시작한 것은 2000년 무렵부터로, 역사가 그리 길지는 않다. 그리고 16년째에 접어드는 2016년부터 본격적인 활성화 시기에 접어들 것이라고 예상한다. 따라서 이 시점에서 부시리와 방어의 생태와 습성을 살펴보고 지깅 낚시 입문자들을 위해 시즌, 포인트, 주요 테크닉 등 기초 가이드를 제시하는 것은 의미가 있는 일일 것이다.

지역별 피크 시즌

회유성 어종 중 먹이 사슬의 최상층을 차지하고 있는 참치를 포함해 부시리, 방어 등 어식성 어종의 이동 경로는 베이트피시들의 이동 경로와 일치한다. 따라서 국내 해역에서는 부시리, 방어의 미끼가 되는 멸치, 학꽁치, 고등어, 갈치, 오징어 등의 이동 경로와 해역별 분포도가 부시리, 방어의 그것과 일치한다고 볼 수 있다.

· 8~12월

이 시기에는 갈치의 밀집도가 제주도 근해에서 가장 높고 쿠로시오, 대마 난류가 직간접적으로 흐르는 제주와 남해 사이를 따라 어군이 형성되는데, 부시리와 방어의 이동 경로도 갈치의 뒤를 따른다.

이는 제주도 근해에서 부시리, 방어를 대상어로 한 지깅 낚시나 흘림 낚시의 시즌이 9월부터 본격적으로 시작된다는 의미가 된다. 8월 말부터 슬슬 열리기 시작하는 부시리, 방어의 시즌은 이듬해 영등철까지 이어진다.

· 4~7월

이 시기에는 제주도 북서쪽 추자도를 시작으로 사수도 근해, 남해안 여서도 근해, 남해 원도권까지 부시리, 방어의 포인트가 잡히기는 하지만 시즌이 본격적으로 열렸다고 볼 수는 없다.

남해권에서는 이 때에 선상 흘림 낚시 기법을 이용해 대형급 부시리를 낚아 올리기도 한다. 선상에서 크릴과 파우더 등의 집어제를 흘려 대상어를 유혹하는 흘림 낚시에 미터급 이상의 대부시리가 출몰하는 시기가 바로 1년 중 이 때와 가을의 끝자락인 9월 말에서 10월경이다.

내만 가까운 곳에서 선상지깅 낚시에 낚여 올라오는 것들은 대개 80cm~1m급의 힘 좋은 성체 부시리들이다.

• 7월 말~11월

이 시기는 부시리, 방어가 최고의 활성도를 보이는 때로, 어떤 기법으로 낚시를 해도 쏠쏠한 손맛을 볼 수가 있다. 동해 북부 해역을 포함해 동해 남부, 남해, 제주도 남서해, 서해 북부 해역에 이르기까지 국내의 거의 모든 해역에서 다양한 기법의 낚시를 즐길 수 있다.

필자는 이 시기에 부시리가 서해 최북단 압록강 하구 바로 밑 북한과 중국의 공해상까지 올라와 심해 지깅 낚시에 낚여 올라오는 것을 확인하였다. 이는 여름의 끝자락인 8월 말부터 10월 말까지 서해의 모든 해역에 부시리, 방어가 분포되어 있다는 것을 말해주는 증거라고 할 수 있다.

구분	1월	2월	3월	4월	5월	6월	7월	8월	9월	10월	11월	12월	비고
동해안						■	■	■	■	■			
서해안							■	■	■	■			
남해안				■	■	■	■	■	■	■	■		
제주도	■	■		■	■	■	■	■	■	■	■	■	

부시리, 방어 지깅, 캐스팅 낚시의 포인트

● 연안 갯바위, 방파제 낚시(Shore Game)

연안 갯바위나 방파제 낚시는 접근성이 용이하고 시간 제약이 적다는 것이 장점이다. 배를 타고 나가야 하는 선상 낚시는 최소 4명 이상이 그룹을 이루고 일정을 맞춰야 하는 등 아무래도 번거로운 일이 많다. 그에 비해 쇼어게임 낚시는 혼자서도 얼마든지 가능하기 때문에 자기가 편한 시간에 언제든지 즐길 수가 있다.

쇼어게임을 즐기고자 할 때는 물때를 잘 맞추어야 한다. 부시리, 방어와 같은 회유성 어종을 대상어로 삼을 경우 선상 낚시나 쇼어게임 모두 물때의 영향을 받지만 특히 갯바위, 방파제 등에서 하는 쇼어게임에 미치는 영향이 더 크다. 보통 5물에서 9물 사이가 가장 적절하며 포인트 또한 사리 물때의 급물살 영향을 많이 받는 곳으로 정하는 것이 좋다. 밀물 때보다는 썰물 때에, 조류의 흐름이 수중여나 간출여에 부딪히는 쪽에서 핵심 포인트를 찾을 가능성이 높으며, 여를 휘돌아 물살이 말리는 곳이나 포말이 생기는 여의 뒤쪽은 좋지 않다.

쇼어게임이나 선상 포핑 낚시를 시작하기 전에는 경험자의 조언과 지도를 참고로 반드시 캐스팅 연습을 해 두는 것이 좋다. 항상 아무도 없는 갯바위에서 혼자 캐스팅을 하며 낚시를 할 생각이라면 몰라도 다른 사람들과 함께 배를 타고 나갔을 때나 혹은 쇼어게임 도중 주변 사람들에게 피해를 끼치지 않으려면 이는 권장 사항이 아니라 필수라고 할 수 있다. 캐스팅 낚시에서 사용하는 펜슬이나 포퍼는 무게가 최소 60g에서 200g까지 나가고 바늘 또한 어린 아이 주먹만 힌 크기의 강하고 튼튼한 트레블훅을 사용한다. 이러한 채비를 주변에 사람이 있는 상황에서 자칫 잘못 휘둘렀다가는 치명적인 부상을 초래할 수도 있으므로 효율적인 조과를 위해서는 물론이고 안전사고를 미연에 방지하기 위해서도 캐스팅 연습은 반드시 필요하다.

🟠 선상지깅, 캐스팅 낚시(Off Shore)

배를 타고 바다로 나가 수직으로 메탈지그를 드리우고 상하 고패질을 하며 부시리, 방어를 낚아내는 장르를 버티컬지깅이라고 한다.

또 배 위에서 낚시를 하다 보면 부시리, 방어 떼가 먹이 활동을 하는 모습을 목격할 때나 수중 여 등을 만나 수심이 10m 이내로 급격히 얕아지는 지역에 도달할 때가 있다. 이럴 때 포퍼나 펜슬, 메탈지그 등을 멀리 캐스팅하여 끌어주는 기법으로 부시리, 방어를 낚아내기도 하는데, 이와 같은 방법을 캐스팅(포핑) 낚시라고 한다.

배를 타고 하는 낚시는 이렇게 상황에 따라 다양한 기법을 활용할 수 있어 갯바위 등에서 벌이는 쇼어게임보다 훨씬 더 적극적인 공략이 가능하다는 것이 장점이다.

선상 낚시에서 포인트를 잡을 때 고려해야 할 점은 수중 지형이 평평하거나 밋밋해서 사방이 트여 있다면 회유성 어종이 머물 이유가 없다는 것이다. 회유성 어종들이 좋아하는 곳은 몸을 숨길 수 있는 것들이 있는 장소다. 즉 침선이라든지, 인공어초 같은 것들이 은신처 역할을 해주고 있는 곳이 바로 최상의 포인트가 되는 것이다.

인공적인 도움 없이 자연적으로 포인트가 형성되는 곳은 해저에 나타나는 깊고 긴 계곡이나 채널 부근이나 지변이 불규칙하게 돌출되어 있는 수중 암반 지형(짬 또는 초) 등이다.

대표적인 곳은 동해 남부의 후포항에서 뱃길로 약 1시간 30분 거리에 있는 왕돌초와 남해 거제 앞바다의 안경섬 부근, 남서해권 최고의 포인트라 불리는 추자도 근해, 남서해 원도권에 있는 소흑산도(가거도) 근해, 서해 남부에 위치한 원도권 중에서도 최서단에 있는 하태도, 중태도, 상태도 근해, 서해 중부권 최고의 루어 낚시 필드라고 할 수 있는 어청도 근해, 외연도 근해 등을 들 수 있다.

짬
짬은 수(바다)의 방언이지만 울진의 왕돌처럼 대형화된 형태를 말한다.

초(어초)
물고기들이 모여들고 번식하는 바다 밑의 도도록한 곳을 말한다.

부시리, 방어 낚시에 사용되는 장비

부시리, 방어 지깅 낚시 장비

로드 길이	액션/강도	원줄	쇼크리더(목줄)	메탈지그 무게
A) 6.3~7.0ft	MF,RG	PE2~4호	50~80lb	130~200g
B) 5.8~6.6ft	MF,RG	PE4~5호	60~100lb	150~450g
C) 6.0~7.8ft	MF,RG,SLW	PE1.5~3호	20~50lb	60~180g

A) 롱저킹 장비 B) 버티컬지깅 장비 C) 슬로우지깅 장비

▶용어 설명

MF(미디움 패스트) : 로드의 앞쪽 1/3 지점부터 휨새가 시작된다는 뜻으로, 가장 보편적인 휨새

RG(레귤러 타입) : 로드의 중간 지점부터 휨새가 시작된다는 뜻. 상당히 부드럽게 느껴지는 타입의 로드. 참치 등 대형 어종을 상대하는 빅게임용 로드들이 대부분 이 타입에 속함.

부시리, 방어 포핑 낚시(캐스팅)장비

로드 길이	액션/강도	원줄	쇼크리더(목줄)	메탈지그 무게
A) 8~9ft	MF	PE4~8호	60~130lb	80~200g
B) 9~11ft	MF,RG	PE3~6호	40~80lb	40~130g

원줄과 목줄(쇼크리더)

지깅과 포핑 낚시에 사용되는 원줄은 PE소재의 합사를 기본으로 한다. 메탈지그를 수심 깊은 곳까지 재빠르게 내려 보내려면 바람에 의한 배의 움직임이나 조류의 흐름 등에 의한 바닷물과의 마찰을 고려해 라인의 저항 계수를 최소로 줄이는 것이 중요하다. 따라서 가느다란 여러 가닥의 원사를 합쳐 일정 굵기로 직조(Braid)된 합사에 부드러움을 더하는 코팅 처리로 마감된 PE라인이 현재로서는 가장 적합하다.

부시리, 방어 낚시에 사용되는 원줄과 쇼크리더 권장 강도

용도	호수	굵기 (Dia mm)	인장 강도	권장 쇼크리더 강도
지깅 낚시	3호	0.26~0.28mm	28~30kg	40~60lb(8m 이상)
지깅 낚시	4호	0.29~0.30mm	35~40kg	50~80lb(8m 이상)
지깅, 포핑 낚시	5호	0.33~0.36mm	50~58kg	60~100lb(8m 이상)
포핑 낚시	6호	0.38~0.40mm	55~60kg	70~130lb(8m 이상)
포핑 낚시	8호	0.42~0.45mm	60~68kg	60~68lb(8m 이상)

※ 지깅, 포핑 낚시에 사용되는 쇼크리더는 필히 나일론(Nylon) 소재의 전용 쇼크리더를 사용해야 함.

지깅이나 포핑 낚시에 사용되는 쇼크리더는 반드시 나일론 소재의 전용 쇼크리더를 사용해야 한다.

2
다랑어, 줄삼치(줄참치)

습성

우리가 흔히 참치라고 부르는 다랑어는 해류를 따라 흘러다니는 회유성 어종이다. 고등어과에 속하는 이 어종은 종류가 다양하고 생김새도 서로 비슷하여 일반인은 물론이고 전문가들도 세세하게 구분하기가 쉽지 않다. 다랑어, 즉 참치는 보통 저 먼 남태평양 어딘가에서 잡히는 어류라고 생각하는 경우가 많다. 그러나 가다랑어, 점다랑어, 줄삼치 등은 우리나라 근해에서도 지깅 낚시나 라이트 트롤링 낚시로 얼마든지 잡을 수 있다. 물론 2m에서 3m까지 자라는 참다랑어나 눈다랑어, 옐로우핀 튜나(yellowfin tuna_황다랑어) 등은 힘들지만 1m급 정도 되는 가다랑어나 점다랑어, 줄삼치 등의 중형급 어종은 충분히 가능하다.

우리나라 근해에서 잡히는 이들 어종의 특징을 살펴보자. 먼저 가다랑어는 등이 어두운 청색을 띠고 배는 은빛이다. 죽은 후에는 4줄에서 10줄 정도의 검은 세로줄이 나타나기도 한다. 주로 제주나 남해 일부 지역에서 잡히는 점다랑어는 가다랑어와 달리 등 쪽에 푸른 빛을 띠는 줄무늬가 있다. 줄삼치는 다른 다랑어들과 달리 날카로운 이빨을 가지고 있는 것이 특징이다.

채비

다랑어와 줄삼치를 대상어종으로 정했다면 쇼어지깅용 로드를 준비하는 것이 좋다. 릴은 3000~5000번 사이의 고속 기어비를 갖춘 중형 스피닝릴이 적당하다. PE라인 3~4호 정도의 원줄에 50~80lb 정도의 쇼크리더를 준비하고 20~80g 정도의 메탈지그와 20~50g 정도의 펜슬베이트를 갖추면 채비를 어지간히 꾸렸다고 할 수 있다.

낚시 장비

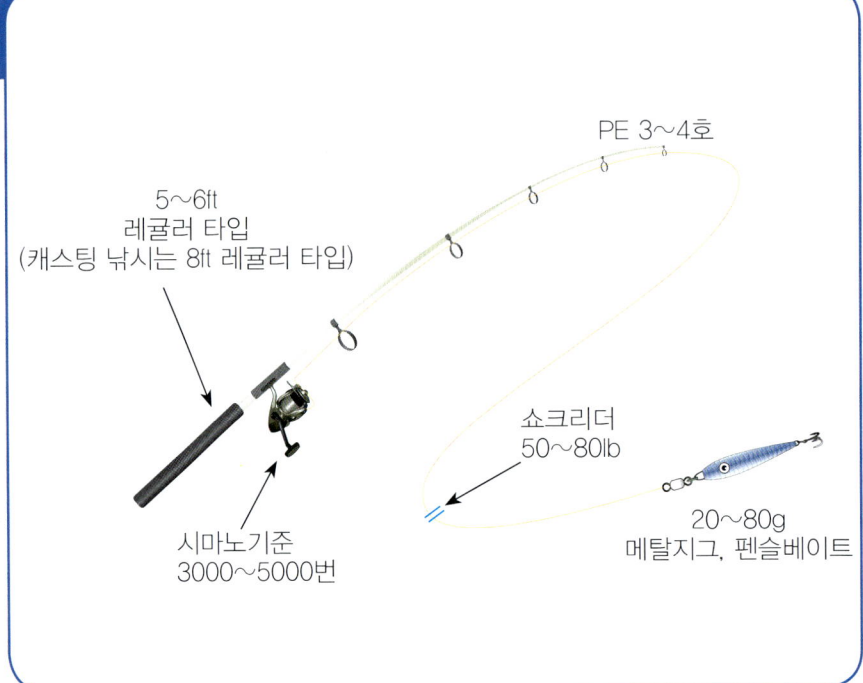

포인트

제주도나 남해안 등 주로 수온이 18도 이상이고 조류의 투명도가 높은 장소가 주요 포인트인데, 다른 회유 어종과 마찬가지로 캐스팅 거리 안에 먹잇감이 되는 멸치 등 작은 어종의 회유가 충분해야 포인트가 제대로 형성된다. 따라서 적절한 포인트를 찾기 위해서는 작은 물고기 떼가 수면 위로 튀어 오르는 모습이나 또는 이들을 낚아채기 위해 갈매기 떼가 활동하는 모습 등을 주시해야 한다.

액션

펜슬베이트를 이용할 때는 수면 가까이에서 고속 릴링을 해 주는 것이 좋고, 메탈지그를 이용할 때는 저크 앤 지크 액션을 활용하는 것이 좋다.

대구
3

습성

대구는 대구목 대구과에 속하는 어종으로 우리나라 근해에 서식하고 있다. 세 개의 등지느러미와 두 개의 뒷지느러미가 특징인데 아래쪽 턱에 한 개의 수염이 길게 뻗어있는 독특한 모양을 하고 있다. 몸길이가 최대 1m에 달하며 몸무게는 20kg에 육박하기도 한다. 육식성 어종으로 닥치는 대로 무엇이든 잡아먹는 왕성한 식욕을 자랑한다.

대구는 워낙 깊은 곳을 유영하는 어종이라 일반적인 낚시로는 잡기가 어려웠으나 PE라인, 베이트릴 등의 등장과 발달로 가능해지게 되었다. 우리나라 지깅 낚시의 역사는 바로 이 대구로부터 시작되었다고 해도 과언이 아니다.

채비

대구 낚시는 삼척에서 겨울에 시작되었다. 국내에 지깅 낚시 붐을 일으킨 주역이라고 할 수 있는 대구 낚시는 버티컬지깅으로 즐길 수 있다. 따라서 지깅 전용 로드를 사용하는 것이 좋은데 5~6ft 정도의 길이에 200g 정도의 지그 무게를 견딜 수 있는 정도면 충분하다. 릴은 베이트릴이 좋은데 아무래도 깊은 수심에 있는 대구를 상대하기에는 전동릴이 더 유리한 측면이 있다.

대구는 주로 바닥층에 서식하는 어종이므로 조류의 간섭을 최소화하기 위해 되도록이면 가는 PE라인을 원줄로 하는 것이 좋다. 따라서 1~2호 사이의 PE라인을 원줄로 하고 40~70lb 정도의 쇼크리더를 5~10m 가량 연결해 주는 것이 좋다. 메탈지그는 저중심형으로 선택하되 최대한 무거운 것으로 사용하는 것이 효과가 좋다.

대구 지깅에는 실버나 크롬 등 단순한 색의 메탈지그가 효율적이다. 야광 또는 축광 기능의 줄무늬지그도 추천한다. 레드, 블루 등의 화려한 컬러는 사람들의 눈을 유혹하기는 하지만 메탈지그의 선택 기준은 어디까지나 대상어의 취향이어야 한다는 사실을 명심해야 한다.

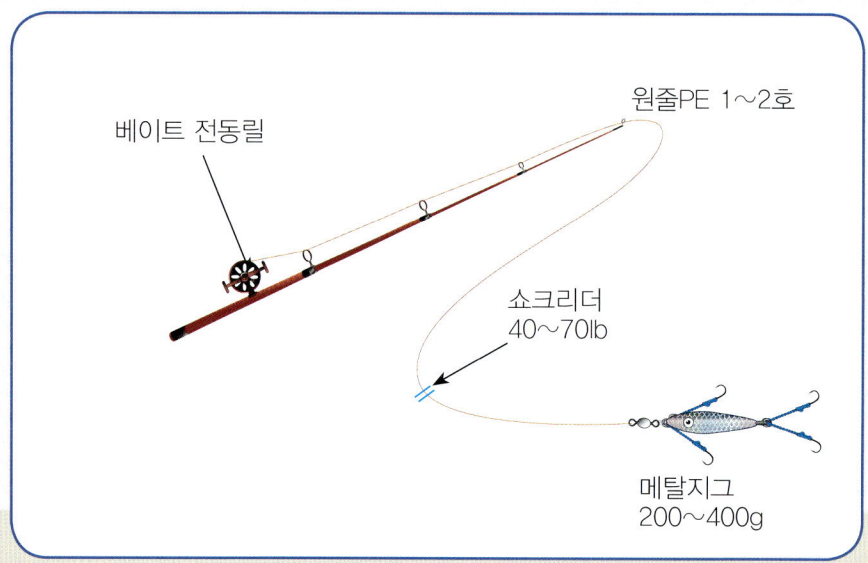

포인트

대구는 우리나라 서해와 동해를 비롯해 일본 동북부 해안, 태평양 일대, 캘리포니아 연안 등에 서식하고 있다. 여름에는 수심 800m까지 내려가 생활하고 겨울이면 수년 위쪽으로 올라와 이동을 한다. 겨울에서 봄까지가 산란절인데 우리나라에서는 통영, 거제, 가덕도 근해가 주요 산란지다.

강원도 거진부터 경북 울진 근처에서 사계절 내내 대구 낚시를 즐길 수 있지만 그중에서도 특히 겨울철이야말로 대구 낚시의 참맛을 느낄 수 있는 적기라고 할 수 있다.

우리나라에서 최초로 대구 지깅이 시도된 장소는 2000년 무렵 동해의 임원항이다. 이곳을 포함해 죽변, 장호항, 속초, 포항 등 동해 전역에 대구의 분포도가 매우 높은 편이므로 대구의 산란기를 즈음하여 이러한 곳들에서 지깅 낚시가 활성화되며 요즘에는 수온상승 등의 여러가지 요인으로 서해에서도 대구 지깅 낚시를 즐길 수 있다.

액션

대구 지깅 낚시에는 특별한 액션이 그다지 필요하지 않다. 단순 고패질만으로도 충분히 훌륭한 조과를 올릴 수 있기 때문이다.

메탈지그의 무게는 원줄의 두께에 맞추는 것이 좋다. 원줄이 1~2호일 때는 200~250g 정도의 지그를, 원줄이 2호 이상일 때는 300~500g 정도의 지그를 사용하는 것이 적당하다.

메탈지그로 일단 바닥을 찍은 후 약 50cm 정도 들어 올린다는 느낌으로 바닥에서 띄워 위아래로 흔들어준다.

메탈지그가 바닥에 닿은 후 릴의 손잡이를 약 5회 정도 감아 들인 다음 다시 메탈지그를 바닥까지 내리는 과정을 반복한다.

팁

메탈지그에 바늘을 많이 장착하려고 하지 말고 위쪽에 두 개 정도만 장착하는 것이 좋다. 적극적으로 바닥을 공략하면서 지그가 바닥에 걸릴 확률을 줄일 수 있는 강점이 있다. 지그 아래에 바늘을 달면 바늘이 바닥에 걸려 채비 손실을 입을 확률이 높고 이로 인한 스트레스가 만만치 않다. 위쪽에 매단 바늘 두 개만으로도 입질을 받았을 때 충분히 훅업이 이루어진다.

4 삼치

습성

삼치는 농어목 고등어과에 속하는 어종으로 고등어, 꽁치 등과 함께 우리나라 사람들이 즐기는 대표적인 등푸른 생선이다. 우리에게는 맛있고 영양가 풍부한 등푸른 생선으로 친숙하지만 사실 알고 보면 삼치는 성격이 포악하고 사나운 어종이기도 하다.

가을이 시작되면 서해, 동해, 남해 할 것 없이 삼면의 바다로 삼치 떼가 몰려든다. 하지만 물이 탁한 곳을 좋아하는 편이라 동해보다는 서해 쪽에 더 많이 몰리는 편이다. 사진에서 보듯 이빨이 매우 날카롭기 때문에 채비를 튼튼하게 준비하지 않으면 자칫 다 잡힌 녀석이 채비를 끊고 달아날 수도 있다. 삼치는 시력이 매우 좋은데다 성격이 포악한 편이라 재빠르게 움직이는 지그에 대한 반응이 좋다.

2000년 이후 무렵부터 동해, 포항, 울산 등의 지역에 대삼치의 밀집도가 높아지기 시작해 매년 8월 말부터 11월경까지 삼치 루어 낚시가 성행하고 있다. 특히 포항 앞바다에서는 60cm가 넘는 것부터 미터급을 상회하는 대형 삼치들까지 쏠쏠하게 손맛을 볼 수 있다.

채비

삼치를 대상어로 한다면 9~10ft 정도 길이의 쇼어지깅 캐스팅용 로드를 준비하는 것이 좋다. 30g 이하의 가벼운 지그를 사용한다면 루어용 로드를 사용해도 무방하지만 30g이 넘는 지그를 주로 사용하게 될 것 같다면 쇼어지깅용 로드를 사용하는 것이 맞다. 릴은 3000~6000번 사이의 중형 스피닝릴로 준비하되 HG 기어를 택하는 것이 좋다.

PE라인 대신 3~5호의 나일론줄을 이용해도 크게 문제 되지는 않는다. 그러나 가급적이면 PE라인 2~3호를 사용하는 것이 라인의 꼬임도 적고 캐스팅 비거리에도 이득이다. 여기에 나일론이나 플로로카본 소재의 쇼크리더를 30~50lb 정도 연결해 주면 되는데 이때 쇼크리더의 길이는 로드 길이의 두 배가 넘지 않도록 해야 한다. 삼치의 날카로운 이빨을 생각해 와이어나 케블러 줄로 쇼크리더의 끝부분을 보강하는 것도 좋다.

메탈지그는 20~100g, 스풀은 20g 전후의 무게로 준비하면 적당하다.

캐스팅 장비

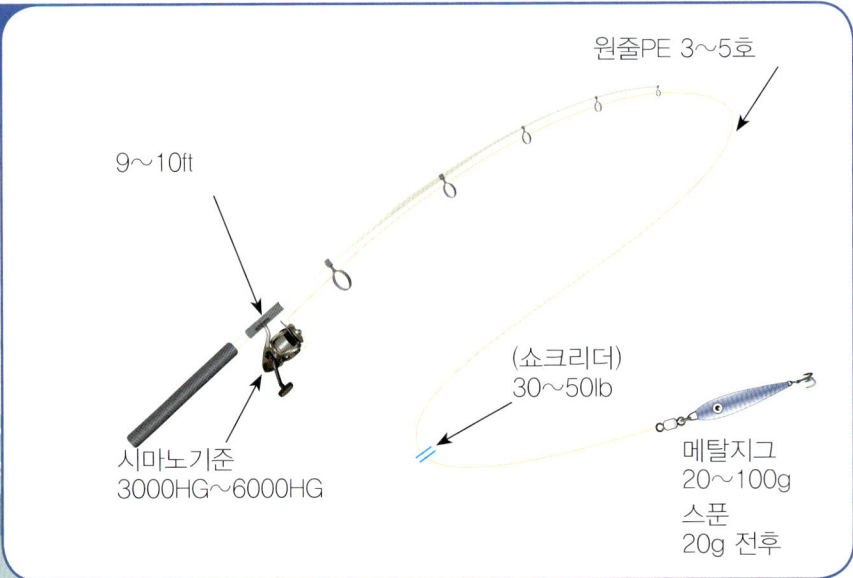

포인트

삼치를 낚을 포인트를 찾으려면 멸치처럼 삼치의 먹이가 되는 베이트피시들이 몰려 있을 만한 조류의 흐름이 활발한 곳을 찾아야 한다. 먹이가 없는 곳에는 삼치도 없다. 따라서 수면에 베이트피시들이 몰려 있는지, 또는 그런 베이트피시들을 찾아 주변을 배회하는 갈매기가 있는지 등등을 잘 살펴보아야 한다.

만약 포인트를 제대로 찾아 로드를 드리웠더라도 후킹한 삼치를 한 번에 낚아 올리지 못하면 주변의 삼치들이 위험을 눈치 채고 자리를 이동하게 되니 주의해야 한다.

삼치 루어 낚시의 포인트는 남, 서, 동해안에 모두 형성이 되지만 서해 내만쪽에서는 비교적 크기가 작은 것들이 잡히고 남해 원도권과 동해, 포항 지역에서 잡히는 것들이 큰 편이다. 전 지역에서 8월에서 11월 사이에 시즌이 형성된다.

액션

삼치는 움직이는 물체를 판단하는 능력, 즉 동체시력이 뛰어나게 발달되어 있는 어류다. 따라서 삼치를 현혹하려면 지그를 아주 빠른 속도로 움직여야 한다. 기본적으로 강한 저킹과 고속 릴링을 연속적으로 반복해 주는 것이 좋다. 빠른 속도로 릴을 감아주다가 멈칫하는 느낌으로 정지 동작을 반복해 준다.

5 갈치

습성

갈치, 깔치 등의 방언으로 불리기도 하는 갈치는 농어목 갈치과의 어종이다. 포식자에게 쫓길 때는 빠르게 수평 이동을 하기도 하지만 보통 때는 수직으로 이동하거나 유영한다는 점이 특이하다. 주로 군집을 이루어 유영하거나 먹이 활동을 하는데 주로 멸치나 고등어의 치어, 까나리 등을 먹이로 삼는다. 때로는 동족의 치어나 성체까지 공격할 정도로 성격이 포악하다. 이런 습성을 이용해 갈치의 살을 썰어서 생미끼로 사용하기도 한다.

난류의 흐름을 따라 회유하는 어종으로 10월경부터 우리나라 남해나 제주 근해까지 들어오기 시작하는데 대략 4월경까지 우리나라 근처에서 산란과 회유를 한다.

채비

갈치는 동족까지 공격할 정도로 성격이 포악하고 공격적이므로 물속에서 갈치나 갈치의 먹잇감이 되는 어종과 비슷한 움직임을 보이는 지그를 이용해 공략하면 효율적이다. 아래와 위의 비율이 7:3 정도를 이루는 비대칭형 메탈지그가 널리 사용되는 편이다.

주로 실버 컬러 계열의 지그를 많이 사용하는데, 화려하고 자극적인 컬러보다는 블루나 그린 등이 혼합된 계열이 좋다. 갈치 전용 지그는 야광 또는 핑크, 레드 헤드에 몸통 플라스틱 부분의 야광 순도가 높은 타입이 효과적이다.

갈치를 대상어로 할 때는 6.3~6.6ft 정도 길이의 베이트 캐스팅 전용 로드를 많이 사용하지만 이왕이면 갈치 지깅 전용 로드를 사용하는 것이 좋다.

원줄은 PE라인 1.5호와 2호 정도로 하고 20lb 정도의 나일론 쇼크리더를 약 7m 이상 연결하되, 끝부분은 갈치의 날카로운 이빨에 대비해 60~80lb정도의 플로로카본을 1m가량 연결해 주는 것이 좋다.

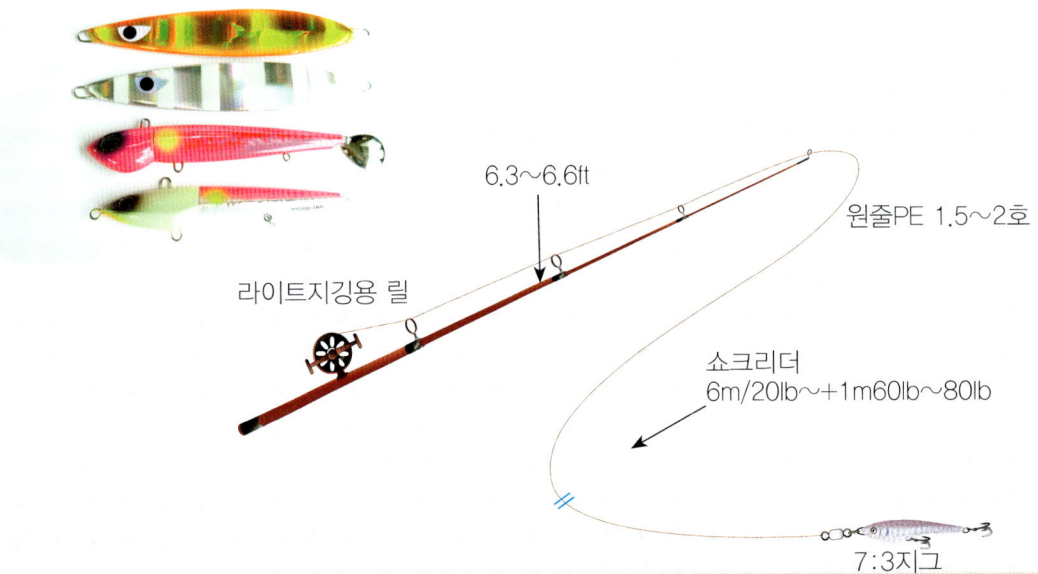

포인트

야간에는 집어등을 켜서 불특정 지역에 분포되어 있는 갈치들을 불러모으는 방법을 쓸 수 있다. 낮에는 갈치의 군집 가능성이 높은 시역을 찾아다니다 어군을 포착하게 되면 그 핵심이 되는 포인트에 시앵커(sea anchor)나 스팽커(spanker) 등을 이용해 보트를 정지시키고 포인트를 공략해야 한다.

갈치는 낮에는 주로 바닥에서 50m 이상 떠 있고 밤에는 수심 약 70~100m 정도의 깊은 곳에 머무는 경우가 많다. 사이즈가 큰 성어들은 표층 가까운 곳까지 올라와 먹이 활동을 하기도 한다.

메탈지그를 사용하는 선상지깅 낚시에서는 4지 크기 이상의 갈치 성어가 주로 낚인다.

액션

부시리나 방어를 대상어로 할 때의 액션이 빠르고 화려한 편이라면 갈치를 대상어로 할 때의 액션은 비교적 부드럽고 느린 편이다. 릴을 천천히 핸들링하면서 위아래로 길고 부드럽게 저킹을 해주는 것이 기본이다. 상하 저킹과 릴의 핸들링을 한 세트로 하여 반복하면서 마치 갈치가 먹이 활동을 펴는 듯한 액션을 연출해 주는 것이다. 이때 갈치 어군이 머물고 있는 구간을 고려하여 저킹을 횟수를 조절해 채비가 갈치의 밀집 지역을 벗어나지 않도록 하는 테크닉이 필요하다.

갈치 어군 속에 메탈지그를 집어넣고 아주 빠른 속도로 하이피치 액션을 연출하면 대체로 효과적인 반응을 보인다.

팁

갈치 이빨에 쇼크리더가 끊겨 채비 손실이 일어나는 경우가 종종 있다. 이를 고려해서 와이어 목줄을 사용하기도 하는데 필자는 채비의 손실이 있을지라도 전용 나일론과 카본 쇼크리더만 사용할 것을 권장한다. 와이어 목줄은 갈치에게 거부 반응을 일으킬 수 있기 때문이다.

* IRON JERK 65H2 *

- 작지만 강한 FUJI 크롬 두발(2 Foot) 가이드 적용
- 라이플 경사(Rifle Triger) 릴시트 를 채용하여 장시간 저킹에 손의 피로감을 줄이고, 슬로우 핏치에 안정감있는 그립력을 준다.
- 하이핏치와 슬로우핏치 겸용으로 적합한 길이 (6.5ft)에 H2파워를 갖추어 메탈지그(60g~400g) 을 포괄적인 운용이 가능하도록 설계.

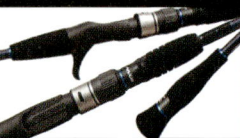 

< 가이드 >
- FUJI 크롬 KR 가이드 채용
- KR 경사 가이드 채용으로 캐스팅시에 라인 트러블을 최소화 시킴

* IRON JERK 70H3R *

- 슬로우핏치에 가장 이상적인 블랭크 길이(7.0ft) 레귤러(Regular) 액션으로 450g 의 메탈지그를 저킹하는데 낚시인의 어깨와 팔의 부담을 최소화시켰다.
- 일반적으로 베이트 케스팅 로드에 적용하는 트리거 시트가 아닌 라이플 경사(Rifle riger) 릴시트를 채용하여 장시간 저킹동작에 따른 손의 피로감을 줄여준다.
- 슬로우 타입 메탈지그의 활용에 최적의 액션을 보여준다.

 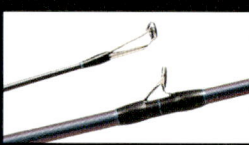

< 가이드 >
- FUJI 크롬 KR 가이드 채용
- KR 경사 가이드 채용으로 캐스팅시에 라인 트러블을 최소화 시킴

* IRON POP 90/92/95 *

- 기존의 캐스팅(파핑) 전용낚시대가 무겁고 포퍼나 펜슬의 무게 (60 ~ 130g)의 사용이 가장 많은 부시리. 방어. 참치 캐스팅(파핑) 쇼어게임 전용 낚시대를 찾으시던 분들께 권해드립니다.
- 2절(2 Pcs) 이지만 1절 (1Pcs)와 같은 느낌을 실현시킨 캐스팅(파핑) 전용 로드.
- 캐스팅 비거리, 내구성, 디자인, 가격 모두 만족 시킨 파격적인 기획.

* 아이언팝 90
대삼치,부시리,방어, 만새기
메탈지그, 펜슬, 포퍼 캐스팅 용

* 아이언팝 95
(Tuna Special)
참치, 부시리, 방어   파핑 용

<가이드>
- FUJI 크롬 KR 가이드 채용
- KR 경사 가이드 채용으로 캐스팅시에 라인 트러블을 최소화 시킴

규격 model	전장 Length (m)	절수 section (本)	접은길이 (cm)	무게 (g)	선경/원경 Top/Bottom (mm)	LINE (PE/호)	MAX (g)	카본함유량 Carbon(%)	판매가(원) Price(₩)
IRON POP92	2.79	2	180	306.6	1.6/16.7	3~8(호)	130	99	280,000
IRON JERK 65H2MF	1.95	2	141	189.4	2.0/10.4	3~7(호)	400	99	250,000
IRON JERK 70H3R	2.31	2	152	220	2.2/11.2	3~7(호)	450	99	260,000

경기도 고양시 덕양구 행주로15번길 31 샤크컴퍼니
tell 031.938.0637   phone 010.5470.0637